JN078358

自民党の女性認識——「イエ中心主義」の政治指向　目次

II　自民党議員のキャリアパス分析――候補者選定の傾向について

終章　229

序章

1　社会の女性への眼差しを問題視しない「女性が輝く社会」

安倍晋三が「女性が輝く社会」を高らかにかかげて政権の座に返り咲いたのは、二〇一二年一二月も押しつまった二六日のこと。きわめて保守的な政治信条で知られる安倍首相がなぜ女性政策を政権の「売り」にするのか、安倍はリベラルに舵をきったのか？　それとも選挙対策か？　などと様々な憶測を呼んだが、安倍首相は政権発足後の施政方針演説でも「みなさん、女性が輝く社会日本を、ともに創り上げていこうではありませんか」と呼びかけ、あらためて女性政策が政権の柱であることを強調してみせた。[1]

しかし、安倍政権がジェンダー平等に目覚めたのではないことは、「女性が輝く」というきわめて抽象的な表現を単に「女性が働くことができる」という言葉に置き換えれば、すぐに合点がいく。「女性が輝く社会」のための政策パッケージは、安倍自身が明確に位置づけているように、成長戦略、すなわち経済政策なのである。

　無論、安倍政権が成長戦略の柱のひとつに据えた「経済政策」としての女性政策をやみくもに否定するものではない。二〇一五年八月に国会で成立した「女性活躍推進法」は、女性が働きやすい環境づくりについて、企業側が具体的に女性をどのくらい幹部に登用するかの数値目標や、実際の活躍状況についての報告義務を課したことは、それまで女性活躍に本気で取り組んでこなかった企業側の認識を一定程度変化させるに至った。[2]

　またこの法律には、「男女の人権が尊重され」との文言が挿入され、単なる経済政策としての「女性活用」のための法律ではなく、女性の人権も（男性とともに）尊重される労働環境づくりのための法律であることが明記されたことも、実効性はともかく、法整備という点からは評価される。つまり、多少なりとも人権の見地から、女性（と男性）が働く環境整備が行われるべきとの認識が盛り込まれたのである。このほかにも、女性が就労者の五割を占める[3]非正規雇用に対しての賃金の引き上げの奨励[4]や、幼児教育・保育の無償化は、主に女性を労働の現場に戻す一助になったことは、評価されよう。

　しかしながら、このような女性が働きやすくしようと後押しする政策が整備され、制度化されても、女性を取り巻く社会認識、女性をどのような眼差しで見ているか、つまり「女性に対する認識」が実はたいして変化していないのではないか？　という疑問がつきまとう。なぜならば、女性を労働の現場に戻すためのインセンティブを仕立てることと、女性そのものに対する認識の変化を促すことは、必ずしもイコールではないからである。

「女性が輝く社会」を掲げた安倍総理は、政権発足時から成長戦略を通じての積極的な女性登用の方針を明確にしていたという。[5] が、そんな安倍政権の「意気込み」がいかに現実と乖離しているかを示した例は、ご記憶かと思うが、安倍首相自身が二〇一三年四月に日本記者クラブで行った成長戦略第二弾に関するスピーチで提示した、女性の育児休業を三年間とする「三年間抱っこし放題」政策である。実際には「三年間も職場から離れたら元の職場に戻れない」「産休を取ることにすら直接・間接的に偏見や差別がある」といった女性たちからの批判の声があがり、この「三年間抱っこし放題」政策は間もなく封印された。

この政策が示したのは、出産を経て育休を取ることへの現実的な女性への社会の眼差し（本書では「女性認識」と表現する）を理解していないという、ジェンダーの視点を欠いた、経済政策の限界である。

2 「わきまえる」が意味する「従属的」女性認識——「イエ中心主義」の政治指向

なぜ冒頭でこんな「昔」の話を引き合いに出したかといえば、「女性に対する認識」——女性をどのような眼差しで見ているか——がまったくと言ってよいほど変化していない現実が、ここにきて顕在化しているからである。少なくても「変化していない」ことについて、女性たちがようやく猛烈に声を上げ始めてはいるが、だからといって「女性に対する認識」が瞬く間に変化し更新されるわけではない。それほどこの社会に根づき育まれてきた「女性認識」は堅牢である。本書のテーマはそのような女性認識がどのように育まれてきたかを、戦後政権党として長らく日本政治を主導してきた自由民主党の政治指向の形成過程から解き明かそうというものである。

本書がこうした分析の仕方をとるのは、本書のテーマへの入口である「女性代表が国会においてかくも少ないのか?」という疑問に対して、自民党の「女性に対する認識」こそが日本の女性の政治参画への機会を奪う根本原因であるとの視点に立っているからである。

ただ、最近の「ジェンダーレス」「ジェンダーフリー」の議論に照らせば、「女性」「男性」と区別して検討すること自体に異論はあろう。が、ここでは、これまで男性が圧倒的多数派として営まれてきた政治の現実に、「なぜ女性参画が困難だったか」を分析することを目的としており、政治におけるジェンダーの多様性への理解や認知の貧弱さは本書では論じきれないテーマであることをご理解いただきたい。

本題を説明する前に、自民党の「女性認識」がどのようなものかを世に広く示すことになった発言に触れざるを得ない。二〇二一年二月三日、東京五輪・パラリンピック組織委員会の森喜朗会長が臨時評議会で「女性がたくさん入っている理事会は時間がかかる」と発言したことである。[6] 発言の要旨は「女性は競争意識が高く、他の女性が発言するとみんな発言する。よって時間がかかる。組織委員会の女性はわきまえているから話も的を射ている」というもので、これのどこが「女性蔑視」なのかという指摘もあるが、ここで問題にしたいのは、「わきまえる」ことを女性が求められてきたことである。「わきまえる」とは「女性であることを十分に意識して出過ぎたことを言わない、やらない」と私には聞こえる。いわゆる「らしく」振る舞え論である。

少し話は飛ぶが、私自身がテレビ報道の世界に足を踏み入れた四十数年前、与えられた役割は男性司会者の横に座ってうなずく「アシスタント」であった。硬派なニュースを扱うのは男性で、女性は天気予報や子供向けニュースを担当するのが当たり前で、女性はまさに添え物だった。つまりハナから「わきまえた」役回りしか与えられない時代だったのである。

これはあくまでも私自身の経験であるが、完璧なまでの「男社会」に居場所を創りだすために、「わきまえ」ながら、先輩男性記者たちと「同化」して見せ（女性らしく振る舞うことを封印してオジサン化して見せ）、決して先輩男性たちを脅かす存在ではないというサインを送りながら仕事をする方法論を取った。だから、森喜朗会長が会議にて前述のような発言をしたときに、そこに居た女性参加者たちは「笑って」見せたのだと、私は思っている。「わきまえる」「らしく振る舞う」ことが男性優位社会では、物事をスムーズに運ぶための「対立」を避ける方法論になってしまってきたのである。

森喜朗発言は、あからさまな「女性蔑視」かどうかはさておき、自民党の政治指向における女性認識をきわめて端的に示したことは間違いない。なぜなら、「女性らしく」「わきまえる」べきとの認識は、本書がこれから明らかにしようとしている、女性を男性優位社会において「従属的」な存在として見なしていることに他ならないからだ。「従属的」とは、女性を一個人として認識するのではなく、常に「家」――「イエ」に属する妻、母、娘として認識することである。「女性らしく」は、良妻、良母、良子女の枠組みからはみ出すことなく振る舞うことを意味している。このような自民党の政治指向を、本書では「イエ中心主義」と定義した。「イエ中心主義」は造語であるが、本書の最大のテーマは、女性に対する認識が「イエ中心主義」の政治指向の形成過程で、どのように形作られ、また時の政治環境によって戦略的に再生産されてきたかを、戦後の自民党政治の保守再生の流れと共に見ていくことにある。同時に、「イエ中心主義」の政治指向が育んだ「女性認識」が、結果として女性議員の過少代表という現実を生んでいること、そしてそれは戦後から綿々と根を張って現在に至っていることもお分かりいただけると思っている。図らずも森発言は、「イエ中心主義」の政治指向が「現役」であることを示してくれた一例である。

3　なぜ「女性に対する認識」が障害になるのか

では「女性に対する認識」が実際にどのように政治の世界で障害になっているか、ひとつの例をご紹介しよう。

二〇一八年五月一六日、国会では紆余曲折を経て男女の議員候補者を均等数にする法案が可決され、成立した。正式名称は「政治分野における男女共同参画推進法」である。この法は罰則を伴わない「理念法」で、あくまでも各政党に候補者を男女均等にするよう促すことを目的としている。強制力を伴わないので実効性がどこまであるのかは疑問であるが、法として成立するまでの悶着を考慮すれば、一定の成果と前進であることには違いない。

というのも、実は超党派の国会議員連盟（会長＝中川正春。当時、民進党衆議院議員）がまとめた当初の法案では候補者数は男女「均等」ではなく「同数」であったが、「同数では〝イコール〟になってしまう」などの異論が自民党内から出てまとまらない混乱が生じた。しかし「表現よりも男女共同参画社会を一歩でも進めたいと」する蓮舫民進党代表（現・立憲民主党参議院議員）らが、自民・公明・日本維新の会の「均等」案に歩み寄ったという経緯があったのである。[7]

なぜ「同数」ではダメで「均等」ならいいのか。同数は完全に男女が「イコール」になってしまうが、「均等」なら「ほぼ同じくらい」というニュアンスの「幅」があるというのだ。「同数」が意味する完全な平等・同等は容認できない姿勢の根底にあるのは、「男の仕事である政治に口を出すな」といったおそろしく前近代的な男性牙城意識である。

たとえばフェミニスト制度論の議論では、[8]主に男性が主導して作り上げた公のフォーマルな制度に既にジェンダーバイアスが組み込まれているのと同様に、「政治は男の仕事」のような暗黙のルールや意識、慣習などはインフォーマルな制度として女性の参入を拒む障害と解釈される。

候補者均等法の成立の過程では、インフォーマルなルール（意識）即ち「政治は男の仕事」という価値観が、「均等」より平等認識が強い「同数」とすることを阻んだ。[9]よって成立した候補者均等法には根底にジェンダーバイアスの「女性認識」が埋め込まれているのである。そもそも候補者均等法が強制力を伴わない理念法にとどまったこと自体が、女性候補者が男性と同等の条件で選挙の入り口に立つことへの拒絶感が強いことの現れである。法律すなわちフォーマルな制度がいかに可視化しにくい「女性に対する認識」に影響されているかがお分かりいただける一例であると思う。

4　「政治分野における男女共同参画推進法」が施行されても……

参考までに例示するが、男女候補者均等法が成立した後の初めての国政選挙であった第二五回参議院通常選挙では、各政党の女性候補者に対する姿勢が鮮明になった。自民党は男女合わせて八二人の候補者を擁立したが、男性七〇人、女性一二人であった。立憲民主党は男性二三人、女性一九人、共産党は男性一八人、女性一九人であった。女性候補者の比率は自民党一五％、立憲が四五％、共産党は五五％である。

自民党は明らかに「均等」の理念に背を向けた候補者擁立であるが、自民党選対本部関係者は「均等に候補者を立てるのはまず無理」と、最初からこの均等法には否定的であった。[10] 理由は明快で「ダンナの世話をしながら選挙戦を戦える女性がどの程度いるか?」「選挙は自己責任、つまり選挙資金と一定の支持者がいないと難しい」という。この発言は「イエ中心主義」の政治指向そのものである。

「ダンナの世話をする女性に……」は「女はイエに居てダンナの世話をする」妻であり、母であることを前提にした認識であるし、また「選挙資金や一定の支持者を持っていないと」との発言には、女性が常に男性を通じて社会と繋がることを前提にしている男性稼得モデルを想起させる。「お父さん稼ぐ人、お母さんイエに居る人」モデルである。ここでも女性に対する認識は「個人」に向けられたものではなく、「イエの構成員」もしくは「イエに従属する人」である。

このように、苦労を重ねて法施行に漕ぎつけた「政治分野における男女共同参画推進法」ではあるが、結果この法律（制度）をどう活用するかは、活用する側（政党）の「意識」に託されているのである。つまり、女性に対しての認識がどのようなものであるか、によって、制度運用は決定されることを重ねて強調しておきたい。

5　自民党の政治指向に焦点を当てる意味――サブカルチャーとしての政治文化

本書では女性の政治への参入を拒む要因は、「イエ中心主義」の政治指向が形作ってきた「女性認識」にあることを順を追って説明するが、「イエ中心主義」の政治指向を形成してきたのは、戦後政治のけん引役として長期にわたって（一時的な下野期間を除き）政権の座にある自由民主党である、との前提で議論を進めていく。

理由は日本の文化と政治文化の関係性にある。女性に対する認識は広くは日本の文化・伝統・慣習によって育まれ、社会に根付いてきたものであるから、日本における女性認識は日本の文化の一端であると解釈できる。そのうえで政治文化は日本文化のサブカルチャーであると位置づけると、政治文化を構成する政治指向は政治文化のさらなるサブカルチャーである。つまり入れ子のような関係である。

では政治文化は誰が主導的に形成してきたのかと問えば、それは戦後政治の舞台で政権党として制度設計をけん引してきた自民党であることは明白である。それを戦後の「日本型政治文化」とすれば、それは「自民党型政治文化」とほぼ同心円をなし、日本文化に政治文化がサブカルチャーとして入れ子になっている関係と同様、政治文化に「自民党型政治文化」が入れ子になっているのである。

現在まで延々と続く女性の過少代表の原因を「女性に対する認識」にあるとする本書では、そのような認識を包括する政治指向は「自民党型政治文化」の入れ子に他ならない。つまり、「イエ中心主義」の政治指向は「自民党型政治文化」の核であると考えている（図0－1参照）。

よって政治指向の形成過程を検討する対象は戦後の自民党であり、同党が戦後保守政党として再生して行く過程ははからずも「イエ中心主義」の政治指向と「イエ中心主義」の女性認識が形成される過程と驚くほどの合致を見るのである。

図0-1　女性認識と日本型政治文化の関係性のイメージ

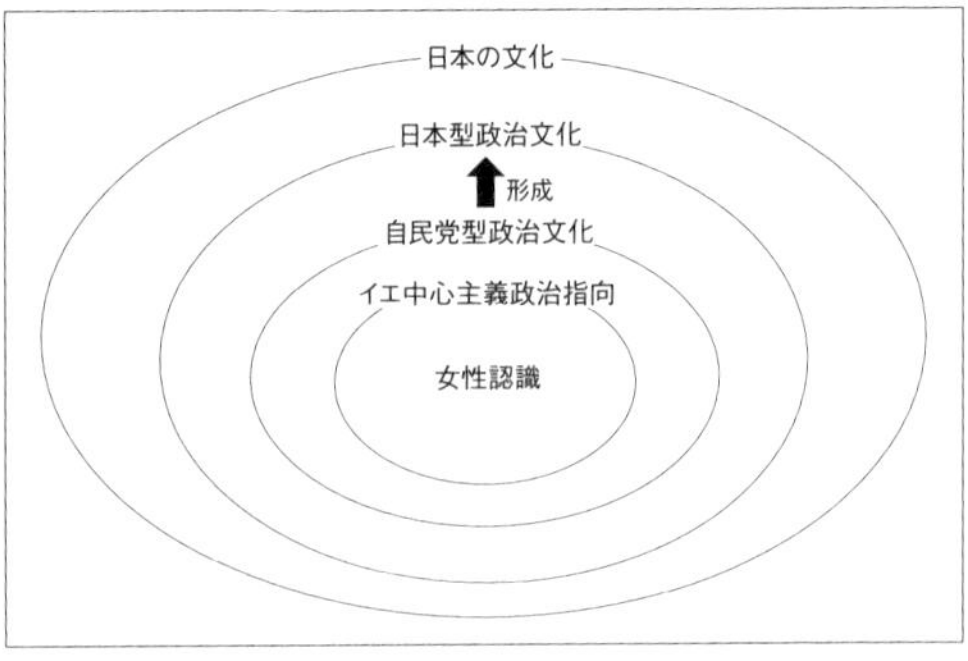

6　本書の構成

二部構成になっている意味

本書は二部から構成されている。第Ⅰ部では、どのように、「イエ中心主義」の女性認識が自民党の政治指向として形成され、再生産されてきたかを明らかにする。第Ⅱ部では、実際の自民党議員のキャリアパスを独自に調査・分析することにより、どのようなキャリアパスを持った人物が選ばれてきたか、自民党の候補者選定の傾向を明らかにしていく。つまり実際の候補者選択の傾向が、第Ⅰ部で分析する自民党の政治指向を反映していることが明らかになれば、戦後に形成・再生産されてきた政治指向、とりわけ女性認識が今日まで変わっていないことが裏付けられるからである。

政治指向分析では、自民党の「イエ中心主義」が再生産されていく過程を戦後の自民党の保守再生の道筋と重ねて明らかにしていく。女性をイエに従属する存在としての認識の再生産は、即ち戦前の伝統的価値観の再評価に伴う女性認識の再生産であり、自民党が保守政党として再生するための政治的かつ戦略的な選択の結果である。

またキャリアパス分析の過程では、他政党に比べて群を抜いて多い世襲議員（男女共に）が「イエ中心主義」の候補者選定基準を裏付けている。本書では、いわゆる世襲議員について、親から子への直系の地盤・後援会の継承だけではなく、広く夫の弔い候補や、親族に政治家（地方議員も含む）が存在している「環境世襲」も世襲とし、「血縁継承」という表現にすべてを包括している。なぜ「血縁継承」としたかについては第5章「政治指向の象徴としての血縁継承」において詳述している。

興味深いのは、「イエ中心主義」の表出は血縁継承議員に限らないことである。例えば地元の名士のイエに連なる、地元の資産家のイエに連なるなど、イエへの評価が候補者選定に大きく関わることもキャリアパス分析から得られた重要な知見である。つまり、「イエ中心主義」の政治指向は、女性を常にイエに従属する存在として認識形成をし、ゆえに女性が候補者として選定される機会を減退させるのみならず、男性候補にも「イエ中心」の評価の偏向を生じさせているが、この偏向はより女性候補に色濃く反映されているのである。

いささか乱暴な表現をお許し願えれば、「志しがあっても、自己資金も知名度も、一定の支援者もいない、ましてや自民党にコネクションもない普通の女性」は自民党の候補者になり難いのが現実である。

「イエ中心主義」の政治指向に基づく候補者選定は、女性が選挙においてその入り口に立つことすらが容易ではない状況を生み出す。「日本型政治文化」を主導的に形成してきた自民党の「イエ中心主義」の政治指向が、女性の過少代表を招く一因になっていることは本書をお読みいただければ、明解にお分かりいただけよう。

I

女性認識の形成と再生産

——自民党の政治指向をめぐって

第1章　女性議員数の推移と概観

1　戦後初の衆議院議員選挙から減少が続く

自民党の政治指向についての分析を始める前に、戦後の女性国会議員数の変化と、それに伴う政治状況を簡単に概観することにしよう。女性はどういう政治状況で増減し、それはどのような政党戦略に基づくものであるのか、また女性に求められたものは何だったのであろうか。この点を明らかにすることは、日本政治での女性議員の位置づけのみならず、社会的な位置づけ、さらには女性に対する認識がどのようなものであるかを知るうえできわめて重要である。

一九四六年四月一〇日、新しい憲法の下行われた第二二回衆議院議員選挙では、二〇歳以上の女性に政治参加の道が開かれ（被選挙権は二五歳以上）、女性は初めて七九人が立候補、三九人の当選者を出した。[1]全当選者数四六八人に対して三九人の女性議員の占める割合は八％と一割にも満たないが、「男たちのビジネス」[2]とされた政治に初めて女性が参加する躍動感に満ち溢れていたという。当時のことを三九人の一人である佐藤（旧姓三木）きよ子は、「女性が世の中に堂々と意見を言えるんだと、体中の血がたぎるほど興奮しました」と当時の思いを振り返っている。[3] しかし、その後女性議員の数は急激に減少に転じ、ほぼ五〇年の間一桁から一〇数人ときわめて低い水準のままであった。

図1－1では、終戦の翌年に新憲法の下、大選挙区制で行われた第二二回衆議院議員選挙以降、一九五三年の第二六回から二〇一七年第四八回までに当選した女性議員数の推移をまとめた（議員数のデータは内閣府の男女共同参画局がまとめたものと、総務省公式ホームページからそれぞれの総選挙結果から引用し、独自に集計して図にした）。

2　躍進の九〇年代

この数字に動きが現れたのは一九九六年に行われた第四一回衆議院議員選挙（以後、総選挙と表記）で、女性議員は一四人から二三人へと増えた。選挙制度が中選挙区制から小選挙区並立制へと変更され、野党第一党であった新進党が改選議席数の半数の候補者を立てて、政権交代を意図した戦術を取った選挙であった。結果、新進党で八人、自民党から四人の女性議員が誕生、全体で九人増の二三人となった。[4] それでも割合は全議員の五%に満たない。

続く第四二回では三五人の女性議員が誕生し（社民党から一〇人、自民党から八人、民主党から

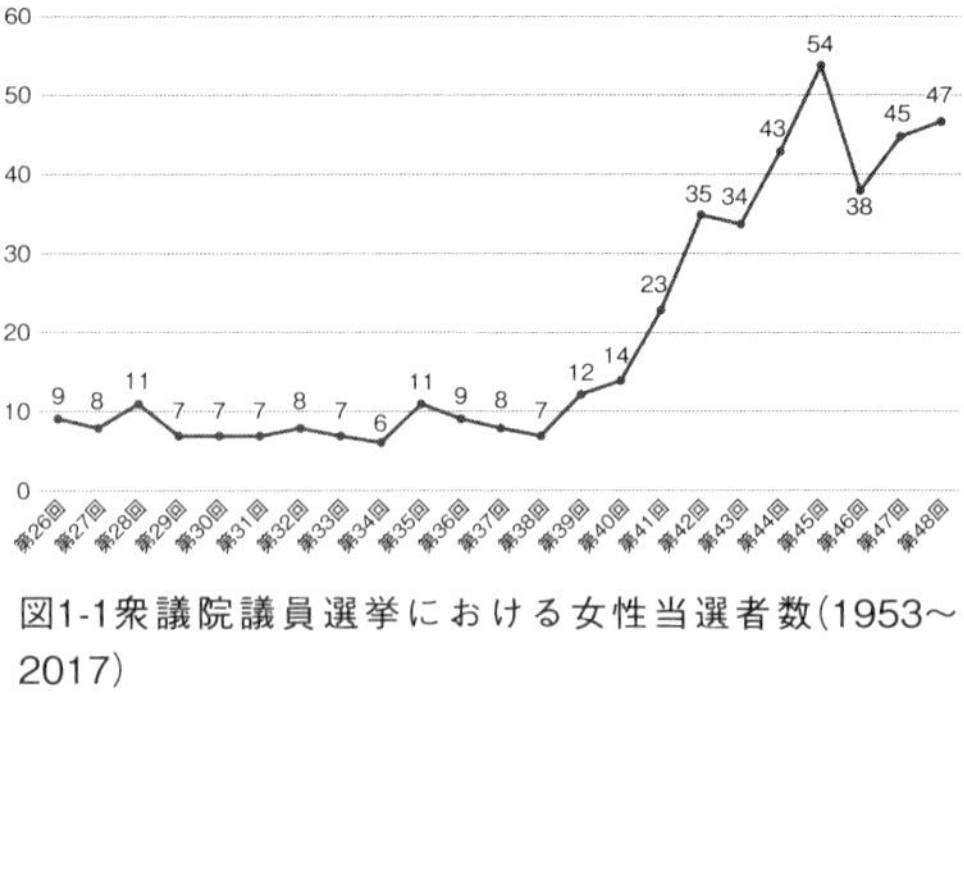

図1-1衆議院議員選挙における女性当選者数(1953～2017)

六人など）、第四三回では一減の三四人（民主党一五人、自民党九人、公明党四人など）となった。[5]一九四六年に大選挙区制度の下に行われた第二二回総選挙で三九人の女性議員が誕生したときと、ほぼ同程度の水準になったことになる。

こうした女性議員増加やそれに伴う女性政策の整備などの一連の動きは研究者の間では「躍進の一九九〇年代[6]」とも呼ばれた。では、第四二回から四三回の総選挙時の政治状況とはどのようなものだったのだろうか。

第四二回の総選挙は支持率が九％まで急落した自民党森内閣下で二〇〇〇年六月に行われた。森首相の「日本は神の国」との主旨の発言が物議をかもしたことによる解散・総選挙で、いわゆる「神の国解散」とも称された。[7]この「神の国」発言や、総選挙投開票日までの間に「無党派層は寝ていてくれればよい」などの発言が主に女性有権者たちの反発を買ったことも影響し、土井たか子が党首を務める社民党が女性候補者を積極的に擁立、比例代表を含めて一〇人の女性議員を当選させた。[8]このときの社民党当選者は一九人でそのうちの一〇人を女性が占めたことは、女性候補への期待値を示すに十分な結果であった。

また、第四三回総選挙は森首相の後継内閣である小泉内閣下で二〇〇三年一一月に行われたが、小沢一郎率いる自由党と民主党が合併したことによる民主党の議席増で、民主党から一五人の女性議員が当選した。[9]この時小沢は悲願である政権交代と二大政党制を実現させるために、自民党の選挙戦術である徹底した「どぶ板選挙[10]」を民主党に持ち込み、主に新人候補には手取り足取りの選挙指南をした。[11]この四二回と四三回の結果からうかがえるのは、反自民の風が吹いたときに野党政党からの女性当選者が増えていることである。つまり九〇年代の女性議員の増加は、政権党である自民への逆風が後押ししたことになる。

3　女性性の利用――「クリーン」と「革新」

自民党への逆風すなわち女性候補への追い風の構図は一見ごく当然のようにとらえられがちであるが、自民党の保守政治に対しての明確な対立軸として「女性性」が選択されてきたことは二つの意味を持つ。ここでの「女性性」とは、身体的な「性差」ではなく、女性であることによって想起される「イメージ」一般の意味である。

第一に、女性が既存の政治の枠組みの外に存在してきたというイメージである。つまり、長らく政権にあったが故の不正や腐敗の発生、それに伴う傲慢な発言など、政治という名の「不浄な」世界とは一線を画してきた女性が「クリーン」であることの象徴として選択されたということ。それは同時に、いかに政治と女性が隔絶されてきたかの逆説的証左である。

第二に、女性を候補者とすることでの革新的なイメージの想起である。反自民は大枠のイメージとしては反保守、つまり革新である。既存の政治を否定し、新たな政治を有権者に想起させるためには、政治の中心を担ってきた男性ではない女性が革新のメッセージを伝達しやすいからである。

しかしながら、女性性が持つ「クリーン」なイメージを前面に押し出した選挙戦術は、反自民の野党だけが採用してきたわけではない。一九九〇年に行われた第三九回総選挙で自民党海部首相が初の女性官房長官に森山真弓を抜擢し、女性重視の選挙戦略で、劣勢であった自民党を大勝に導いた経緯がある。[12]

このときの選挙では、リクルート事件、消費税の導入、宇野首相の女性スキャンダルなどによって、前年に行われた第一五回参議院選挙で社会党率いる土井たか子の人気による「マドンナブーム」に惨敗したことから、森山を官房長官にし「クリーン」な女性を重用するイメージを前面に出して戦ったのである。選挙では二七五議席と安定多数を超える大勝となったが、皮肉にも女性議員の当選はゼロである。他方、社会党は野党で唯一議席を伸ばし一三六議席を獲得、女性議員は七人と他党に比べると最も多く、土井ブームが健在なことを示す結果となった。

4 「おたかさんブーム」――女性性の戦略利用

土井委員長のニックネームから「おたかさんブーム」とも、「マドンナ旋風」とも呼称された女性議員の増加は、野党社会党にとっても土井を党首に据えた革新的イメージの賜物である。土井たか子で一九八九年の参議院選に勝利し、女性議員を大量当選させて「マドンナブーム」を起こしたが、それを、続く衆議院選挙で政権交代に至るほどの結果に繋げることができなかったのは周知の事実である。

理由は、執行部が選別した中選挙区選挙候補者名簿に拘束されて一九九〇年の総選挙に臨んだことである。女性議員こそ二人から七人へと増えたが、候補者名簿には旧態依然とした労組出身者がずらりと並び、有権者の支持層を広げることはできなかった。[13]

つまり、女性候補登用は革新的なイメージ戦略にとどまり、実体として社会党の中枢に女性議員を増やすような体制づくりをしなかったのである。この時の社会党内の様子について、土井は筆者の聞き取りに答えて自分が党首になったいきさつも含めて興味深い発言をしている。

私が党首を引き受けたのは、ある党幹部が『我々はそんなオンナに主導的立場で立ってくれとお願いするほど落ちぶれていない』と言ったのを聞いたから、だからやるっきゃないと引き受けたのです。[14]

さらに一九九〇年の総選挙での候補者人選については、

あのときは労働組合が再編されて、どう変わっていくかが大問題でした。でもやはり、党内において労働組合の組織票を当てにする姿勢はあまり変わっていませんでした。端的に言えば、労働組合がなければ自分たちの活動がないという姿勢です。

政権交代への社会党内での意欲については、

社会党は万年野党という立場に甘えてきたのですよ。政権交代なんて夢のまた夢、私自身、ある日政権交代なんて微塵も考えられなかったですよ。

土井が委員長を引き受けた理由は、女性の指導者としての適性を否定するような党幹部の発言に対しての反発であった。土井の長年の政務秘書であった五島昌子は、土井への委員長就任の打診は社会党の凋落に歯止めをかけるための「劇薬」であり、あくまでも次の男性委員長へのつなぎであったという。[15] つまり土井が委員長に抜擢されたのは、社会党の議席減が止まらない窮状を初の女性党首によって刷新したいという革新的なイメージ戦略であり、土井がその申し出を受諾したのは「オンナに指導的立場を頼むほど落ちぶれていない」という女性蔑視発言に対する逆ばねであったことは、革新野党であるはずの社会党が自民党と政治指向、少なくても女性認識において大差なかったことを意味している。

既存の政治や男性議員に比して女性が社会に想起させる「クリーン」や「革新」のイメージを党の権力維持や集票に利用したことにおいては、自民党も社会党も同様であった。保守政党（一般的な概念としての）も反保守政党も女性性が想起させるイメージを政党存続のために戦略利用してきたのである。

5 「小泉チルドレン」——改革派のイメージと風頼み

二〇〇五年九月一一日に投開票された第四四回総選挙では、自民党からの女性当選者が三倍の二六人（第四三回では九人）に増える結果となった。[16] この選挙は小泉純一郎首相が自身の政治課題であった郵政民営化の是非を問うとして解散したことに伴ういわゆる「郵政選挙」で、小泉は郵政民営化に反対する自民党内勢力を抵抗勢力と位置付け、自らの改革派イメージを強調するために官邸は直接一一人の女性候補を選び、公募など合わせて三二の重点選挙区に女性候補を割り当てた。郵政民営化に反対し、自民党を離れた元職議員の選挙区には女性新人候補などを「刺客」として送り込む戦略をとり、結果として「小泉チルドレン」と呼ばれる新人一五人を含む二六人の女性候補を当選させた。[17]

このときの選挙を振り返って、一四年間にわたって自民党職員として選挙対策本部などに勤務した石川昭政衆議院議員は「地盤も看板も資金もない女性新人議員の大量当選は初めてで、二〇〇四年一二月に初めて候補者公募のシステムを正式な制度と採用したことも（多様な）人材を候補者にできた原動力になった」と振り返った。[18]

小泉の政務秘書官飯島勲による直接の女性候補リクルートは「小泉の改革者としてのイメージ強化のため」[19]だったというが、一方で公募により男女合わせて二六人の候補者を立て、比例代表での復活も含めて二二人が当選する結果となり、石川が指摘した「地盤も看板も資金もない」候補者が八三人の「小泉チルドレン」として誕生するに至ったのである。彼ら彼女らの当選を後押ししたのは、小泉人気が吹かせた強烈な風であった。

石川は、女性候補者数という観点から二〇〇五年の総選挙は例外的であり、以降は公募制度の審査段階で主に資金面で女性候補者採用は難しいケースが目立ったと指摘している。つまり第四四回の総選挙は後にも先にも小泉の人気と風によって女性議員が自民党内に増えた一時的な現象であり、また小泉の改革派イメージ戦略の可視化のために登用されたに過ぎないことは続く総選挙の結果（二〇〇九年に実施された第四五回総選挙は自民党が民主党に政権を渡した反自民の風が吹き荒れた選挙で、郵政選挙で当選した女性議員二六人中再選されたのは七人だけである）からも明らかである。

しかし、小泉が二〇〇五年の総選挙で女性候補を一定の割合で引き上げたことを、事実上のクオータ制の実施であり、その後の女性議員数の水準の引き上げに貢献したとの指摘があるのもまた事実であることを付け加えておくが、[20] その後実際に各政党に男女の候補者を均等にするよう求める理念法が成立するまでに一〇年弱を要した。

6　「小沢チルドレン」と「小沢ガールズ」

女性当選者が一挙に五四人に増えたのは二〇〇九年に行われた第四五回総選挙で、このときは民主党が長らく続いた自民党・公明党による連立政権を倒した政権交代選挙で、第四二回、第四三回の傾向と同じく反自民の風が猛烈に吹いた選挙であった。民主党からは四〇人の女性議員が当選している。

自民党に比して民主党がどれほど女性候補者擁立に積極的であったかについては、議論の分かれるところである。民主党の政策が自民党よりはやや女性に配慮したものであるとの評価はあるが、[21] 候補者リクルートや選定の過程などの制度に関しては（当時）未整備であった。

大蔵官僚から民主党の結党に加わった古川元久衆議院議員は、この時の選挙を振り返って「結党以来女性を重視する姿勢はもちろんあったが、実際に候補者を選ぶ過程で女性を優先するということはないから、それはあくまでもそういう思いにとどまっていた」と、政党としての女性登用に積極的な姿勢はあるが具体化はされていなかったと話した。[22]

古川は、民主党の女性候補登用に関しては自民党と大差ないとも指摘し、その理由は政党のシステムそのものにあるという。即ち、自民党も民主党も古川いわく「個人商店」の集まりであり、選挙は政党が丸抱えするというよりは個人が後援会を土台にして闘うから、地盤や看板、さらにはカバン（資金）がない女性候補は出馬しにくいというのである。前出の元自民党選対本部勤務の石川が全く同様の指摘をしている。候補者選定の過程では資金力のない女性が選定されるのは難しいという点である。

では、自民党と「大差ない」女性候補者の選定基準である民主党がなぜ二〇〇九年の政権交代選挙では、四〇人もの女性議員を当選させ得たのだろうか。「選挙の神様」と言われた小沢一郎が民主党に合流したことにより、自民党と同じような選挙手法をとったことが勝利を後押ししたのである。

「毎日が選挙」と言ってはばからない小沢は、[23] 古川が「二〇〇〇年以降の当選者は風に乗ってきただけ」とする民主党の選挙体質を、自民党型のいわゆる「どぶ板選挙」戦術に転換させた。小沢は民主党に合流するにあたって筆者のインタビューに答え、「自民党は当選した日から選挙にむけて活動をする。民主党はまだまだ甘い。そこを変えなければだめだ」と、選挙期間中でなくても朝に夕に辻立ちをし、名前を連呼する「どぶ板選挙」の手法を民主党に持ち込むと宣言した。[24] 小沢は実際に選挙戦を通じ、地盤・看板・カバンのない新人女性候補を、「郵政選挙」での小泉同様、自民党の大物現職議員の選挙区に送り込み、自分の秘書につきっきりで面倒をみさせた。[25]

結果「小沢チルドレン」と称される新人議員が一四三人当選し、その内の女性新人議員やそれ以前に小沢が独自に白羽の矢を立て、選挙指南をした女性議員を含めて「小沢ガールズ」と称される女性議員グループが誕生した。[26] つまり小沢もまた反自民の追い風に乗って、小泉が女性候補を「刺客」として差し向けた戦術同様、女性候補が大物議員の地盤に挑むことによる注目度を演出したのである。古川が指摘した「自民党と選挙態勢に大差なし」という言葉通り、自民党も民主党も女性候補者に求めたものは話題性や注目度であり、また大量の女性候補が当選するに必要な環境は、そうした話題性や注目度で増幅される風であったことがわかる。

この二〇〇九年の政権交代選挙で、五四人と初めて衆議院全体の一一％とようやく一割台に乗ったものの、その後また女性議員数は減少傾向に転じる。そして本書執筆時の最新データがＩＰＵ（列国議会同盟）の二〇二〇年一月時における四六人の九・九％である。[27]

このように、衆議院における女性議員数はこれまでで最大比率は一一％と一割強にとどまっている。本書では、衆議院での女性議員数のみを分析の対象とするが、その理由は候補者選定の過程において表出する女性に対する認識を炙り出す意図に基づくからであり、参議院と選挙制度の差異がもたらす結果に着目する方法論をとらないのは、そのためである。[28]

繰り返しになるが、本書の目的は、戦後の自民党が優位政党として形成してきた「自民党型政治文化」、即ち「自民党の政治指向」を分析することにより、女性に対するどのような「認識」が形成されたかを明らかにし、そこから女性議員の多寡について新たな知見を得ようというものである。よって本書は「自民党型政治文化」そのものを議論する政治文化論ではなく、あくまでも女性に対するどのような認識が、どのようにして形成（再生産）されてきたかを明らかにするために、「自民党型政治文化」の政治指向分析を試みるものであることをご理解いただきたい。

第2章　自民党の政治指向「イエ中心主義」

1　「イエ中心主義」が貫く政治指向

自民党の政治指向は「イエ中心主義」に貫かれている、というのが本書の核心である。この「イエ中心主義」は本書においての造語であるが、どのような意味を持っているかをまずは簡単に整理しておきたい。

「イエ」とは文字通り「家」や「家族という小集団」であり、あるいは血縁を超えたイエ的な特徴や間柄で結ばれている[1]「イエ的集団」を意味する場合がある。今では古典とも言われる文献であるが、日本社会の集団性を「タテ」という概念で理論化した社会人類学者の中根千枝による『タテ社会の人間関係』[2]は、タテ社会の重要な構成要素として「イエ」(家)の概念を挙げている。

中根はこのタテ社会について「日本社会に根強く潜在する特殊な集団認識のあり方は、伝統的な、そして日本の社会の津々浦々まで浸透している普遍的な「イエ」(家)の概念に明確に代表されている」と説明する。つまり中根も「イエ」は血縁関係で結ばれる家父長を頂点にした「家」を意味する場合と、血縁ではないタテの関係性で結ばれた「イエ的集団」の両方を意味するとしている。本書では、「イエ」という概念は自民党というタテ型の「イエ的小集団」を差す場合と、家族や家庭というタテの間柄の小集団そのものとして用いる場合がある。また「イエ意識」との表現は「イエ的小集団」としての自我、認識を意味している。

では、自民党の「イエ中心主義」とは具体的にどのような政治指向なのか。第一に、派閥を包括した大きな「イエ」としての政党――強いイエ意識があること。第二に、確固たるタテ型の集票システムが伝統的に形成されていること。第三に、タテ型集票システムの基盤である個

図2-1　自民党の政治指向

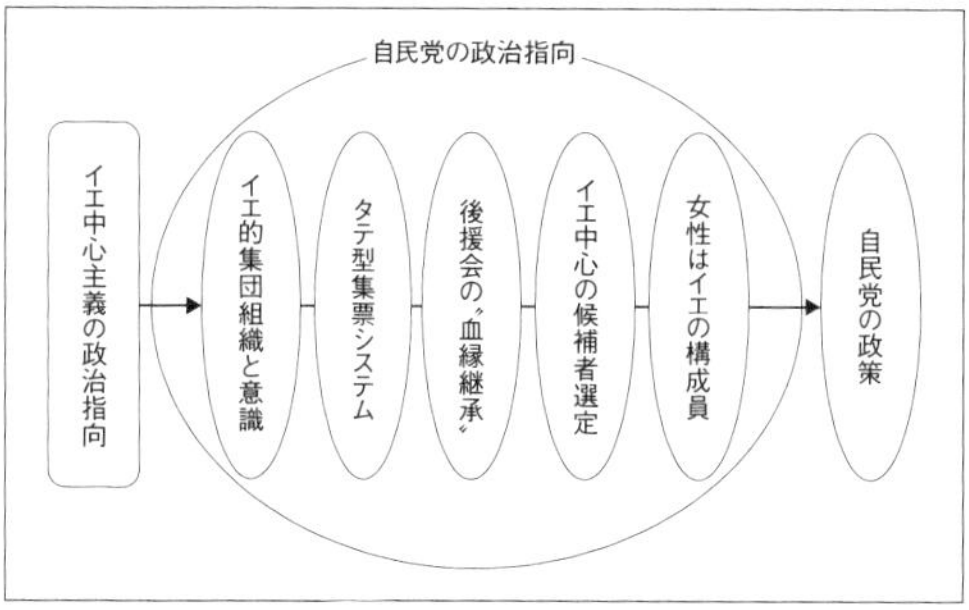

人後援会の継承が生む血縁継承議員が他政党に比べて圧倒的に多いこと。第四は、血縁継承のみならず○○家（地元の名家・資産家など）に連なる人物への候補者選定の傾向が強いこと。第五は、女性が常にイエの構成員として認識されること、である。このような指向によって構成される「イエ中心主義」の政治指向は結果として自民党の政策に結実することになる。「イエ中心主義」が貫く政治指向をイメージすると上のようになる（図2―1参照）。

このような「イエ中心主義」に貫かれた自民党の政治指向は、女性を「イエ」の構成員として認識することにより、女性個人の認識の放置を生み、その結果、女性候補者の限定を招き、ひいては女性議員の新規参入を減退させる要因となっている、というのが本書が明らかにする論旨である。

では、どのように「イエ中心主義」が形成されてきたのか、順を追って見ていくが、まずは「イエ意識」はどのような政治過程で強調されてきたのかを整理してみよう。留意するべきは、「イエ中心主義」は自民党の戦後の近代化と保守再生の政治過程において、政権党として戦略的に選択されてきた政治指向の総体である点である。

2 「イエ中心主義」――強いイエ意識

派閥を包括した大きなイエとしての政党

自民党におけるイエ意識は、親分（派閥のボス）子分（派閥の構成議員）のタテの主従関係に代表される関係性と、そうした派閥を包括している政党としての価値観や意識が合体して作られている。つまり、自民党におけるイエ意識は政党そのものがひとつのイエ・家族であるという考え方と、[3]社会構成の最小単位は「家族」にあるとの前提で立案される政策の指向、この両方に象徴されている。

大平正芳の「政党は大きなイエ」発言

では、実際に自民党の「イエ意識」はどのようにその色彩を強めてきたのであろうか。興味深い発言がある。

日本の政治の活力は、イエ的原理にあるのではないか。個人個人ではなく、家に対する忠誠を第一に置く。家を大きくしたものが企業であり、政党であり、国である。[4]

この発言は一九七六年に三木政権の大蔵大臣で後に首相となった大平正芳が派閥について語ったものの一部であるが、家を大きくしたものが政党であり、イエ的原理が政治の活力であるとの自説を明らかにしたものである。大平のこうした発言の背景にはいったいどのような状況があったのだろうか。キーワードは自民党の近代化である。

三木武夫と自民党の「近代化」

一九七六年二月四日にロッキード事件が発覚。[5] かねて自民党の金権体質を時代遅れと批判し、党の近代化を模索してきた当時の三木武夫首相は、ロッキード事件の真相解明を積極的に進める。しかし、こうした動きに反発する（事件の当事者が所属する）派閥等から猛烈な「三木おろし」が始まり、その後の一二月五日に行われた第三四回総選挙での惨敗を受けて三木首相は退陣。このときの退陣表明で、三木は党の体質改善、近代化に固執する姿勢をあらためて、ロッキード事件の真相を究明して金権体質と派閥抗争を一掃することを訴えた。[6] 自民党の近代化を悲願としてきた三木が、無念の退陣を強いられながらも遺言のように金権体質の元凶とされた派閥解消を訴えたのである。

大平が上記の発言をしたのは、三木が退陣に追い込まれる前ではあるものの、ロッキード事件や、中選挙区制度での派閥抗争やそれに伴って飛び交う巨額の選挙資金に象徴される自民党の金権体質批判が急速に高まっていた頃であった。

この大平発言を紹介した新聞記者の宇治敏彦によると、大平は「『家』とか『派閥』といった近代化されていない点に日本の強みがあるんだ」とも語ったという。[7] 派閥の存在が金権体質を増幅させた諸悪の根源、つまり非近代的な存在であるとの批判が集中していた時に、大平は三木内閣の大蔵大臣という要職にありながら、あえて非近代的なものにこそ日本的な政治活力があると、近代化に逆行するかのように派閥を擁護したのである。

実はこの近代化こそが当時の自民党で活発に議論されていた点であり、自民党が農村部主体の支持層から都市部のいわゆる「弱い支持層」をも取り込むキャッチ・オール・パーティ、包括政党へと変化する節目となったのである。そうした流れの中での大平の「政党は大きなイエ」発言がどのように位置づけられるのか、少し時間を巻き戻してみることにする。

エリート議員政党から幅広い支持を集める大衆組織政党への「近代化」

一九五五年一一月一五日に日本民主党と自由党が合併（保守合同）して自由民主党が結成され政権与党となり、これに先だって左右両派が再統一をした社会党が野党第一党となり、保革対立の「五五年体制」が成立した。[8]

この保守合同の流れを加速させた一因は、再統一を果たした社会党の脅威である。戦後A級戦犯として逮捕され、一九五三年に政界に復帰した岸信介は、保守合同の四ヶ月前の論文で次のように述べ、左翼勢力へ危機感をあらわにしている。岸も近代化論者である。

昨今における左翼勢力の進出については、真剣に之に対決する方法を講じなければならない段階に来ている。（中略）特に年々増加する新有権者層を確保する為にも、保守勢力は早急に近代的政党に脱皮し、より進歩的な政策と共にその発展を期さなければならない。[9]

岸は議員のみで構成される政治エリート集団政党から、広く党員を集める集権的な組織政党への近代化を図る必要性があると訴えた。自民党は革新左派政党の伸長に対抗するために結成され、同時に、より広く支持者を取り込むための近代化――組織政党化――の必要性が論じられ始めたのである。

実際に、自民党結党時の「組織活動要綱」に「広く国民大衆に基盤をおく進歩的国民政党として、地域、職域、産業機構の各般に亘り、強力にして清新なる民主的組織政党の体系を整備確立する」との基本方針が掲げられ、組織政党としての骨格作りが行われた。[10] 具合的には、全国組織委員会の設置、市区町村支部や都道府県連などの地方組織の強化、党員登録や党費制度の確立、青年・婦人組織の確立などである。さらに国会議員個人の後援会組織を地方支部に切り替えることにし、ここに党組織としてのタテ型ピラミッドが出来上がっていったのである。

こうした組織政党化の過程で、地方支部としての位置づけに切り換えられた個人後援会は、選挙の集票基盤の要となった。国会議員の地元選挙区の個人後援会の下部には、地域の地方議員の個人後援会が連なり、またその下には町内会や学校のＰＴＡなどの支持グループが連なる仕組みである。

このときの中選挙区制度下においては、同じ政党の複数候補が同じ選挙区で争うのであるから、それぞれの個人後援会はタテ型にがっちりと結びついて票を固める必要性がある。そしてそれをタテに串刺すのは政党ではなく、政党内の独立集団である派閥である。中選挙区制度時代の自民党のタテ型ピラミッドの頂点は、党本部ではなく、それぞれの国会議員が属する派閥であった。つまり、広くすそ野を広げ、支持者を取り込むための組織整備が結果として個人の後援会組織の強化をもたらし、それがまた個々の議員が所属する派閥の存在をさらに強化したのである（図２―２参照）。

図2-2 中選挙区時代の自民党ピラミッド構造

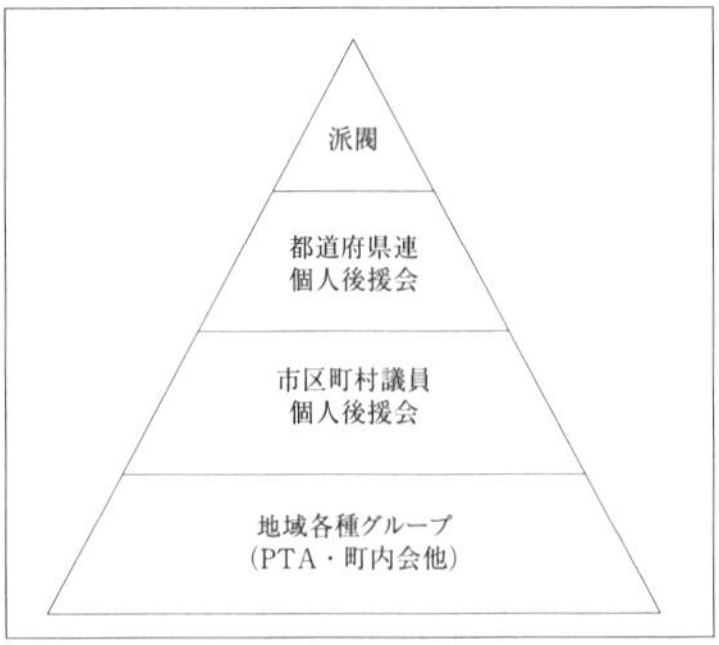

中選挙区制度と派閥と個人後援会の拡充

ではどのようにして中選挙区制度下で個人後援会が拡充され、派閥が力を蓄えていったのだろうか。

中選挙区制度ではひとつの政党から複数の候補者を出して三～五人の議員を選ぶので、候補者（現職も含めて）は党に依存するのではなく、自分が属する派閥の力とカネに大きく影響される[11]。よって、党執行部の影響力よりも各派閥の権力が物を言い、候補者は派閥のボス（親分）の力――党内でのポストや資金力――を盾に選挙で同士討ちをすることになる。そうした派閥抗争の激化は結果として党執行部の弱体化を招き、同時にいかに地元選挙区に利益分配をもたらすかの「手柄政治」即ち利益誘導政治を促進させた。

派閥のボスにとって自派の勢力を拡大すること（新人議員の自派への獲得など数の増長）は、総裁選で優位に立ち、総裁への道を切り開く決め手となるほか、自派の所属議員（子分）への閣僚や党役ポストの配分の力関係に多大な影響力を発揮する。[12] こうした複合的な派閥の機能が、選挙戦の熾烈な派閥争いの導火線になったのである。

派閥の力の増大と派閥間競争の激化に対して、初代幹事長として党の近代化を進めようとした岸信介は、解決策として小選挙区制度を導入しようとするが、野党第一党である社会党の反対や自民党内の反主流派の派閥勢力の抵抗で失敗に終わる。[13] その後、派閥はさらに固定化して権力闘争の砦となり、選挙では頼れない党組織よりも、金銭の配分や人事に力を発揮する派閥や個人後援会がより強固に形成されるようになったのである。

大イエ連合の自民党

各派閥は政党内の独立した小集団であり、そこには政党の総裁とは別に個々の議員の面倒をみる親分《ボス》（派閥の長）が存在し、しかも個々の議員にとって、親分は党とは比べものにならないくらい距離感が近く、物心両面で世話になっている。よって党執行部は所属議員の統制を図ることが難しくなり、派閥という独立小集団がしのぎを削ることになった。

冒頭の大平正芳の「政党は大きなイエ」発言は、次節で引用する村上泰亮・公文俊平・佐藤誠三郎の共同研究の著書である『文明としてのイエ社会』に大きく影響されたと前出の宇治敏彦が記している。[14]『文明としてのイエ社会』では、日本独自の「イエ」社会の形成について日本の起源からの分析が行われているが、中選挙区制度時代の自民党の派閥はその流れに沿うとちょうど「大イエ連合」を構成する個別の「大イエ」としての特徴を有している。[15]

「大イエ」とは独立した国家、経営——統治体であり、例えば徳川政権はそうした「大イエ」

図2-3 大きなイエとしての自民党と独立小集団——派閥の関係性

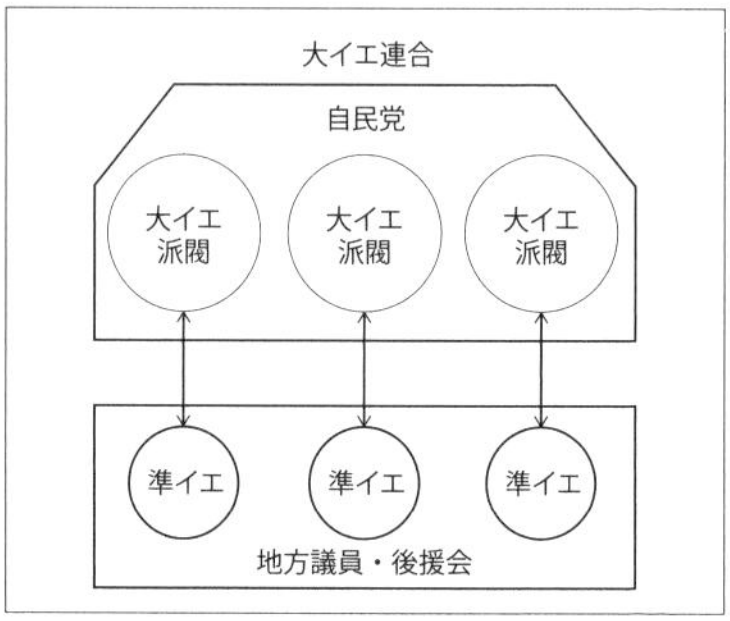

の連合体（大イエ連合）であるとの概念である。集金システムも独自に確立していた独立小集団としての中選挙区時代の派閥は、「大イエ連合」に属する個別の「大イエ」となる。そして、この「大イエ連合」は常に「大イエ」間の長による「大イエ連合」の長の座を狙う熾烈な闘いの緊張関係にあることになる。さらにそれぞれの「大イエ」には下位主体として位置する地方組織・後援会が、村上らの概念では「準イエ」として連なっている構図となる（図2－3参照）。

このように中選挙区制において、派閥はより強固な存在としての基盤を築き、議員の地元個人後援会がそれを支える図式が出来上がったのである。そしてこうした構図が自民党の利益誘導型政治に拍車をかけ、長期政権党へのエンジンになったのである。岸が自民党の近代化のために、エリート議員政党から広く支持者を集める組織政党への転換を求め、小選挙区導入を提案したものの失敗に終わってから、自民党はむしろ派閥中心・個人後援会の下支えというタテ型のピラミッド組織の形を整え、当初の近代化の理想とのねじれを生じることになったのである。同時に政党組織の形態としても「イエ」の色彩を強めていったのである。

3　近代化への批判——近代化を超える「現代化」の模索

香山健一による近代化——組織政党への批判と派閥の擁護

話はもう一度、三木武夫の近代化の取り組みに戻るが、三木は一九六二年一一月に、岸信介の後継である池田勇人政権時代に自民党の近代化を提言する第三次組織調査会の会長に就任し、およそ一〇〇名の委員を束ねながら並々ならぬ意気込みでその任にあたったという。[16]

党の近代化のなかでとりわけ三木が重要視したのが派閥の解消であり、翌年の一〇月一七日にまとめられた最終答申には「一切の派閥の無条件解消」が全面に打ち出された。[17] しかし、後の大平政権での政策ブレーンとなる学習院大学教授で、社会工学や政治科学の専門家である香山健一は、この三木答申を以下のように「時代遅れ」と批判した。

> 現実には「党より人」の選挙を行っている自由民主党自身が、昭和三十八年十月の「党近代化に関する組織調査会答申」（当時の自由民主党組織調査会会長が三木武夫氏だったため、三木答申とも略称される）のなかで①派閥解消、②政治資金の党への集中、③近代組織政党の確立などを骨子とする方針を掲げ、いわゆる党近代化をたてまえとしてきた事実が、この政権党におけるたてまえとほんねの重大な乖離を示すよい例である。（中略）この三木答申の根底にあるものは、当時既に時代遅れとなりつつあった教科書的な近代組織政党モデルであった。[18]

香山の論点は、中選挙区制度のもとにひとつの選挙区から複数の候補者を自民党から出すことによって、候補者同士が選挙戦という闘いを通じて切磋琢磨し、候補者自身とその支持組織に活力をもたらしたという、中選挙区制度の功の歴史的側面を確認するものである。そのうえで、自民党は①議員個人後援会連合と、②派閥連合と、③都道府県地域組織連合の複雑で重層的な任型連合政党であり、よって自民党は単一政党ではなくむしろ連合政権に近い実態を備えていると論じている。

つまり、三木にとっては諸悪の根源であり党の近代化のために解消されるべき派閥について、香山は数々の問題は認めるものの、派閥による党内競争こそが党内民主主義を確保することを可能にしたと派閥擁護の論陣を張ったのである。

西欧モデルの近代化と個人主義への批判――グループ一九八四年と「日本の自殺」

香山はその後も一貫して自民党が組織政党へと生まれ変わる近代化には批判的であったが、その根底にあったのは（香山が考える）西欧をモデルにした近代主義が生んだ「行き過ぎた」個人主義に対する反発と、左翼政党を模した単一組織化への反発であった。

香山が一気に注目を集めるようになったのは、一九七四年の中頃から「グループ一九八四年」の筆名で共産党批判の論文を『文藝春秋』誌上に発表したことを皮切りに、同じく『文藝春秋』の一九七五年二月号に掲載された二二ページの論文「日本の自殺」であった。[19]「グループ一九八四年」には東京大学名誉教授の佐藤誠三郎や公文俊平が加わっていたというが、「日本の自殺」は香山が一人で書いたものとされている。[20]

「日本の自殺」は、没落したローマ帝国を例にとり、人々が物質的欲望を肥大化させて国家の福祉への依存度を高めて自立の精神と気概を失う「自殺のイデオロギー」としての平等主義を批判し、日本が西欧の価値観や政策を模倣していけば「活力なき『福祉国家』」へと堕落し、エゴと悪平等主義の泥沼に沈んでいくという恐るべきメカニズム」に陥っていくとしている。[21]香山にとって、諸文明が没落した過程ではおしなべて同様の「自殺のイデオロギー」の種がまかれ、それは極端な平等のイデオロギーへと増長して、文明や国を没落させるというのである。

こうした西欧的近代主義の行きつく先としての個人主義の崇拝と国家への依存度の増大への批判は、香山の思想に通底しているものである。香山はさらに個人主義の限界を説き、そのうえで家族主義や国家主義を全面否定し個人主義だけを一面的に強調することは間違いのもとだとし、[22]家族、職場、地域といった日本の伝統的集団や場が重要である主張した。即ち、タテの関係性が生まれると中根が指摘している場、アリーナの再評価である。[23]

香山の論調をさらに補強した形になったのが、一九七九年にまとめられた『文明としてのイエ社会』である。この著作は東京大学教授・村上泰亮と佐藤誠三郎、さらに公文俊平が連名で一九七六年から『中央公論』誌上にて発表した論文をまとめたもので、日本の集団主義的な価値観――イエ・ムラ社会を改めて検証・再評価することによって香山の論じている個人主義の限界を補完し、日本社会は個人主義のみではなく、集団主義との複合的な規範によって独自の社会文化を築いていると論じた。[24]

この『文明としてのイエ社会』を読み、大きな影響を受けた大平正芳が先に引用した「政党は大きなイエ」発言をしたのである。単純な欧米追従ではなく、日本独特の価値観や社会の在り方を見直すことが、大平にとって「近代化」ではなく日本の政治や自民党にとっての「現代化」であった。[25]よって、派閥はイエ的原理に基づくものとして自民党の党改革の流れのなかでも「現代化」の名の下に生き続け、「イエ集団」としての政党の柱となったのである。さらに、大平の「現代化」の理念は、戦後の自民党の「イエ中心主義」の政治指向形成の起点になったのである。

まとめ

岸信介から始まった自民党の近代化の流れは三木武夫、福田赳夫、大平正芳と受け継がれていく過程で、派閥容認、中選挙区制の維持、個人後援会の拡充といった方向に収斂され、当初、岸や三木が意図した近代化の構図は大平の唱える「現代化」にとって代わられる結果となった。

大平は党が追求するべきは「近代化」ではなく「現代化」であるとの認識を繰り返し示したが、[26]その理論武装を支えた言説が、西欧の個人主義を批判した「日本の自殺」と日本独自の家族や集団の在り方を再評価した『文明としてのイエ社会』であった。

大平の「政党は大きなイエ」発言に象徴される日本独特の伝統や価値観に基づく「自民党型政治文化」を作り上げようとする流れは、戦後保守の揺らぎと、再生に呼応する。

右派と左派の合流により、一大革新勢力となった社会党のウイング拡大の脅威に対して、自民党は組織政党として勢力拡大を図るために「近代化」を模索したものの、西欧型の「近代化」を否定し、伝統的な集団的価値観の再評価に基づく「日本独自型」もしくは「自民党独自型」の「現代化」を図ることで、結果として保守の色彩を強めることになったのである。

「政党は大きなイエ」発言はよって、自民党が家父長制のようなタテの関係性で結ばれるイエ集団であることをあらためて追認し、同時に伝統的な「イエ」という概念に象徴される、役割分業・男性稼得モデルの小集団である「家」を再評価することにつながった。これが「現代化」の実態である。つまり、自民党が「現代化」を目指したことにより、「自民党型政治文化」の柱として「イエ中心主義」の政治指向がはっきりと像を結ぶことになったのである。

ここに「イエ的集団」としての色彩を強めた自民党は、派閥容認、個人後援会中心の政党組織として、香山が後に唱える日本型多元主義論によって、[27]分権的で民主的な組織である論拠を獲得していくことになる。

また、香山らが西欧文明の堕落の根源として行き過ぎた個人主義などの価値観を否定し、その一方で日本社会に伝統的に形成されてきた集団主義を中心とする価値観を再評価したことにより、自民党の戦後の家族観は決定的な影響を受け、伝統的役割分業に基づく家族イデオロギーが形成されることになった。この家族イデオロギーは、女性が常に男性家父長に従属するイエの構成員としての認識を強調するものであった。まさに「イエ中心主義」の政治指向に基づく家族イデオロギーである。この「イエ中心主義」の家族イデオロギーはその後も自民党の政治指向として、例えば社会学者のアン・スィドラーの理論[28]のように「政治文化」という「道具箱」から「戦略的に選択され」再生産されて今に至っている。

今もなおこのような政治指向が引き継がれているかは、第Ⅱ部の実際の自民党議員のキャリアパスの追跡で、自民党の議員候補の選別基準に、男女の候補者共に「イエ中心主義」の政治指向が色濃く反映されていることからも裏付けられている。

次章では、自民党の「現代化」の過程においてどのように男性稼得モデルを前提にした家族イデオロギーが再生産されたのか、その起点ともなった日本型福祉社会について検討する。

第3章　家族イデオロギーの形成と日本型福祉社会

1　「日本の自殺」にみる近代化への批判と母性の喪失

「イエ中心主義」の政治指向に基づく家族イデオロギーは、どのようにその色彩を強めていったのか。土台となったのは、前述した香山健一らによる西欧の近代化とそれに伴う個人主義への批判言説である。なかでも香山健一の「日本の自殺」（一九七五年二月に『文藝春秋』誌上に発表された）において日本の没落への原因として強調されているのは、主婦の役割と母性の堕落と衰退である。伝統的な価値観や生活様式、さらにはそこで育まれる意識への賛美にひきかえ現代社会の母性の喪失への強烈な批判である。これらの言説が日本型福祉社会論の土台となり、女性の社会的役割の限定を定着させたので、少々長くなるがそのまま引用する。

便利さの代償は家庭の主婦にとっても決して小さなものではなかった。インスタント食品、既製服などの便利さの代償として、家族のために心を込めて食事を作り、セーターを編む喜びを忘れた主婦たちがいかに多いことか。安っぽい、軽薄な家事整理学が「けがらわしい」家事を追放したのちに、主婦たちは心を込めた手作りの生活の価値を見失い、家族への愛情のきずなを見失い、喜びと感謝の気持ちを失って、テレビの主婦番組に、告発の住民集会へと持てあました時間を使い始めたのである。このように便利さの代償は子捨て、子殺しに見られる母性喪失とも深い所でつながっていたのである。このように、戦後日本の繁栄は、他方でひとびとの欲求不満とストレスを増大させ、日本人の精神状態を非常に不安定で無気力、無感動、無責任なものに変質させてしまった。それはまた伝統文化を破壊することを通じて日本人のコア・パーソナリティを崩壊させ、倫理感を麻痺させ、日本人の精神生活を解体してしまった。この生活様式の崩壊と日本人の内的世界の荒廃は、日本社会の自壊作用のメカニズムの基盤をなしていったといわねばならない。[1]

香山は近代化によって便利になった代償として母性が喪失したと主張し、インスタント食品や既製服の流通で家事の手を抜くことで生まれた空き時間を、女性はテレビの視聴や社会参加の集会に使い、それが母性を失わせているとして、社会の「近代化」を批判したのである。

一九七五年に考察されたこの論文は、女性は母性を保つために社会参加を優先すべきではないとし、女性は子供を産んで、育て、家を守ることを優先させるべき存在だとした。つまり母性優先主義の提唱である。同時に母性を優先させるためには父親が稼ぎ、母親が子供を産み育てる、男性稼得モデル――役割分業論――への強い拘泥も見られる。

さらに、母性の喪失に端を発して「日本人のコア・パーソナリティが破壊され、それが日本の伝統文化を破壊している」[2]として、文脈上明らかに日本の伝統的価値観や生活スタイルへの回帰が謳われていて、西欧文明のように行き過ぎた個人主義を捨て、家族（それも伝統的な）

や職場のつながりを復活させることで日本は没落の危機から逃れられると説いているのである。自民党が「現代化」の名のもと党改革の過程においてこの香山の論評や前述した『文明としてのイエ社会』を理論武装の土台としたことは、実は自民党内の保守の危機と再生の流れに沿ったものであることは先述の通りであるが、役割分業の定着と家族イデオロギーの形成の鍵を握るのは日本型福祉社会論である。この日本型福祉社会論の台頭について順を追って見ていこう。

2 高度経済成長と福祉への視線

一九五五年の保守合同以降、鳩山一郎、石橋湛山、岸信介と政権が受け継がれ、岸が日米安保条約改定をめぐって退陣を余儀なくされると、政権は池田勇人へ受け継がれた。[3]一九六〇年六月に政権の座についた池田は「国民所得倍増計画」を打ち出し、政治的対決を想起させるようなアジェンダ設定を避け、経済政策を前面に掲げた。[4]このときすでに日本経済は、一九五二年の朝鮮戦争の特需をきっかけに戦後復興の過程から一歩進んだ高度経済成長期に入っていたが、池田が意識的に経済成長政策を前面に押し出したことにより、この時期は生産第一主義の原則が確立した時代とされている。[5]池田は戦後の混乱期を率いた吉田茂首相のいわゆる「吉田学校」の卒業生であるから、戦後の経済復興のために可能な限りの物資を生産に回すという生産第一主義を実践した吉田の政策姿勢を受け継いだのは当然の流れであり、さらに戦前保守への回帰をするのではとの岸政権に向けられた懸念を払しょくする狙いもそこにはあった。[6]

こうした高度経済成長期の政治は「生産」の目標にまっしぐらに向かうもので、福祉などの社会問題に向けられる視線は限られたものであり、二義的なものであった。[7] ただし、一九六一年に完全実施となった国民皆保険・皆年金体制が、社会保障制度としては大きな成果として挙げられる。[8] しかし、これは一九五六年に行われた参議院選挙で苦戦を強いられた自民党の選挙支持基盤強化のための、福祉政策の政治利用であった。[9]

この池田政権下で大蔵大臣や政調会長を歴任したのが田中角栄である。一九六一年七月一八日に発足した第二次池田改造内閣で田中は政調会長に、翌年一九六二年七月一八日発足の第二次改造池田内閣では大蔵大臣に就任し、一九六四年一一月に佐藤栄作内閣が誕生するまでその任に留まった。[10] 田中は、自らの選挙区である新潟三区に公共事業を誘導することにより選挙基盤を固め、個人後援会・越山会を巨大かつ強固な組織に仕立て上げた。いわば高度成長期の波に乗って利益誘導政治の鋳型を作り上げ、一方ではそうした意図に沿う議員立法を積極的に行うことで、高度経済成長を後押しするエンジンの役割も果たしたのである。[11]

3　田中角栄と「福祉元年」——自民党支持基盤の強化と瓦解

自民党の支持率の低迷と革新知事の誕生

高度経済成長をもたらし、自民党の支持基盤である地方の農村部を固めた一方で、高度経済成長がもたらした労働力の都市部への流出によって、自民党の支持率は低迷を始める。農業などの一次産業従事者が都市部に新たに生まれた雇用に流れ、産業就労構造が大きく変化したからである。都市部に流入し、団地などに新しく住居をかまえることになった都市住民を掌握し、支持基盤を伸ばしたのが、一九六四年に結党した創価学会を母体とする強固な組織政党・公明党であった。共産党も地域に根差した活動によって同じように都市部の支持層を固めていった[12]。

さらに、一九六四年四月一五日に行われた東京都知事選挙では、社会党と共産党が支持した美濃部亮吉が当選したのを皮切りに、地方自治体に次々といわゆる革新知事が誕生し、自民党は危機感を募らせた。革新知事誕生の背景には、高度経済成長が生んだ公害などの環境問題をはじめとする反開発路線、反自民党政治のうねりの高まりがあった[13]。

田中角栄の「自民党の反省」

池田内閣から政権を引き継いだ佐藤栄作内閣で幹事長や通産大臣を務めていた田中角栄は、一九六七年に自民党都市政策調査会長として「自民党の反省」と題する論文を発表した[14]。この論評の副題は「われわれは都市対策に全力をおくべきである。主流派の雄が分析する都知事選の敗因」であり、田中が美濃部革新都知事誕生に危機感を持っていたことがよくわかる。

田中は都知事選での敗北のみならず、地方選挙での自民党の退潮にも強い危機感を表し、大阪府議選や神奈川や福岡などの県議選で議席を減らす結果に「朝に一城を抜かれ、夕に一城を落とされる」とはこのことだと、嘆いてみせた。田中の自民党敗北宣言は以下の通りである。

この敗北を契機として、われわれは地べたから起きあがり、泥を落とし、ほこりをきれいに払ったのち、時代に対応した近代的な政策、思想内容、国民多数に密着した党組織を持つ〝新しい保守党〟の建設を目指して、一歩ずつ進み始めたいと考えている。[15]

激減した農家人口に代わって激増した都市部に集中するエンプロイー（会社員をはじめとする企業雇用者）に支持され、「国民多数に密着した」組織政党としての「新しい保守党」を目指すべきであると主張した田中は、そのための提案として自民党が率先して都市問題に取り組む必要性があることを強調した。[16]

また、高度経済成長が生んだ「新しい中間大衆層」[17]を取り込む必然性を説き、さらには革新知事たちの誕生に対する危機感から公害など環境問題に取り組む必要性を指摘したのである。

田中角栄による「福祉元年」宣言

一九七二年七月に首相となった田中は、すぐさま一九七三年度予算の編成に際して老人医療の無償化や五万円年金の実施などを盛り込み、「福祉元年宣言」をした。[18] これは持論である農村部の工業化や新幹線を軸とする高速交通網の整備などの地方開発を集約した『日本列島改造論[19]』のような開発主義だけでは都市部の支持を得られない、と考えた田中の戦略であった。

しかし、「福祉元年」になるはずだった一九七三年一〇月には第四次中東戦争による石油危機が起こり、右肩上がりの日本経済に暗雲がたちこめ、景気は停滞、税収が伸び悩んだことから以降、社会保障費拡充が困難になったのである。[20] ここに国家に依存しない日本型福祉社会論が台頭してくるのである。

4　日本型福祉社会論の登場――「生涯設計計画――日本型福祉社会のビジョン」

石油危機による景気停滞により「福祉元年」の諸政策を担保する歳入が減少し、高度成長期から低成長期へと移行した日本の福祉制度は、国家に頼らない方向にカジを切ることになった。その基本的な考え方として浮上してきたのが、日本型福祉社会論である。

一九七五年七月、田中が金脈問題で失脚後に政権を担った三木政権下で発表され、その後の自民党研修叢書に日本型福祉社会として集約される理念と政策の土台となった提言が「生涯設計（ライフサイクル）計画――日本型福祉社会のビジョン」[21]である。

この提言はグループ一九八四年のメンバーでもある村上泰亮や、経済学者の蠟山昌一ら七人の社会・経済の学者によるもので、社会保障制度は国民のナショナル・ミニマムを保障するもので、それ以外は家族や地域社会の自助努力により実現させるべきものであると説いている。[22]

とりわけ強調されているのが、行き過ぎた西欧の個人主義への追従ではなく、日本社会で伝統的な「ムラ」や「イエ」が果たしてきた役割を積極的に評価しようとする考え方である。以下に引用する。

伝統的社会からの遺産もつねにマイナスだったというわけではなく、ある面ではプラスの機能を果したりもする。たとえば欧米型近代化を支える基本的な価値観の一つは「個人主義」であるが、日本特有のイエやムラの「集団主義」はそれと入り組んだ形の相互作用を生み出した。（中略）官庁や企業などの近代型組織は実はむしろ新たな疑似イエや疑似ムラとして、完全な欧米型個人ではない日本人に対して、心理的な安定感を与える役割を果たした。[23]

この部分についての筆者は村上である可能性が極めて高い。なぜならば、同じ一九七五年六月に『中央公論』において発表された「文明としてのイエ社会」において、同様の主張をすでに展開しているからである。村上は、日本は欧米追従という大きな目標をすでに失い（高度成長期にすでに追いついたとの観点から）、その後の社会システムを構築するにあたっては欧米の社会の仕組みをそのまま模倣するのではなく、「日本独特のイエの役割を冷静に再検討しなければならない」[24]とし、疑似イエとしての企業の役割の再検討や、「イエ」そのものの家族や、疑似ムラとしての地域の役割の積極的な再評価を盛り込んだ社会システムの構築、すなわち日本型福祉社会の実現を提案している。

つまり、日本型福祉社会論は一九七五年二月に発表された香山健一による過度な国家依存を批判する論文「日本の自殺」と、村上泰亮や佐藤誠三郎、公文俊平による日本独自のイエ社会を再評価する「文明としてのイエ社会」を合体させた理論である。

そして、この提言がなされた三木政権下での大蔵大臣は香山健一や村上泰亮らの考え方にかねてから共鳴してきた大平正芳であり、大蔵大臣として社会保障制度の圧縮のためにこの理論を積極的に採用したのである。では村上が「日本独特のイエの役割を冷静に再検討」すべきとしたその理論はどのように日本型福祉社会論に反映されているか、この後詳細を見ていくことにする。

5　大平正芳から中曽根康弘へ——つながれる家族観と日本型福祉社会

大平正芳と日本型福祉社会

三木内閣退陣後、話し合いで後継となった福田内閣に代わり、初めての総裁予備選挙制度で公選された大平正芳は、一九七八年一二月七日に内閣を発足させた。派閥による金権体質改善を意図して導入された総裁公選制であったが、実際には金脈問題によって退陣を余儀なくされた田中角栄率いる派閥が大平支持にまわり、多額の金銭による集票工作をした結果、現職で最も有力とみられていた福田赳夫が大平に負ける結果となった。[25]

かねての盟友である田中の後押しで首相の座についた大平が目指したのは、香山らが主張してきた西欧の近代化模倣への批判を前提とした日本独自の社会システムの構築である。大平は内閣発足の翌年の一月二五日の施政方針演説において次のように述べている。

日本は戦後三十余年、我が国は、経済的豊かさを求めて、わき目もふらず邁進し、顕著な成果を収めてまいりました。それは、欧米諸国を手本とする明治以降百余年にわたる近代化の精華でもありました。（中略）しかしながら、我々は、この過程で自然と人間との調和、自由と責任の均衡、深く精神の内面に根ざした生きがい等に必ずしも十分な配慮を加えてきたとは申せません。今や、国民の間にこれらに対する反省がとみに高まってまいりました。

この事実は、もとより急速な経済の成長がもたらした都市化や近代合理主義に基づく物質文明が限界にきていることを示すものであると思います。いわば、近代から近代を超える時代に、経済中心の時代から文化重視の時代に至ったものと見るべきであります。（中略）

私は、このように文化の重視、人間性の回復をあらゆる施策の基本理念に据え、家庭基盤の充実、田園都市構想の推進等を通じて、公正で品格のある日本型福祉社会の建設に力をいたす方針であります。[26]

経済成長に伴う合理化によって失われたものを憂い、大平は「近代を超える時代」「経済中心の時代から文化重視の時代」への転換により、それらを取り戻すべきであるとの決意をにじませた。近代合理化への批判や「自ら守るべき責任と節度」という自立精神の喚起など、どれもが香山や村上らがそれまでの論文や著書で訴えてきた主張である。そして大平はこうした理念を実現させ目指すところは日本型福祉社会であると宣言している。さらに演説の後段では、「活力ある日本型福祉社会の建設」として重ねて「日本人の持つ自立自助の精神」の重要性にふれている。つまり大平が実現させようとした日本型福祉社会は、村上泰亮らが示した国家に過度に依存しない個人が自立した福祉社会であり、最小単位の集団としての家族、すなわち「イエ」の重要さを前面に押し出したものなのである。[27]

さらに大平は同演説で、次のように家庭と家族について述べている。

家庭は社会の最も大切な中核であり、充実した家庭は日本型福祉社会の基礎であります。ゆとりと風格のある家庭を実現するためには、各家庭の自主的努力と相俟って、政府として住宅を始め家庭基盤の充実に資する整備を始め、老人対策、母子対策等の施策の前進に努めたいと思います。[28]

大平の目指す日本型福祉社会の原動力は「充実した家庭」である。「充実した家庭」とはどのようなものなのか。香山が「日本の自殺」で嘆いてみせた「インスタント食品で手抜き」などをしない、家事・育児に専念する良き母である妻と、外で働き稼ぐ夫を理想とする家庭のあり方であろうことは、容易に想像がつく。つまり、日本型福祉社会を実現させるためには、女性は母性を優先させ、家庭の基盤整備に尽力することが求められるというのである。

こうした家族の再評価と家庭内における女性の役割については、大平が強く影響を受けた『文明としてのイエ社会』にはより明確に述べられている。[29]『文明としてのイエ社会』では高度成長期に伴って現出した「新中間層」――主にサラリーマン層――は、最小単位の家族（文中では小イエと定義されている）の結びつきをより強く求めるとしたうえで、女性の役割について次のように述べている。少々長くなるが、社会的変化をまったく無視した議論ではないことを示す上でも重要な点であるので引用する。

女性の職場進出が今後も進むだろうという議論にも相当の根拠がある。たしかに家族の形態はこれまでの男性家長中心主義から徐々に変る可能性があり、たとえばそのような可能性の一つとして、新しい小イエのかなりのものが母系型になるかもしれない。戦後改革の一環として「家」から解放されたものの、企業の成員として社会に進出する機会を必ずしも得られなかった日本の女性たちの多くは、帰属すべき「間柄」の最後の拠り拠を、生物的に最も根源的な「母子結合」に求めた。（中略）女性の地位の上昇はおそらく豊かな産業社会に共通の傾向である。男性のこれまでの優位は、軍事と有史宗教とに主要な原因があった。それらに依存しない今後の社会で女性は力を強める。しかし日本の女性は家族を離れて職場へ進出するよりも、家族内での支配力を強めるだろう。

この論旨のポイントは、新しい形態の家族の可能性が検討され、男性家長中心から母系型になる可能性を指摘していること、戦後「家」から解放された女性は「母子結合」にその帰属意識を集中させたとしていること、そして職場への進出ではなく、家庭内で支配力を強めるとしていることである。つまり、社会状況の変化に応じて家族の形は変わるものの、女性が母親として家庭内に留まる選択をするだろうことを明言しているのである。この「支配力」という表現は、後に日本型福祉社会論で女性の家庭内での役割を決定づける「家庭長」という表現に直接的に結びつくものである。

大平が描く「充実した家庭」は、女性が主に母として支配的に運営する家庭であることがうかがえる。そして大平はその家庭像を具体化するために政策研究グループ設置を決めたのである。

大平政権と家庭基盤充実政策

大平は前述の施政方針を実現させるために、九つの政策研究グループを設置したが、それぞれのグループの座長を選んだ中心的メンバーは、香山健一（当時学習院大学教授）、佐藤誠三郎と公文俊平（共に当時東京大学教授）の、「日本の自殺」を記したグループ一九八四年の三人である。[30]

ちなみにこの九つの政策研究グループは、①田園都市構想研究（座長＝梅棹忠夫国立民族学博物館館長）、②対外経済政策研究（座長＝内田忠夫東京大学教授）、③多元化社会の生活関心研究（座長＝林知己夫統計教理研究所長）、④環太平洋連帯研究（座長＝大来左武郎日本経済研究センター会長）、⑤家庭基盤充実研究（座長＝伊藤善市東京女子大学教授）、⑥総合安全保障研究（座長＝猪木正道平和・安全保障研究所理事長）、⑦文化の時代研究（座長＝山本七平山本書店店主）、⑧文化の時代の経済運営研究（座長＝館龍一郎東京大学教授）、⑨科学技術の史的展開研究（座長＝佐々學国立公害研究所所長）と、大平が目指した脱経済重視、文化重視の政策構築のために多角的なグループ形成がされたことがわかる。

なかでも「家庭基盤充実の研究」は大平肝いりだったようで、第一回の会合で大平は次のように述べている。

政府が望ましい家庭像のあり方などを示すことは適当なことではない。しかし、現にいろいろな問題に直面している家庭の基盤を充実したものとし、ゆとりと風格のある安定した家庭の実現を図ってゆく上で、家庭自らの自主努力とあいまって、政府が何かお手伝いすることがあるのではないだろうか。[31]

大平はあくまでも個々の家庭の「自主努力」を前提として政府としての施策を考えるようにと注文をつけているわけだが、家庭を福祉制度の基盤として機能させるために政府がやることは「お手伝い」で、国家に依存しない社会が大平の理想であることがあらためてよくわかる。

こうした日本型福祉社会を実現させるための装置としての研究グループを用意した大平は、わずか在任二年で突然病に倒れ、一九八〇年六月に死去した。大平が設置した九つの研究グループで、大平の生前に報告書をまとめたのは「家庭基盤充実の研究」など三つのグループだけで、大平の描いた「戦後政治の総決算」の青図は志半ばで後継政権に渡されることになった。[32]つまり、日本型福祉社会の実現も後継に受け継がれることになったのである。

6　日本型福祉社会——家庭や個人による安全保障システム

『英国病の教訓』

大平政権で政策ブレーンの主軸を担った香山健一は、一九七五年に書いた「日本の自殺」の続編とも言える『英国病の教訓』を一九七八年一月に出版した。大平が福田に総裁予備選挙で圧勝し政権の座に就くほぼ一年前のことである。社会背景はイギリスにおいて「ゆりかごから墓場まで」と言われた手厚い社会保障制度が破綻し、財政を圧迫、一般に「英国病」と喧伝された経済停滞期であった。[33] 香山は「英国病」とは先進国病であると、次のように記している。

ところで、そもそも英国病と呼ばれているものは一体何なのでしょうか。大変判り切ったようなことから議論に入っていくとするならば、まずこれは一種の社会の病気だと言うことができるでしょう。（中略）しかも、この英国病と呼ばれている病気は、英国社会に固有の社会体質と大いに関係があるとはいうものの、他方、産業文明の先進国としての特徴とも不可分の関係で発生してきている病理症状と考えられるために、しばしば、「先進国病」の重症例のひとつと見なされることとなるわけです。[34]

「英国病」とは英国に特有の社会病理ではなく先進国であればいり患する可能性があるもので、さらにその症状として、①経済停滞症状、②財政破綻症状、③慢性ストライキ症状、④政局不安定症状、の四つを挙げ、こうした症状を引き起こす本質的な病理症状として、①社会の自由で創造的な活力の低下、②自立精神の衰弱と国家への依存心の増加、③エゴの拡大とモラルの低下、④国家社会の意思決定能力の低下、を挙げている。[35]

つまり、香山は先の「日本の自殺」で先進国が過度の福祉国家となり、すべての人々に等しい福祉《バン》を与えることによって、働く意欲を失い、自らの権利ばかりを主張して国家に依存することにより、国家そのものが崩壊していく「国家の内部崩壊」をギリシャを例にとって説いたが、こんどはその例を「ゆりかごから墓場まで」と言われる福祉国家、英国に求めたのである。

さらに香山の主張を要約すれば、個人は家族という枠組みのなかで問題を解決し、国に依存する性根を捨て去ることが、英国のような「依存心の増大をもたらしたり、自立自助の精神を衰弱させたりしないような、過保護と甘えの病理の拡大をもたらしたりしないような[36]」日本型の福祉国家が実現するというのである。

ここでもまた強調されているのは、家族や家庭の役割の重要性である。香山にとって戦後の教育や社会通念は「思い違い」であるという。香山の「家庭の崩壊」が「社会秩序や規律の破壊」につながるとする思考の流れが明解に語られているので、さらに引用する。

あの敗戦の年以来、日本人は多くの途方もない「思い違い」を無理にも信じ込もうと懸命に努力してきたとも言える。家庭の役割、家族的人間関係、日本社会の家族的特質の評価についての戦後の通念も、こうした「思い違い」のひとつであった。家族的人間関係やそれと結びついたモラルはすべて前近代的、封建的なものとして単純に全否定されてきた。そしてそれに代わって、打算とギブ・アンド・テイクの契約に基づく人間関係が近代的、合理的なものとして一面的に称揚され、この安っぽく誤解された「近代合理主義」と社会的役割や機能分担を無視した幼稚な男女平等論が結びついてしまった。こうして日本の家庭は、経済的な側面からは、受動的な消費の単位に過ぎないものに追い込まれつつ、その機能を縮小して核家族化し、あたたかい人間関係のきずなを喪失して瓦解していったのである。私は現在の日本の社会的解体の真の根源は、こうした家庭の崩壊にこそあり、それこそが日本社会の秩序と規律を破壊し、日本社会の美徳と生命力とを損なわしめている最大の原因だと考えている。[37]

先に引用した「日本の自殺」でも同様の主張がなされているが、戦後の価値観や社会通念は日本の伝統的な価値観を破壊し、「お父さんはお仕事、お母さんはお家に」の性別役割分業制で成り立っていた家庭の在り方を「幼稚な男女平等論」がぶち壊した結果が、日本の美徳や生命力を損なわすような自立できない依存心の塊である国民を生み出したというのである。

香山の主張の根底には、繰り返しになるが家族や家庭が最小単位としてあり、それが機能すれば国家は必要のない社会的コスト――主に福祉であるが――を払わずに済み、ひいては国として再生するというものである。そしてとりわけ強調されるのが、女性の主婦としての家庭を守る役割である。では自民党は香山の女性認識をどう受け止めていたのだろうか。

自民党研修叢書「日本型福祉社会」

前述した村上泰亮らによる『生涯設計（ライフスタイル）計画――日本型福祉社会のビジョン』と、香山健一の「日本の自殺」や『英国病の教訓』の考え方をまとめたのが、自由民主党『研修叢書』のなかの「日本型福祉社会」である。自由民主党『研修叢書』は全一二巻からなる自民党の政策の基盤をなした、いわば自民党の考え方の手引きのようなもので、「日本型福祉社会」版は第八巻として一九七九年八月に出版された。[38]

内容は国家に依存しない（負担にならない）自立自助型の福祉モデルの提言である。日本型福祉社会の柱は家庭であり、企業である。[39] とりわけ家庭の役割を重視し、家庭を中心とする「生活の安全保障」の章には香山の主張が明解に述べられている。以下の通りである。

もしも個人に対する家族・家庭の支えがきわめて弱いとすれば、そのような社会ではこの孤立無援の無力な個人を保護するためのシステムを改めて用意しなければならない。その結果、「ゆりかごから墓場まで」、あるいは「赤ん坊のおむつから老人のおむつまで」の面倒を国がみるような保障と保護のシステムが完備するに至ることは、われわれが到達すべき理想ではなくて、できることなら避けるべきもっとも愚かなケースなのである。[40]

家族と家庭は国家に代わって個人（基本は外で働く男性と子供たち）を支え面倒をみる、家庭内自助による「安全保障」システムの基幹装置であるべきとの主張である。それによって『英国病の教訓』でも繰り返し批判した過度な国家依存を回避できるという。そのような安全保障の機能を家庭が果たすためには、なによりも女性が家庭を守る中心的役割を担うべきであるとする日本型福祉社会論が、いかに女性の役割を限定したか。さらに引用する。

このような日本型社会のよさと強みが将来も維持できるかどうかは、家庭のあり方、とりわけ「家庭長」である女性の意識や行動の変化に大いに依存している。簡単にいえば、女性が家庭の「経営」より外で働くことや社会的活動にウエートを移す傾向は今後続くものと思われるが、それは人生の安全保障システムとしての家庭を弱体化するのではないか、という問題である。[41]

かつて「日本の自殺」のなかで、家庭の主婦がインスタント食品や既製服を購入することにより家族の愛情のきずなを失い、さらには「もてあました」時間を社会活動に充てることで母性を喪失させたと説いた香山は、この自民党研修叢書でも女性の役割を妻や母を優先させることが「個人の安全保障」に資するとしている。当然この文脈での「個人」は外で働く男性を指している。そして女性によって「経営」される家庭がしっかりしていれば、ひいては国家の福祉負担は軽減し、逆に女性が家庭の外に仕事を求めれば、人生の安全保障システムが弱体化する、すなわち外で働く夫たちの安全保障が脅かされ、国の社会保障負担は増大するとの理論である。日本型福祉社会は、よって男性稼得モデルを政治や社会システムの大前提とする理論であり、日本の伝統的な社会通念であった「イエ集団」における役割分業論を再評価し、女性を「イエ」の構成員、家父に連なる娘や妻そして母として認識することを優先させるべきと説いたのである。

「家庭長」という女性認識の形成と性別役割分業論の固定化

自民党の研修叢書にまとめられた日本型福祉社会論で特徴的なのは、女性は家庭を経営する「家庭長」であると表現していることである。[42] この家庭を経営する役割との表現は、すでに一九五九年の時点で、中央産業教育審議会の第七〇回総会で「主婦」に代えた呼称であることが報告されている。[43]

戦後の女性政策を福祉や労働などの観点から研究している行政学の専門家である横山文野は、家庭の一切を取り仕切る「家庭の経営者」は女性であるという考え方は、一九六〇年代に特に強調されるようになったと指摘する。[44] その背景には戦後の混乱期を乗り越えて以降、経済成長率一〇%とした右肩上がりの高度経済成長期がある。

急激な経済成長にともなって、農業などの自家労働者に代わって都市部での雇用労働者が増えたことで、核家族化が進み、それによって妻は家に居て家事と育児を担当し、夫は外で雇用されて稼ぐ、役割分業でしか家庭を維持できない状況になったからである。横山は「高度成長期は性別役割分業家族という『家族の戦後体制』の確立期である」としている。[45]「家庭の経営者」（家庭長）はよって、男性稼得モデルにおいての主婦の立場に「経営」という積極的付加価値を付与しようとしたものとして理解されるべきである。夫に従属しているのが主婦であるとの認識を払しょくし、「安全保障に資する」と大きな役割評価を与えることによって男性稼得モデル即ち性別役割分業制意識をより強固なものにしたのである。

これが自民党の政策指向の基盤となった研修叢書にまとめられた「日本型福祉社会」の女性に対する認識であることを、今一度強調しておきたい。女性は家庭を守る「家庭長」であることは、常に「イエ」に属する妻、母であるとの認識が女性個人の認識に優先されることに他ならない。「家庭長」は「イエ中心主義」の政治指向における女性認識を象徴する概念であり、これが自民党の女性に対する認識の原点を成すものである。そして日本型福祉社会論によって決定づけられた女性に対する認識は、以降の政権に福祉予算の縮小のための経済政策――日本型福祉社会政策――に埋もれるようにして、そのまま引き継がれていくのである。

7 中曽根内閣の行革と日本型福祉社会

鈴木内閣と中曽根行政管理庁長官

急逝した大平の後継は鈴木善幸（大平の後を継いで派閥の長となった）となり、激しい権力闘争を繰りひろげていた田中派、福田派、鈴木派（旧大平派）の融和を掲げ、「和の政治」を標榜する鈴木内閣が一九八〇年七月一七日に誕生した。[46]

この鈴木政権下で行政管理庁（現総務省行政管理局・行政評価局）長官となったのが中曽根康弘である。中曽根は河本敏夫と共に大平後継総裁候補として名前が挙がっていたが、大平が一九八〇年七月に行われた同日選挙戦最中に倒れ死去したことで「党内抗争の激化が大平を死に至らせた」との批判を受け、党内融和を印象付けるために鈴木善幸が派閥間の話し合いによって総裁に選ばれる結果となった。鈴木は「党内融和」を名目に、行政管理庁長官に中曽根を、また河本を経済企画庁（現内閣府）長官に任命し、互いにけん制し、競争し合うように仕向けたのである。[47]

党内融和を標榜して政権の座についた鈴木には、これといった目玉政策がなかった。大平が衆議院を解散した直後に発覚した日本鉄道建設公団の不正経理問題[48]を皮切りに、相次ぐ政治や行政機関の不正・不祥事や財政赤字に対する国民の批判は極めて厳しく、鈴木は行政改革と財政再建を自らの内閣の重点政策としたのである。そこでの行革の舵取りを任されたのが中曽根だった。

当初、中曽根は行政管理庁長官という軽量ポストを与えられたことに失望していたという。[49]長官に任命されたものの、中曽根は行管庁がどこにあるかも知らなかったというエピソードがあるほどであった。[50]しかしながら、行革は鈴木内閣の目玉政策であり、中曽根は実はかねて行革の必要性を説いており、行革そのものについてはかなりの勉強を積んでいたという。[51]中曽根は行革を「戦後政治の総決算」と位置づけ、戦後の日本をけん引してきた、官僚主導政治を政治主導へと転換させることに意欲を燃やし、そこに「増税なき財政再建」を意図する鈴木首相と足並みをそろえることになった。[52]

経済界の重鎮で、経団連名誉会長であった土光敏夫を行革のエンジンである、第二次行政改革臨時調査会〈池田勇人内閣下において第一次臨調が設置され、答申を出すも大蔵省［現財務省］をはじめとする省庁・官僚の猛烈な反発により答申は棚上げとなった経緯がある。よって鈴木内閣で設置された臨調は第二臨調であり、略して土光臨調とも称された〉[53]の会長に据え、行革は長い道のりを歩み始める。行革の成否はまさに中曽根の復権にも直結していた。のちに政権の座についた中曽根は、自らの支持基盤拡大のためにこの「行革」を最大限利用したのである。

中曽根内閣と日本型福祉社会の親和性

一九八二年一〇月一二日、総裁任期満了をひかえた鈴木善幸は突如次期総裁選への不出馬を表明し、一一月二四日に中曽根康弘、河本敏夫、安倍晋太郎、中川一郎の四人による総裁予備選挙が行われ、田中派の後押しを受けた中曽根が圧勝して総裁の座に着き、中曽根内閣が一一月二七日に発足した。[54]中曽根は鈴木政権時代からの行革を一丁目一番地に据え、引き続き

「戦後政治の総決算」の名の下に「増税なき財政再建」を目指した。[55]

ここで重要なことは、鈴木内閣下で一九八一年三月に設置された第二臨調の基本理念をそのまま中曽根が政策に反映させていったことである。第二臨調の専門委員には旧大平ブレーンであった公文俊平が、また参与には佐藤誠三郎が就任し、第一次答申の「行政改革の理念」を起草した。[56]

その基本理念は「国際社会への積極的貢献」「活力ある福祉社会の建設」の二つの大きな柱から成っており、後段の「活力ある福祉社会の建設」では、大きな政府の否定を前提に、小さな政府を目指すための個人や家族内での自助の精神や企業と職場における相互扶助の肝要さがうたわれ、「活力ある福祉社会を目指す」と記されている。[57]

つまり、大平内閣が目指した日本型福祉社会の実現がそのまま行革の理念として盛り込まれ、日本型福祉社会論に基づく社会システムの構築が大平から中曽根へと行革の大義として受け継がれていったのである。中曽根にとって日本型福祉社会論は行革の名の下なんら不都合なことはなく、むしろ積極的な財政再建の方法論として親和性のある理論であった。

そしてそこには「家庭を経営する家庭長[58]」である女性の家庭内自助の要としての位置づけも自動的に受け継がれた。日本型福祉社会の実現には、国家に依存しない「堅実な家庭内安全保障」を切り盛りする中心軸としての女性――妻・母――が欠かせないからである。財政再建と福祉予算の削減のため「家庭長」として、女性にその対価を負わせることにしたのである。ここに主に日本型福祉社会論によって決定づけられた「お母さんは家に居て家事と育児」、「お父さんは会社（外）で働いて稼ぐ」の男性稼得モデル、すなわち性別役割分業制が自民党の家族イデオロギーとして大平から中曽根へとつながれていったのである。つまり「イエ中心主義」の政治指向に基づく女性認識もそのまま引き継がれていったのである。

保守再生への流れと日本型福祉社会論

中曽根は大平の目指した「戦後政治の総決算」をそのまま自分の内閣のテーマとして掲げた。その背景には大平が設置した九つの政策研究グループによる報告書を実は中曽根が詳細に読み込でいたという事実があり、大平内閣が目指した政策を実現することで自分を「保守本流」に位置付けることができると考えていたという。[59] よって中曽根は大平のブレーンをそっくり自分のブレーンとすることによって行政改革に臨んだのであり、本書が注目する女性に対する認識は、日本型福祉社会論に凝縮される「イエ」に従属する妻や母を理想とすることになんら変更や疑義も呈されないままに、「財政再建」の名の下に自民党政権の経済政策の戦略として定着していったのである。

さらに留意しておくべき点は、第一に、前述の第二臨調の第一次答申の基本理念の起草にあたった公文俊平や佐藤誠三郎は、香山健一と共に、牛尾治朗・ウシオ電機会長が一九六九年に設立した「株式会社・社会工学研究所」のメンバーとして内閣官房に政策立案をしてきた経緯があり、[60] 時の内閣の政策決定への相当な影響力を持っていたことである。第二に、一九七六年三月に村上泰亮を代表世話人として経済人一五人と学者二一人で作られた「政策構想フォーラム」では公文、佐藤共に主要メンバーとして財界人とつながりが深く、財界の意向も十分に反映させる立場にあったことである。[61]

中曽根行革のそもそもの起草理念は、中曽根以前の内閣が立案してきた政策理念を受け継いだものであり（主に大平内閣の政策理念はそっくり受け継がれたことは前述の通り）、さらには財界の意向が取り入れられていた、即ち、財界によってオーソライズされていたものである。つまり日本型福祉社会の建設は、政界と財界の総意として行革の理念に盛り込まれたのである。

言葉を換えれば、日本型福祉社会の建設は政治と財界が描いた日本の未来図であり、そこに女性の役割としての「家庭長」があらためて定義され、その後の女性の社会との関わり方、就労の形態や福祉の受益者としてのあり方が決定されていったのである。「家庭長」は国家の財政負担を削減するために、女性に家庭の安全保障を無料で負担をさせる経済政策の要であり、女性を経済的な観点からのみ政策に包括する自民党の政治指向の基点と言える概念であることを、重ねて強調しておきたい。

まとめ

日本型福祉社会論は、西欧の近代化の限界を示すことにより、日本の伝統的な家族観や自助の精神を再評価し、日本独自の「日本型」の国家運営を実現させるべきであるという、香山や村上ら主にグループ一九八四年が一貫して唱えてきた、西欧の近代化を超えた日本型の近代化、即ち「現代化」の一つの柱となった言説である。[62]

一九七三年に行われた田中角栄による「福祉元年宣言」が、その後ほどなく起きたオイルショックで後退を余儀なくされた一方で、日本型福祉社会論は緊縮財政の社会的要請として台頭し、大平から鈴木、そして中曽根内閣へと受け継がれた。そして最終的に戦後の自民党の政策指向の土台となった研修叢書にまとめられ、男性稼得モデルと「イエ中心主義」の家族イデオロギーを自民党の政策指向として定着させることになった。

中曽根行革の名の下に、日本型福祉社会の実現は小さな政府を目指す経済政策として推進されたが、「家庭基盤の充実」を掲げた大平内閣の政策理念を受け継ぎ、そのまま行革の理念とした中曽根が、とりたてて女性の家庭や社会での役割の変化に注意を払った事実はない。

一九八〇年に経済企画庁国民生活局国民生活政策課課長補佐として「日本の家庭――家庭基盤充実のために」といういわゆる家庭白書を執筆した坂東眞理子は、日本型福祉社会論が福祉の担い手として位置づけている妻や嫁を中心とする家庭基盤が、女子の家庭外就労の増加によって脆弱になっていることを訴えたが、自民党のみならず社会的な論壇から理解を得られなかったとしている。[63]

つまり、「家庭長」としての役割を果たすに支障のないパートタイム労働は推進されたが、妻・母としての女性の役割分業意識は戦略的に一層強調されたのである。同時に配偶者控除の創設（一九六一年）やさらなる配偶者特別控除の設置（一九八六年）、配偶者の法的相続分の引き上げ（一九八〇年）、公的年金制度における第三号被保険者制度の制定（一九八六年）と、いずれも夫の社会保障の従属的立場としての妻を優遇する政策が次々と実行されたのである。[64] これらの政策は、自民党の政治指向である「イエ中心主義」の「男性稼得主義」に基づく家族イデオロギーがそのまま反映されたものであることは言うまでもない。

大平、鈴木、中曽根の歴代政権下での女性政策について、戦後の女性政策の研究家である横山文野は、一九七〇年代を通じて（性別役割分業という）家族イデオロギーが大きく変化することはなかったとしている。続く一九八〇年代は、性別役割分業を行う法律婚家族を維持し、強化しようとする動き――自民党による家庭基盤充実構想（即ち日本型福祉社会論である）や、民法改正による配偶者相続権の強化――と、個人の生き方の自由を尊重し、家族の変容を受け入れようとする動きが混在した。[65] しかし、性別役割分業の家族イデオロギーは広く浸透していて、女性のみが家庭の責任を負う状況に変化はなかった。つまり、政権与党である自民党の家族イデオロギーは、日本型福祉社会論によってより強固になり、時代の変化に伴う家族観の揺らぎを凌駕したのである。

前述したスィドラーの政治文化論アプローチに照らせば、戦後の歴代自民党政権が文化という「道具箱」のなかから戦略的に適当であると思われる「道具」――日本型福祉社会論では「女性は家庭長という女性認識」――を選び出し、自民党の政治指向として形成、再生産させたのである。自民党の「イエ中心主義」の女性認識はこのことからもきわめて戦略的に現在へと続いていることが、お分かりいただけよう。

第4章　日本型多元主義による「イエ集団」としての政党

1　日本型多元主義とは何か

「大イエ連合」としての組織形態

前章で説明した日本型福祉社会論のように戦後に否定された主義・主張を「日本独自」のあり方として再評価する言説は、保守の危機とその再生に戦略的に利用され、自民党政権の長期安定に寄与した。同様に、日本独特の集団主義を再評価することで派閥の存在を擁護し、派閥が小さな政党としての独立集団であり、その連合体としての自民党は日本型多元主義を具現化しているとの理論が並行的に展開され、これもまた自民党の安定的政権維持につながった。

つまり、自民党は日本型福祉社会論で主に「イエ中心主義」の政策の理論付けをし、さらに日本型多元主義論によって派閥や個人後援会の存在――「イエ型集団」の組織構造――を正統化したのである。このような「イエ型集団」の組織構造の形成は、「イエ中心主義」の政治指向で定義づけられた女性認識――イエに従属する構成員――を自民党の政治指向として補完する関係にある。

第2章でも説明した通り、親分・子分の関係で成立する派閥は疑似家父長制としてとらえることができ、個別の派閥は「大イエ」と定義することができる。[1] よって自民党は派閥という「大イエ」の連合体であり、それが多元的要素として民主性を担保しているとの理論が、日本型多元主義論である。つまり、政党の組織構造そのものが、「イエ意識」の凝縮形態であることを決定づけたのが日本型多元主義論なのである。しかしながら、「イエに従属する構成員」としか認識されない女性は、その民主制を担保するはずの「多元性」には含まれない。そのことを確認するためにも日本型多元主義論をここで整理しておきたい。

台頭の時代背景――ポスト高度成長期と「肯定的特殊性の認識」

日本型多元主義論は一九七〇年代から八〇年代にかけて主に自民党の組織構造を「民主的である」とした言説であるが、後述するように様々な解釈や、多元的であるかどうかの論拠が主に日本政治研究者らによって議論された。しかし、それらの議論に共通していたのは、日本の特殊性の肯定という視座からの日本政治システムの現状評価である。[2]

日本文化の特殊性の肯定は、これまでも検討した通り、香山健一らのグループ一九八四年による西欧近代化の模倣への否定と表裏一体を成してきた。とりわけ、戦後復興から一定の経済成長を遂げた高度成長期を経験し、すでに追いつき型近代化の終焉によって、日本社会が日本独自のシステムの優秀性を確認することへの強い要求が、[3] 日本の特殊性肯定の議論と重なって、日本型多元主義論が一気に新しい潮流として台頭することになったのである。[4]

文化人類学者で、『「日本文化論」の変容――戦後日本の文化とアイデンティティー』で日本の戦後の文化論の変遷をたどった青木保によれば、戦後の日本文化論は四つのパターンに分けられ、ぐるっと一周する循環サークルを形成しているという。

第一期（一九四五～五四年）は「否定的特殊性の認識」であり、欧米を先進文化のモデルとして想定することにより、日本文化は遅れた特殊なものとして否定的に位置づけられた。第二期（一九五五～六五年）は、「歴史的相対性の認識」で、比較文明論の観点から日本文化を単に遅れたものとみなすのではなく、欧米先進モデルと並行した独立の文化と位置付けるものである。第三期（一九六四～七六年）は「肯定的特殊性の認識」で、日本独自の文化を肯定的に評価しようとするものである。さらに第四期（一九八四年以降）は「特殊から普遍へ」であり、貿易不均衡や経済摩擦に起因する海外からの厳しい日本たたきに代表される日本論修正論者（リビジョニスト）たちの論調である。青木によると日本は、自己文化批判から相対的肯定に進み、さらに積極的に自己肯定をしたのちにまた批判にさらされる原点にもどるという循環をしているのだという[5]。

日本型多元主義論は一九七〇年代の、青木の位置付ける「肯定的特殊性の認識」期に台頭するのであるが、青木が「肯定的特殊性の認識」期の代表的論評として挙げているのが本書でも繰り返し検討対象としている村上泰亮・公文俊平・佐藤誠三郎による『文明としてのイエ社会』や、中根千枝による一連の「タテ社会論」である。『文明としてのイエ社会』は日本独特のムラやイエ文化の再評価をし、タテ指向構造社会のあり方を擁護し、また中根は日本の集団主義構造をインドとの比較においてタテ社会が形成される場――アリーナ――の重要性を指摘した[6]。即ち、それまで日本の後進性の根拠とされてきたイエやムラ、集団主義を再評価することによって、欧米追従型近代化を否定し、日本独自の政治や社会システムを見直そうというものである。日本における独自の解釈を加えた多元主義論、それが日本型多元主義である。

日本型多元主義――「官僚優位政治」から「政党優位政治」への転換

そもそも多元主義論は、一部のパワーエリートたちによる政治支配に対抗する概念として主にアメリカで形成されてきたものである。[7] 日本型多元主義とは何かを論ずるには、日本の政治システムにどのような多元的要素を各論者が見出しているかを見ていかなくてはならない。

例えば、佐藤誠三郎と松崎哲久による『自民党政権』は、金権政治の温床とされ自民党の組織構造の矢面になっていた派閥の存在を、自民党のゆるやかなる分権的構造の柱であるとし、多元的性格付けのひとつの根拠とした。[8] 佐藤と松崎によるこの自民党研究では「日本はおくれていない」との見出し章を設け、いかに自民党が組織的に多元的であり、また自民党が一党優位の長期政権党であることはいかに先進国の民主主義モデルに比して「おくれていない」かを力説したものである。

佐藤と松崎はこうした七〇年代初頭までにほぼ完成した自民党中心の政治システムを「自民・官庁混合合体によって枠づけられ、仕切られた多元主義」であると位置づけた。[9] つまり、前述した自民党の組織構造を支持する政治言説としての日本型多元主義論である。

「仕切られた」の意味は、官僚の独立性が担保される一方で、個別の専門政策に通じたいわゆる「族議員」の出現と、政策決定過程に議員が関わる場の拡大――総務会、政調審議会や政調部会――が、佐藤・松崎の主張する「与党政治家と官僚の役割が混合」する状況を作り出したことを指していて、具体的には「自民党政治家と官僚が混然一体となって」政治システムを方向付けているとの認識である。[10] つまり、日本の政治システムはもはや一部パワーエリートの一方的な「官僚優位」ではなく、混合型ではあるが政治家が政策過程での影響力を増大させ「政党優位」へ転換したことを根拠とする議論であった。

同時期に記された猪口孝による『現代日本政治経済の構図』[11]や、岩井泰信との共著であり、その後『「族議員」の研究』として書籍化され社会に「族議員」の存在を体系的に広く知らしめることになった論評「自民党利益誘導の政治経済学」[12]では、佐藤・松崎の唱える日本型多元主義とは官僚の位置づけが大きく異なっている。

猪口は日本型多元主義を「官僚的包括型多元主義」と位置づけ、依然として政策立案の原動力は官僚にあって、その優位性の下に族議員が力を発揮して利益誘導による大衆包括をしていく多元主義であると論じている。[13] しかしながら、欧米に追い付け型の経済成長目標が達成された高度成長期とその後のオイルショックによる景気停滞によって、官僚の政策決定過程での影響力は減退したことを認め、猪口・岩井の日本型多元主義モデルでも「官僚優位」から「政党優位」の転換が図られたことへの認識は共通している。

前述した『自民党政権』や「自民党利益誘導の政治経済学」の日本型多元主義論に共通するのは、政策決定過程レベルで官僚と政治家がどのように、またどのくらい影響力を持つようになったかで多元性を論じていることである。いわば、多元論の日本的バリエーションとして官僚の関わりの多寡を類型化したものと理解できる。つまり組織や制度の仕組みとしての多元主義論である。[14]

では、自民党内ではどのようにこの日本型多元主義が根付いていったのか、実際の過程を次に追ってみる。

2　「腐敗の研究」による戦後保守の終焉宣言と総裁公選制

グループ一九八四年による「腐敗の研究」と戦後保守の終焉宣言

一九七六年二月四日にロッキード事件が発覚し、自民党はかつてないほどに金権主義的体質が世論の厳しい批判にさらされるようになった。こうした事態を受けて香山らグループ一九八四年は「日本の自殺」の続編的な要素を備えた論文「腐敗の研究」を『文藝春秋』七月号に発表した。「日本の自殺」から一年半後のことである。このなかで香山らは、日本の戦後保守はすでに役割を終えたと宣言した。

戦後保守党の第一世代はすでにその役割を終えた。それは敗戦後の経済再建、国家再建という、日本史のなかの暗い、不幸な時代における歴史的使命を終えて、すでに腐臭を発しつつある。[15]

彼らが腐敗臭の元と名指しするのは、ロッキード事件の当事者である田中角栄である。政治はいつしかそれを家業とする政治屋――商人となって、政治によって儲けるようになった、その象徴的な人物が田中であるというのだ。

敗戦のどん底のなかから裸一貫で立ち上り、学閥も閨閥も財閥もなしに、位人臣を極めた田中角栄氏は、政界という業界における戦後最大の成功者であり、それ故に戦後日本の政治的腐敗を象徴する存在となった。[16]

香山らは、ロッキード事件は日本社会が「商人化」したピーク時に起きたスキャンダルであり、そうした金権体質を一掃し、新しい保守政党となるためには政党指導者たちが「商人化」からの脱却をはかり、「商人化時代」に終止符を打たなければならないと主張した。[17] そのうえで自民党指導者たち、とりわけ最高指導者――総裁を次のように批判している。

まことに憂うべきことに、ロッキード事件以後の自民党指導者たちの動きは、われわれを途方に暮れさせるものばかりである。ロッキード事件に潔く道義的責任をとるべき指導者たちがそれをしようとせずに、もっぱら最高指導者の無策無能の批判にのみ終始し、他方、最高指導者はこの事件を自己の延命と私的利益にのみ利用しようとして、一国の総理であり、一党の総裁として負うべき無限に重い責任を忘れている。[18]

香山らの批判の矛先は商人化政治の象徴である田中のみならず、その後クリーンを標榜して政権を担った三木武夫にも向けられた。三木がロッキード事件の徹底解明を指示した背景には田中の派閥を弱体化させ、自身の派閥の力を強めようとした、政争が背景にあったとの見方からである。そこで戦後復興から経済再建のけん引者としての役割を終えた自民党の戦後保守党としての終焉を宣言し、新しい保守党としての再生を目指すためには、広く国民に支持される指導者を選ぶ方法——総裁予備選挙——の導入を主張したのである。

自民党総裁公選制の導入と個人後援会・派閥の擁護

「腐敗の研究」では、自民党が新しい保守党として（香山らが目指す）開かれた国民政党になるためには総裁選挙の大胆な改革が必要であるとしたうえで、予備選挙導入のメリットについて、次のような論調を展開した。

われわれは新しい保守党の全党員を各地方組織ごとの予備選挙に参加させるという予備選挙方式の導入が最も現実的で、かつ弊害が少い方法ではないかと考える。総裁選挙は立候補制にし、候補者は地方党組織ごとの政見発表会において、それぞれ正々堂々とみずからの政治理念と政策体系を公表し、北海道から九州、沖縄に至るまで、順次、地方党組織ごとに全党員参加による予備選挙を実施していくのである。[19]

香山らはこのような全党員を巻き込んだ全国的な予備選挙を実施することによって、議員の個人後援会や各派閥（この論文のなかでは「政策グループ」との呼称が用いられている）が、立候補者の支持を集める過程において国民の前で開かれた政策論争をすることになり、結果、党組織の拡大につながるとそのメリットを強調した。

実際には、三木政権の後継である福田政権下において総裁公選制が導入されるのであるが、「腐敗の研究」において本論が注目するのは、総裁公選制が新しい保守再生の切り札として主張されている事実のみならず、ここでもまた西欧近代化に追従することへの批判とのセットとして、個人後援会と派閥の擁護が行われていることである。

「腐敗の研究」で、政治家の商人化の権化として厳しく批判している田中角栄こそが、集票組織としての個人後援会の一大モデルを作り上げた人物であり、地元利益誘導型政治の温床となる個人後援会を核とする集票組織を擁護することは、明らかに金権体質批判との整合性を欠いている。しかし香山らの主張は、個人後援会や派閥は日本独特の文化に根差していると主張し、擁護する。

以下の通りである。

> 開かれた国民政党を主張するからといって、われわれは単純な派閥解消論や党近代化論に与《くみ》するものではない。われわれは新しい保守党が西欧近代組織政党の抽象モデルを模倣すべきだとは考えない。反対に、日本の保守党は、日本社会の組織的特質にしっかりと立脚した個人後援会―派閥―政党というゆるやかな組織原則を堅持するべきだと主張したい。[20]

香山らの主張の核心はここにある。西欧の近代化を模倣するのではなく、日本独自の価値観に基づく「日本型の政治文化」に依拠する政党組織とは、個人後援会―派閥―政党とつながるゆるやかな分権的組織であり、香山らはそれを日本型多元主義と表現した。[21] 総裁公選制を導入することにより、前述のように個人後援会や各派閥が党員獲得のために競うことで党組織が拡大し、より開かれた国民政党――即ち日本型多元主義政党となるとの主張である。

金権体質批判に応えるように発表された「腐敗の研究」で、戦後第一世代の保守政党の終焉を宣言しながら、実際には個人後援会を土台に派閥の競争が激化するタテ型ピラミッド構造を再評価したことになる。

三木武夫が「諸悪の根源」[22]と評した総裁選は、派閥間の熾烈な権力争いに他ならず、それに伴って巨額の金銭が動き、自民党の金権体質に拍車をかけた。よって金権体質からの（商人化からの）脱却を目指すのであれば、当然派閥の解消へと舵が切られるはずであった。福田政権下では派閥の解消に動いたが、実際には（香山らが呼ぶように）政策グループのような形で生き残り、その後、日本型多元主義論の台頭とともに派閥は自民党の活力源として再認識され、正々堂々と復活を果たすことになったのである。[23]

3 日本型多元主義の台頭と自民党長期政権

香山健一による「自民党の活力―三つの源泉」

自民党の組織的近代化に終始批判的であった香山らが主張する日本型多元主義とは具体的にはどのような理論だろうか。前述の佐藤・松崎による「仕切られた多元主義」や猪口・岩井による「官僚主導包括型多元主義」と相前後する形で、香山は自民党機関誌に「自民党の活力―三つの源泉――日本型多元主義政党モデルの創造」と題する論文を寄稿し、自民党が一九五五年の保守合同以来一貫して政権政党として持続してきた「力の源泉」を分析した。[24] 香山が挙げた三つの「源泉」は、第一に特定のイデオロギーに固執したり、束縛されていないこと。第二に人間関係を主軸にした政党であること。またその人間関係のネットワークによって組織されていること。第三に政党が「多元的性格」であることとしている。

以下に引用する。

自由民主党の政治的活力の第三の源泉はこの政党の「多元的性格」にある。この「多元的性格」は、上述の第一の「非イデオロギー的性格」、第二の「人間関係中心の性格」と密接に結び付いているものである。[25]

香山が定義する、自民党における日本型多元主義の具現化は、極めて単純化した表現をすれば、特定のイデオロギーに固執せず、あらゆる社会的階層や職種に人間関係ネットワークを組織する政党、つまりキャッチ・オール・パーティ、包括政党になることを意味する。自民党が農村部を支持基盤とする政党から都市部の浮動層までを取り込む「国民政党」に脱皮することは、第2章で詳述したように党としての「近代化」の悲願であった。

香山の説明は以下のようなものである。

周知のように現代社会、特に高度に発達した工業社会や情報社会においては、国民の生活様式、価値観が多様化、個性化し、国民各層の利害対立も複雑の度を加える傾向にある。

（中略）こうした状況のなかで政権を担当するものは、常に複雑多様な国民各層の利害対立をキメ細かく掌握しながら、その総合調整能力を発揮していかなければならない。（中略）特定のイデオロギーに束縛され過ぎた「一元主義政党」や特定の人間の支配に従属し過ぎた「画一主義政党」ではこうした対応能力を持つことは不可能である。（中略）自由民主党は日本の政治文化と政治状況のもとでの「日本型多元主義政党モデル」を形成してきているのである。[26]

香山の定義する日本型多元主義はあくまでも「日本の政治文化」と「日本の政治状況」のもとに自民党が作り上げつつあるものである。それは香山のかねての持論である、西欧近代化模倣の否定と日本の伝統的な価値観に基づく人間関係や組織論への再評価が柱となるいわば「日本の伝統的価値観主義」とでもいうべき多元論である。

日本型多元主義においての派閥と個人後援会の再評価

さらに「自民党の活力―三つの源泉」であらためて強調されているのが、香山が「安易な近代化」としてきた派閥解消論に対する批判と、派閥や個人後援会の擁護と評価である。香山は、派閥が激しく競うことによって自民党は長らく政権党として持続することができたと繰り返し主張する。

いくつかの派閥が常に激しく競い合うということこそが自由民主党の停滞を救い、この党に活力を与え続けてきたことも忘れてはならない。（中略）我が国においてのみ自由民主党が一貫して政権担当政党であり続けたことの秘密は実は自由民主党の「派閥連合的性格」のなかにある。[27]

香山は、自民党の派閥は欧米の政治的概念に照らせば実態は「政党」に近いもので、派閥が群雄割拠する自民党政権は「日本型連合政権」であるとし、総裁派閥が入れ替わることを「政権交代」と表現している。つまり、派閥という異なる政策や考え方を持つグループを内包している自民党の在り方はまさに「日本型多元主義」そのものであるとの理論である。

さらに個人後援会について香山は、自民党の人間関係構築の原点であると評価する。香山の主張は以下のようなものである。第二の活力と定義した「人間関係中心のネットワーク」についての記述である。

人間関係を中心に見れば、自由民主党は末端組織においては各級議員中心の個人後援会組織の一大連合組織であり、全国的に見れば、各級議員がタテ軸では派閥という名の政派のゆるやかな連合、ヨコ軸では各都道府県別組織のゆるやかな地域連合の性格を帯びている。[28]

香山はさらに、自民党が国民政党であることの証しとして、幅広い支持層からなる各議員の個人後援会が候補者を国会に送り込んでいる図式がある点を挙げている。

自由民主党の国会議員、地方議会議員、首長たちはまずそれぞれの地域、職域等に根差す広範な支持者、後援者たちの人間関係のネットワークによって推挙され、これを組織基盤として政治の世界に登場する。（中略）自由民主党が国民政党であることの組織論上の保証は、この後援会組織の幅広い連合組織的な性格のなかにあるのである。[29]

香山の主張する日本型多元主義は、党内において分権的な派閥や、党執行部からは独立した形態をとる各議員の個人後援会の存在に依拠している。即ち強い党執行部が中央集権的に単一のイデオロギーで支配する「単一政党主義」ではないことの論拠が派閥の存在であり、個人後援会である。

このような自民党の多元的傾向については、前述の佐藤誠三郎と松崎哲久による『自民党政権』においても同様に「現代日本の政治システムは、他の先進民主主義国と比較しても、むしろ多元的傾向が強い」と、自民党の非近代性批判へのアンチテーゼとして主張されている。[30]

佐藤と松崎が多元的傾向の根拠として挙げているのは、①官僚機構が分立的であること、②優位政党である自民党が組織的にゆるやかな構造を持っていること、③利益団体の分化が著しいこと、である。

官僚機構が分立的であることとの根拠は、省庁が職員の採用から昇進に至るまでのプロセスに高い独立性を持っているからであるとし、政治システム内において政党や政権から独立した分権的な存在であると論じている。[31]

自民党内の組織的なゆるやかさの根拠は、香山の論点と同様に独立性の高い派閥を擁していることである。さらに、利益団体の分化は、香山の指摘する「幅広い利益団体」のネットワークが自民党の支持基盤として存在していることと同義である。これら多元的傾向の根拠とされる三点は、いずれも組織構造の多元論であり、そうした多元傾向が多様性の包括を担保しているものではないことに留意するべきである。例えば「幅広い利益団体」が自民党を支持しているから「多元的」であるとしているが、その「幅広い利益団体」に含まれない人々、もしくは「利益団体」として組織化されない人々が含まれていない場合、多様性を包括しているとは言えないからである。

日本型多元主義の隆盛と自民党政権

主に香山が唱えた自民党の派閥や個人後援会組織を評価する日本型多元主義論は、かねて「日本の政治の活力は、イエ的原理にあるのではないか[32]」と日本独自の集団主義を擁護し、政党内の派閥について「三人集まれば、派閥が二つできる[33]」と解消には一貫して消極的であった大平正芳が政権の座についた時期から、自民党内において主流の政治言説となった。

その理由は、福田政権下で導入された総裁公選制によって、圧倒的に有利とされていた現職の福田を破って大平が総裁になったからである。大平総裁誕生に絶大な力を発揮したのは、大平の盟友である田中角栄であった[34]。福田内閣では派閥の解消が表向きには図られたが、田中・中曽根・三木の三派は政策研究集団としてグループを維持し、一九七八年一一月二七日に行われた総裁予備選挙において田中派は派閥の地方ネットワーク、つまり派閥に属する議員の個人後援会組織を総動員して大平を支援し、当選させたのである。[35] 大平は擁護してきた派閥の力とカネをもってして当選を果たしたのである。

大平は自民党の集団主義を否定する西欧模倣の近代化にそもそも批判的であった。その大平が総裁予備選挙の過程を通じて香山健一らグループ一九八四年のメンバーと緊密な関係になったという。[36] 西欧模倣の近代化を批判する香山らと大平の考え方の親和性は言うまでもなく、その後、香山・佐藤・公文が大平内閣の政策ブレーンになったのは前述した通りである。こうした香山らと大平の関係性を通じて、日本型多元主義論は自民党組織の民主性にお墨付きを与える政治言説となったのである。

その後、大平の急死を受けて総裁になった鈴木善幸を経て、中曽根内閣でも香山らが政策ブレーンとして行革を担っていった。日本型多元主義は従って大平から中曽根へと受け継がれ、自民党の長期政権の民主制を担保する理論として主に一九七〇年代から八〇年代に隆盛を極めたのである。

4　日本型多元主義に含まれない女性——組織化されない女性たち

ダールの多元主義に照らして

日本型多元主義は、自民党内における派閥の割拠と広く張り巡らされた個人後援会の支持層の多様性に依拠していることは前述の通りであるが、香山は特に日本型多元主義の左派政党の全体主義に対抗する自由や多様といった要素にこだわった。では、果たしてそれが多元主義と定義できる政治システムなのであろうか。日本型多元主義がしきりと論じられた一九七〇年代初期に日本の研究者たちが理論構築の参考としたロバート・ダールの多元論と対照してみたい。民主主義政体における多元論を唱えたダールは、その著書『デモクラシーとは何か』のなかで、次のように多元主義政体――ポリアーキー――を定義している。

ポリアーキー（polyarchy）は、「多数」と「支配」を意味する二つのギリシア語に由来している。それは一人による支配、すなわち王政とも違うし、少数者による支配、すなわち寡頭政や貴族政とも違っている。この用語は使用されることがほとんどなかったが、同僚とわたしとで、一九五三年[37]に、普通選挙が実施されている近代代表デモクラシーをさすのに便利なことばとして導入したものである。[38]

ダールがポリアーキー型民主主義と定義する大規模な政体には、六つの要素が必要とされている。①選挙によって選出された公務員（政治は市民の代表制によって行われる）。②自由で公正な選挙の頻繁な実施。③表現の自由。④多様な情報源にアクセスできること。⑤集団の自治・自立。⑥全市民の包括的参画。これら六つの要素が満たされた大規模な政体をダールはポリアーキー、即ち多元主義的民主主義政体であるとしている。[39]ではこの定義を香山の主張する「日本型多元主義」に照らすと、どのようなことが見えてくるであろうか。

第一に、自民党内の派閥を実質的には「政党」とみなす議論である。これに関わるダールの議論は⑤集団の自治・自立である。ダールは「市民は、自分たちの多様な諸権利を実現するために、かなり独立性の高い集団や組織――独自の政党や利益集団も含む――をつくる権利も持っている」とその意義を説明しているが、果たして自民党内の派閥がそのような集団であるか、否かである。

香山が議論の対象とした派閥は中選挙区時代であるので、繰り返し述べているように党執行部よりも派閥の長がメンバーに絶対的な力を持つ「かなり独立性の高い集団」であることは間違いない。しかし、独立性が高くとも同一組織内の各集団（派閥）を「政党」即ち総裁派閥に対する「野党勢力」としてみなすことは理論上どうなのだろうか。

ダールは、六つの要素は制度として一挙にできあがるものではなく、時間の推移とともに完結していくものとしたうえで、「立法府の内部では、以前には「派閥」でしかなかったものが政党になっていき」さらに「このようにして、その時の政府の内部で機能する「与党」に対する「野党」が成立した」と「派閥」が野党化してきたことを認めている。[40]

つまり、香山が「日本型」と断りを入れた多元主義は、ダールの定義に照らせば党内派閥を野党的勢力としてとらえたことになり、「政党」にはならないものの党内独立集団として「疑似政権交代」を行うことで一定の（香山のいう）活力を生んだことは否定できない。

加えて香山は日本型多元主義を提唱した後に、自民党から離党した河野洋平が立ち上げた政党・新自由クラブの綱領作成にも携わったとされており、ダールが指摘した与党内派閥が政党化する実例を現実のものとしたのであるから、「派閥」が多元的要素を持つことはある程度実証されたと見るべきであろう。[41]

第二に、日本型多元主義の前提として香山らが繰り返し主張してきた女性に対する認識と政策の点はどうであろうか。香山は自身の著作を通じて、母性と家庭長（日本型福祉社会論のなかで）であることの優先性を主張し、余禄の時間を社会労働に充てることが望ましいとしてきた。その香山が主張する多元主義には女性の政治参加（投票以外の）がまったく触れられていない。

これはダールの挙げた第六の要素、全市民の包括的参画に深く関わってくる。ダールは、全市民における包括的諸権利として「自由かつ公正に実施される選挙で、公職者の選出に一票を投じる権利」「公職に立候補する権利」「自由に表現する権利」「独自の政治組織をつくったり、参加したりする権利」等を指摘している。[42] が、日本型多元主義では、こと女性の政治への参入についての多様性・多元性への言及はない。

香山が自民党の多元的性格と主張するのは、あくまでも派閥と個人後援会を軸として広く各種利益団体とネットワークを作り、派閥による「疑似政権交代」で政権党として支持されてきたことを正当化する多様性であり、よって日本型多元主義は、社会の多様性を包括する多元民主政体論ではなく、自民党型組織論として捉えるべきである。

組織化されない主婦

前節で検討を加えた通り、香山が主張した日本型多元主義は、女性の政治分野を含む広範囲に及ぶ社会活動への参画を後押しする社会的多様性は多元の要素に組み込まれていない。つまり、香山が自民党の多元的性格の根拠として挙げているあらゆる社会的階層に網羅される個人後援会の支持基盤や各種利益団体とのネットワークには、大きな集団としての女性や、就労している女性たちの利益を代表する団体が含まれていないのである。

これについて、一九八〇年代の女性政策を論じている堀江考司は「多元主義的政治システムが、すべての集団にとって全く等しい権力へのアクセスを保証しているわけではない」と、日本型多元主義が多様性の包括を保証するものではないと指摘している。[43]

香山は自民党の研修叢書「日本型福祉社会」で女性の役割分業制について明確に「家庭を経営する家庭長」であるべきと述べ、就労している夫を家庭で支えるのが妻のあるべき姿だと強調した。[44] この主張から明白なことは、主婦は夫に対して従属な立場であり、主婦を独立した社会的受益者と捉えていないことである。[45] よって日本型多元主義の「幅広い利益団体ネットワーク」に主婦は夫を通じて存在するのであり、理論上、主婦というカテゴリーの利益を直接代表する組織は存在しないのである。[46]

組織化されない非正規雇用――パートタイム労働

自民党研修叢書「日本型福祉社会」では主婦たちの就労形態についての言及もあり、それは家事労働の余った時間をやり繰りするパートタイム労働という、短時間・非正規雇用の勧めである。以下の通りである。

女性が結婚して家庭をもち、かつ外で働くには、大学を出て企業にはいり、男子専用につくられた終身雇用制と年功序列に挑戦して組織の中で一定の役割と地位を要求するよりも、いったん家庭の主婦となった上でパート・タイムで働く方が無理がない。[47]

パートタイム労働の勧めは、夫の仕事をサポートするための「家庭長」としての役割分担を完遂させかつ支障のない範囲で仕事をすることが、男性と同じ労働環境で出世を競うよりも女性にとって容易いと説くものである。

そもそもパートタイム労働は、労働力の不足が若年層から中高年層に及んだ六〇年代後半から増加をはじめ、高度成長期の人手不足を補うために企業側が主婦層を活用したことで子育てを終えた女性たちの就労形態として一気に増加したのである。[48] 自民党の研修叢書として「日本型福祉社会」がまとめられた一九七六年は、高度成長期も終わりオイルショック以降の経済停滞期にあたる。しかしながら、パートタイム労働は主に三つの理由から増加を続けた。

①経営の合理化と省力化の目的により低賃金の女性パートタイム労働が求められた。②製造業ではオートメーション化が進み、作業の単純化がはかられ、未熟練なパート労働でも可能になった。③サービス経済化が進み、第三次産業のパートタイム需要が増加した。[49]

つまり、経済低成長期だからこそ女性パートタイマーは、単純労働をこなし、人件費も安く、雇用調整が容易い（いつでもクビを切れる）という要件に合致していたのである。また、主婦側の事情として、経済停滞の影響で世帯収入の伸びが鈍化したことで一層パートタイム労働への必要性が増したのである。結果、一九七五年には配偶者を得ている女性就労者の比率が未婚女性比率を上回り、主婦のパートタイムは女性労働市場で中心的な就労形態となった。[50] パートタイムのような非正規雇用率は、既婚女性では七三・四％と正規雇用の三四・七％をはるかに上回っていたのが実情である。[51]

こうしたパートタイム就労をしている女性たちは労働組合には長らく組織されず、企業との交渉の窓口さえ持たない未組織労働者とされ、一九八〇年前後にようやく労働組合のナショナルセンターが組織化や待遇改善に乗り出したのである。[52] つまり、日本型福祉社会論が唱えられ、日本型多元主義論が自民党の民主度を担保する理論とされた一九七〇年代には、パートタイム労働をする女性たちもまた組織化されない集団だったのである。組織化されていなければ、日本型多元主義の多様な利益集団には包括されない、即ち、多元主義の多様性には包括されていないことになるのである。

まとめ

日本型多元主義論は、西欧の近代化への追いつき、追い越せの近代化路線を否定し、集団主義をはじめとする日本独自の伝統的価値観を再評価し、そこに日本独自の民主性を見出そうとした政治理論であり、言説である。また前述した文化人類学者の青木が指摘した「肯定的特殊性の認識」の時期（青木は前期を一九六四年から七六年、後期を七七年から八三年としている）に台頭し、自民党の長期政権に対する非民主的との批判に応え、派閥や個人後援会組織を柱とする「分権的」な組織構造が多元性を担保しているとした理論である。この日本型多元主義論の台頭と隆盛はふたつの主たる位相を提示している。

第一に、戦前と戦後の分断である。敗戦によって新憲法が制定され、戦後民主主義の夜明けと共に戦前の政治体制や精神性を批判する「否定的特殊性の認識」期が訪れたことにより、日本の政治は保守の危機に直面することになった。即ち、政治的左派勢力の伸張に危機感を募らせた結果として自民党は誕生し、その後も左派政党への対抗を柱として勢力の拡大に力を注ぐことになったのである。それが、岸信介らが唱えた自民党の組織政党としての近代化であった。

しかし、戦後復興の最中は経済成長が中心的政策課題となり、歴代自民党内閣は保守の危機に対処するよりも、経済成長を遂げることと、その分配による支持基盤の拡大に専念せざるを得なかった。そして、高度経済成長期も終焉を告げ、経済停滞期に入ったことや、かねての金権体質・利益誘導政治に対する批判が高まったことにより、自民党の保守の危機は一層深刻となった。そうした流れに呼応するように台頭したのが日本型多元主義論である。

日本型多元主義論は、戦後の「否定的特殊性の認識」のような戦前から連続して政治体制を論ずるのではなく、戦前と戦後を分断することにより、戦前にあった価値観を「日本型」と称して肯定した理論なのである。

第二に、「日本型」と称することによる保守の再生である。香山健一は、自民党が多元的であることの論拠として、左派政党のように「全体主義」ではないことを挙げている。[53]「全体主義」の対極として「分権的」な派閥や個人後援会のネットワークが列挙されているが、派閥はそれ自体が「非近代的」とされた金権体質を生んだ保守政治の源である。加えて、一九七〇年代後半以降の保守回帰と言われた傾向を下支えし、保守の危機に終止符を打つことになる中曽根内閣の政権運営を安定させる原動力となったのである。[54]つまり、保守再生への道筋をつけたのが日本型多元主義論であった。

この時期の保守再生とは、イデオロギーとしての右派保守の再生ではなく自民党政治体制の安定に他ならない。繰り返しになるが、香山は自民党の力の源泉の一つは非イデオロギー的であることだと主張し、そのことが一元的で全体主義的な左派政党との決定的な違いであることを強調した。

こうした香山の多元主義論を是とした中曽根は、本来の右派指向を封印し、支持基盤を都市部の浮遊層を取り込むべくウイングを左へと伸ばし、一九八六年の衆参ダブル選挙において歴史的圧勝を実現した。[55] ここに自民党にとって戦後の保守の危機がまさに歴史的な意味を持って終焉をみたのである。中曽根にとって「多元的」とは即ち右ばねが効きすぎない中庸で広範な支持を得られる機能であり、また香山ら中曽根のブレーンにとっても戦後保守を再生させる有効な理論となったのである。

ただし、香山が提示した日本型多元主義のモデルは自民党内のリベラル派を黙らせることに有効であったと指摘する論調があるが、[56] 日本型多元主義が即ちリベラルであるかについては慎重にならざるを得ない。

当時の中曽根が封印したのは、自主憲法制定への言及や靖国神社への参拝に象徴される「戦後政治の総決算」であり、党内リベラルへの配慮に限定されているのである。つまり、党内での立ち位置が中間的であることと、理念としてのリベラルが混同されてはならないのである。

以上のような二点をふまえた上で、ここでは日本型多元主義論の是非を議論することを意図しているのではなく、このような理論によって保全・継承されてきたのが「イエ的集団」である派閥や個人後援会であることを想起したい。なぜならば、「イエ的集団」である政党の組織構造が「イエ中心主義」の政治指向を育んできたからである。

表4-1 ジェンダーの視点から見た日本型福祉社会・日本型多元主義論の特徴

	日本型福祉社会論	日本型多元主義論
主張	家庭内自立・自助	伝統的「イエ社会」の再評価
意図	国家負担の軽減	自民党の民主性の評価
組織	「イエ」が安全保障の最小単位	大きな「イエ」としての政党派閥の容認
女性認識	家庭長	「イエ」に従属
理念	保守	保守

日本型多元主義論の意味する多元・多様性とは、集票組織の多元化であり、その取りまとめのための派閥や個人後援会組織の容認である。また日本型福祉社会と同様に、自民党が日本の政治文化という「道具箱」から、保守再生のために戦略的に選び出した「道具」、即ち「分権的な存在としての派閥」や「幅広い支持層の後援会」によって形成し、再生産した「日本型多元主義的な政治指向」である。結果「イエに従属する」女性認識はそのまま継承されたのである。

そしてそこには、日本型福祉社会と日本型多元主義が互いに影響し合い、補完し合いながら、自民党という政党の戦略的利益の視点から女性認識を決定づけた。[57] 政党側とは、ほぼ男性側の視点である。この二つの政治言説の特徴をジェンダーの視点から整理すると上のようになる（表4－1参照）。

第5章　政治指向の象徴としての血縁継承

1　「イエ中心主義」の議席継承

自民党の「イエ中心主義」の政治指向の象徴とも言える現象は、いわゆる世襲議員の占める圧倒的な割合である。代々守ってきた地盤（後援会）と看板（イエ）を継承していくことを最大の目的とし、親から子へと地盤と看板を渡していく行為である。ただ「いわゆる」と世襲の前にことわりを入れたのは、何をもって世襲議員とするかの定義にある。本書では親から子への直系の議席継承だけを世襲とするだけでなく、広く親族などに政治家を得た「環境的世襲」も含めて世襲議員として分類し、世襲の表現を使用することによって生じる混乱（直系の世襲のみを指すとの）を避けるため、「血縁継承」の表現を用いる。「血縁継承」には、狭義の世襲である親から子への地盤ごとの継承に加え、広義の世襲として夫から妻へ、祖父から孫への議席継承や、家族や親族に政治家を持つ「環境的世襲」も含めている。

2　血縁継承の定義

広義の世襲――血縁継承の意味

単に親族の地盤を継いだ議員を世襲議員とするのは言葉として適当ではないという議論がある。例えば、政治分析者の松崎哲久は『日本型デモクラシーの逆説――二世議員はなぜ生まれるのか』のなかで、たとえ地盤を親から継承できた候補者でも選挙で選ばれなくては議員になれない、つまり議席を継承できない。よってその人物の立場、環境が世襲であっても選挙を経るのであるから二世議員が妥当であると指摘する。[1]

さらに、ただ二世議員といってもその議員（代議士）の地盤との関わりを正確に把握しなければ、二世議員の範疇に分類するのは曖昧であるとしている。[2]よって松崎による二世議員の定義は「衆議院議員としての選挙地盤を、親族から継承して出馬し、当選した職業政治家」である。この二世議員については選挙地盤を継承していることが厳密な条件で、衆議院議員としての選挙地盤以外（自治体首長や地方議員）を継承した広義の意味での二世議員については「準二世」としている。

しかしながら、本書では自民党の「イエ中心主義」の政治指向がどのように議員選定に影響を及ぼしているかに分析の主眼を置いているため、世襲議員についての定義をあえて広げた。なぜならば、形態によって世襲の議席継承を分類することが目的ではなく、「イエ」という「小集団」の繋がりが継承されているか、もしくはその繋がりがどのような影響を及ぼしているかが分析の目的であるからである。よって、祖父母や親から子への地盤継承で議員となった直系世襲のみならず、養子縁組や婚姻によって国会議員の親族となって地盤を受け継いだケース、親族に選挙地盤を持つ国会議員や地方議会経験者や自治体首長が存在するケース、さらには配偶者が死去したことによるいわゆる「弔い選挙」で地盤を受け継いだケースも広い意味での世襲、血縁継承として分類した。

具体的には、一般に地盤・看板・カバンと言われる①選挙区にすでに一定の後援者団体や支持者グループを持っていること、②知名度が高い、③後援者が多いことによる財政的な優位性、の三つの条件すべて、もしくはいずれかを受け継ぎ、一定の影響を受ける環境にある者を「血縁継承」としている。

また直接的に地盤を受け継いではいないが、親族に国会議員、地方議員、自治体首長が存在して少なからず議員になる動機付けとなっているケースも血縁継承として分類している。他の候補に比べて幼少時から政治家の作法を近くで見聞きし、選挙運動などもまじかに体験していたりする「環境的世襲」であるからである。このような「環境的世襲」者は、ほとんどの場合政治や政党と極めて近い距離に存在し、政党が候補者としてたどり着きやすいという優位性も備えている。

血縁継承という言葉が狭義には「血縁関係」にある当事者同士を指すことは言うまでもないが、婚姻関係にある配偶者が政治家である場合や、養子縁組で政治家の親族になったケースも「血縁」という枠組みに入れているのは前述の通り、「イエ的小集団」の構成員だからである。

石原伸晃衆議院議員のケース

例えば、石原慎太郎元運輸大臣の長男伸晃が慎太郎の地盤ではなく別の選挙区から出馬して議員になっているケースは、松崎の定義では、本来は「準二世」と分類されるべきである。しかし、ここでは広義の「環境的世襲」即ち血縁継承とした。理由は伸晃自身が政治家を志す動機付けには慎太郎が参議院選挙に初出馬したときの記憶が大きく影響していること[3]、また石原のブランド力（看板・イエ）は地盤を変えても全国区に及ぶことからである。

3　自民党議員全体に占める血縁継承

では実際にどのくらいの血縁継承者が議員になっているのか、独自に行った全衆議院議員の前職調査（キャリアパス調べ）から、血縁継承者の多寡の分析をした。キャリアパスの調査は第四五、四六、四七回総選挙の当選者である[4]。

これら三回の総選挙を調査対象とした理由は、まず二〇〇九年の第四五回は自民党が下野し民主党に政権を渡した自民逆風選挙であったことから、自民党がどのようなキャリアパス候補を立て、結果どの候補が当選（もしくは落選）したかに特徴的な傾向が現れる可能性があるからである。続く二〇一二年の第四六回は安倍政権が復活した自民順風選挙で、第四五回との比較が有意義であるとの前提である。二〇一四年の第四七回総選挙は第四五回と第四六回の比較から導き出される傾向が続くのかどうかの対象とした。女性議員の増加という視点からは、二〇〇五年の第四四回総選挙、いわゆる「郵政選挙」で自民党に二六人の女性議員が誕生していることから、この第四四回を対象とする方法論もあろうが、あえて逆風選挙から調査対象とした。ただし、キャリアパスを追う過程では、必要に応じて第四四回の自民党女性当選者について個別に言及し、検討している。

第四五回総選挙――血縁継承が過半数に達する

二〇〇九年の第四五回総選挙で自民党は一一九人の当選者を出している。このうち血縁継承者は男女合わせて六五人で、血縁なしの五四人を上回っている。血縁率は五四%で、実に自民党全議員の過半数を占めているのである。この数字をどのように読み解くべきであろうか。

第一に考えられる要因は、自民党に吹いた逆風の強さである。この選挙で自民党が擁立した候補者は男性二九九人、女性二七人の合計三二六人で、結果、当選者は半数にも満たない惨敗で、民主党に政権を譲った。そうした苦しい選挙戦を勝ち抜くためにはより強固な地盤と、豊富な選挙資金、さらには高い知名度が必要になるのは言うまでもない。地盤・看板・カバンを備えた血縁候補が他の候補より有利であることは明白である。地盤とは強固な後援会組織を指し、それによってピラミッド型のタテ型集票システムがきわめて有効に作用することが可能になる。

男女別に見てみると、男性当選者一一一人中の血縁継承が六二人で約五六%、女性は八人のうち三人が血縁継承で約三八%と、男性当選者の過半数は血縁継承者であり、また女性も四割近くと高い割合になっている。自民党が政権党を降り、下野することになった歴史的敗北の選挙において、いかに血縁継承によって議席を守ったかを表す象徴的な数字である。

第四六回総選挙――女性の血縁継承者割合が男性を上回る

続いて二〇一二年の第四六回総選挙では、当選者二九四人中、血縁継承者は男女合わせて一一七人、全体の約四〇%にあたる。さすがに自民党が圧勝し民主党から政権を奪取した選挙だけあり、議席数が一七五増となって、血縁継承者が占める割合は一六%減っている。男性は二七一人中一〇七人で約四〇%、女性は二三人中一〇人で約四三%、男性当選者に血縁継承の割合が一七%減ったのに対して、女性は微増でほぼ四割の高水準に変化はない。

これを細分化してみると、男性当選者が前回の一一一人から二七一人と一六〇人増え四〇%増となったが、血縁率は一七%減少した。一方で、女性当選者数は前回八人から一五人増えて二三人で三五%増だが、血縁率は一%増え、女性議員増加率よりも血縁率が四ポイント上回る結果となっている。

血縁なしの当選者が男性の方が前回に比べて一一五人増えているのに対して、女性は八人である。つまり、男性が血縁の背景なしで幅広く当選者が増えているにもかかわらず、女性の当選者は一五人増えても血縁継承者もそれに伴って七人増えているのであるから、単純に計算しても増えた議員数の四〇%は血縁継承ということになる。これは候補者が男性では血縁継承者以外からも広く選定されていること、一方の女性はやはり血縁継承者を中心に選定が行われていることを示すものである。

第四七回総選挙――第四六回同様女性の血縁継承者の割合が男性を上回る

そして二〇一四年の第四七回総選挙では第四六回同様、血縁率は女性が男性を上回っている。

全当選者二九〇人のうち男女合わせて一一九人が血縁継承者で四一%を占めている。また男性に限っては二六五人中一〇七人が血縁継承で四〇%、女性は二五人中一二人で四八%で、男性当選者の血縁率を女性が八ポイント上回る結果となった。

なぜ自民党ではこのような結果となったのか。

第四七回総選挙は二〇一四年一二月に消費増税再引き上げ延期を焦点に行われたが、選挙争点が明確化せず、また野党共闘が準備不足という側面もあり、投票率は戦後最低だった二〇一二年の五九・三二%を下回る五二・六六%となり、選挙戦は盛り上がりに欠ける結果となった。[6] 自民党は公明との連立与党として議席数の三分の二を獲得する勝利となったが、議席数

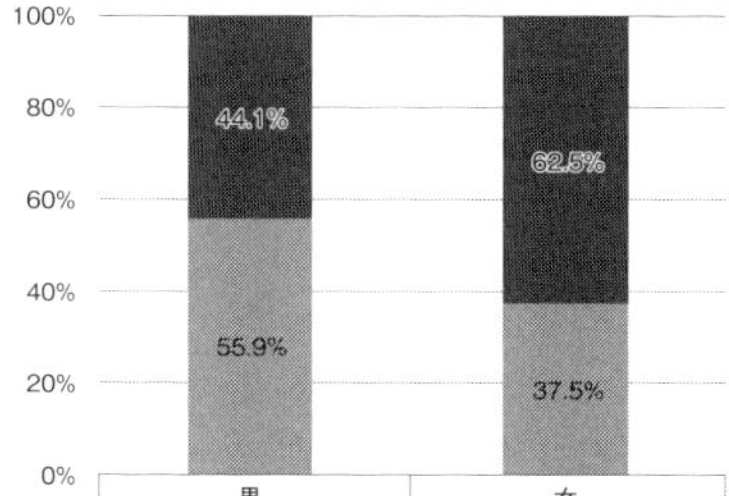

	男	女
■ 血縁なし	49人	5人
▒ 血縁あり	62人	3人

図5-1 第45回総選挙自民党血縁継承（男女比）

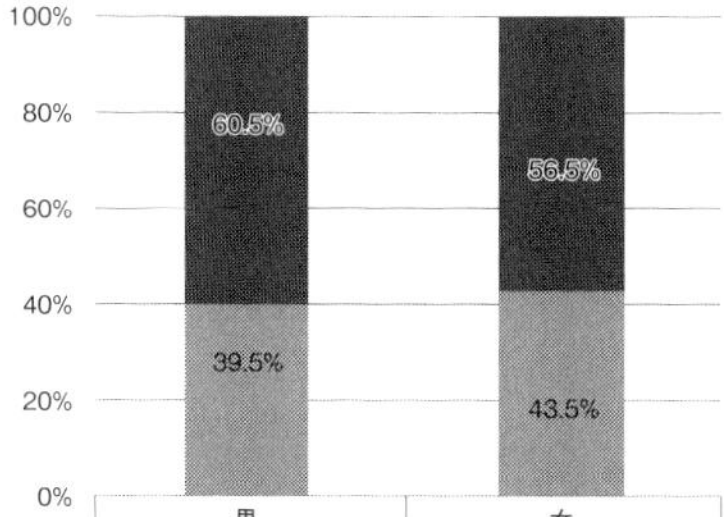

	男	女
■ 血縁なし	164人	13人
▒ 血縁あり	107人	10人

図5-2 第46回総選挙自民党血縁継承（男女比）

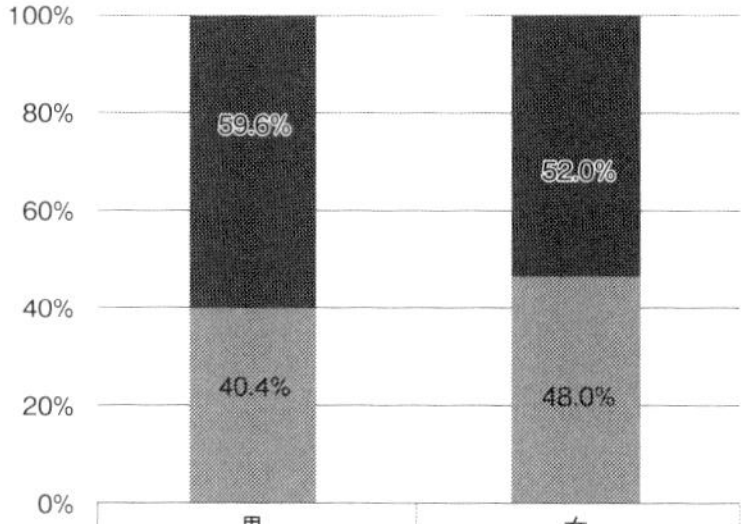

	男	女
■ 血縁なし	158人	13人
▒ 血縁あり	107人	12人

図5-3 第47回総選挙自民党血縁継承（男女比）

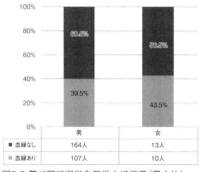

は自民党単独では二九四から二九〇に減った。

自民党の女性候補者数は四二人で、当選が二五人と前回に比べると二人増で政党別では最も多いが、自民全体の当選者二九〇人に占める割合は九％で、最も比率の高かった共産党の二八・六％の三分の一にも満たない。[7] また女性候補者四二人の内訳は、新人一七人、前職二二人、元職三人と、新規参入率は四〇％、七九人の女性候補を立てた共産党は、新人が七八人、前職一人と新規参入率は九九％となっている。[8] つまり、女性当選者に占める血縁継承者の割合が女性の新規参入率をも上回っているのである。このデータもやはり自民党の女性候補者選定における血縁継承者偏重を示すものである。

4　血縁継承と女性当選者

では、第四五回、四六回、四七回総選挙で当選した女性自民党議員の血縁継承者は具体的には誰で、どのような傾向が見られるのだろうか。[9]

第四五回総選挙の血縁継承者

第四五回は、女性当選者八人、阿部俊子（比例中国・当選二回）、稲田朋美（福井一区・当選二回）、小渕優子（群馬五区・当選四回）、小池百合子（比例東京・当選六回）、近藤三津枝（比例近畿・当選二回）、高市早苗（比例近畿・当選五回）、永岡桂子（比例北関東・当選二回）、野田聖子（比例東海・当選六回）で、このうち小渕、永岡、野田の三人が血縁継承者である。血縁継承者が自民

党女性当選者に占める割合は三七・五%とおよそ四割である。

野田聖子のキャリアパスについては後段の前職上位グループ（地方議会出身者）のキャリアパスで詳述するので、ここでは血縁継承の小渕優子と永岡桂子のキャリアパスを整理しておく。

小渕優子（群馬五区・当選四回）は、二〇〇〇年五月に首相任期中に急逝した小渕恵三の次女で、一九九六年成城大学を卒業後東京放送に入社。三年後の一九九九年に東京放送を退社して、父恵三の総理秘書となった。[10] その後脳梗塞で二〇〇〇年四月二日に倒れ、翌月五月一四日に急逝した恵三の後継者として二〇〇〇年六月に行われた第四二回総選挙で群馬五区から出馬し、二六歳で一六万票を超える圧倒的な強さで初当選した。[11]

この時の経緯について小渕は「もともと政治家を志していたわけではなく、テレビ局で働いていて父親が政治家として厳しい局面に立っていたのを見て（メディアに働いていて）中立的な立場ではいられなくなってしまったこと」と「父親を助けたい一心」から秘書になったと筆者の聞き取りに対して答えた。[12] テレビ局を辞めて父を手伝いたいと恵三に伝えたところ、恵三は「女の子が来るには大変な仕事だから」と一旦は断ってきたという。しかしその後、地元群馬での後援会関係の仕事を任されるなどして、総理秘書となった。[13]

恵三が倒れたとき、地元後援会からは秘書をしていた優子の名前が当然のように後継者として出てきたという。小渕には兄や姉が居て、どちらも恵三の秘書を経験していたが、小渕によるとふたりとも「政治家になるタイプではなかった」ということで、優子が自然に後継となったという。小渕は「秘書になった時点で政治家になることは微塵も考えなかった」というが、出馬を決めた理由は「父が命をかけてやった仕事を求められるのであれば、やらないというわけにはいかないと思った」と話した。[14]

直系世襲については「自分が出れば、他の政治を目指す方が同じ選挙区からは出にくいという現実はありますが、逆に世襲はだめということになるとそれも逆差別でしょう。世襲だからダメと言われないように人の二倍も三倍もやってきた」と、血縁継承の優位性は認識しているが、後援会のためにも議席を守るべきとの使命感をにじませた。小渕の話で興味深いのは、恵三が日ごろから活発な子供だった小渕に「おまえが男だったら」と、後を継がせたがっていたという点である。恵三は小渕が政治家になるつもりはないと伝えると「それなら（優子の）旦那に継がせる」と言ったという。小渕は二〇〇四年に結婚、小渕家を継ぐためか配偶者は小渕姓を名乗っている。[15] 小渕のキャリアパスは常に小渕家の議席を守ることをどこかで意識しながら形成されたと言えよう。

永岡桂子（比例北関東・当選二回）は、夫で衆議院議員だった洋治が二〇〇五年八月一日に自殺したことを受けて、同年九月に行われた第四四回総選挙、いわゆる小泉首相による「郵政選挙」に、洋治の地盤である茨城七区から出馬し、小選挙区では落選したが、比例で復活し初当選した。[16] 永岡に後継出馬について打診があったのは、洋治の自殺からわずか八日後であった。典型的な弔い選挙である。[17]

永岡は一九七六年学習院大学法学部を卒業し、二年後にお見合いで農水官僚だった洋治と結婚。洋治は農水省でも「エース中のエース」と言われ、将来の事務次官候補とまでされたが、一七年後に洋治は農水省を辞め政界を目指した。しかし洋治は一九九六年、二〇〇〇年と続けて落選、二〇〇三年四月、茨城七区選出の中村喜四郎に収賄の実刑判決が確定し、衆議院議員を失職、それに伴う補選で初当選した。[18] この間、永岡は妻として事務所で接客にあたり、地域の活動に参加し、各種集会に顔を出すなどして洋治の政治家への転身を積極的に支えた。[19]

永岡が出馬を決意したのは、茨城七区には対立候補となる中村喜四郎の「喜友会」を中心とする熱烈な支持者が存在するなかで、自民党県連から「妻である永岡さんに後援会を引き継いで出馬して欲しい」と要請されたからだという。[20] 永岡は自民党の公認候補としての全面的な支援を望み、後援会を引き継いで弔い選挙に臨んだ。結果は茨城七区では無所属の中村喜四郎に敗れたものの、比例で復活した。[21]

永岡は主婦や女性の視点を強調し、「国会は男性ばかり。とくに主婦を経験し、議員として活躍した人は少ない。女性や主婦の意見を取り上げたい」と話す。[22] 永岡のキャリアパスは夫の突然の死によってもたらされた政治家への転身を受け入れた以前から、夫に代わって集会などの地元回りをしていた時点ですでに始まっていたと言えよう。洋治よりも地元選挙区での活動には積極的であったというからだ。こうした経緯から政党からの認知度は高かったことが容易に想像できる。また夫を突然失った妻による弔い選挙は、自民党の議席継承の類型としては決して珍しいものではない（後段の前職分析では永岡は専業主婦なので、その他のグループに分類されている）。

第四六回総選挙の血縁継承者

第四六回の当選者は、阿部俊子、稲田朋美、大久保三代（比例東北・当選一回）、小渕優子、金子恵美（新潟四区・当選一回）、上川陽子（静岡一区・当選四回）、菅野佐智子（比例東北・当選一回）、小池百合子、高市早苗、高橋比奈子（比例東北・当選一回）、土屋品子（埼玉一三区・当選五回）、渡嘉敷奈緒美（大阪七区・当選二回）、豊田真由子（埼玉四区・当選一回）、永岡桂子、中川郁子（北海道一一区・当選一回）、西川京子（比例九州・当選四回）、野田聖子、比嘉奈津美（沖縄三区・当選一回）、堀内詔子（比例南関東・当選一回）、牧島かれん（神奈川一七区・当選一回）、松島みどり（東京一四区・当選四回）、宮川典子（山梨一区・当選一回）、山田美樹（東京一区・当選一回）の二三人である。

この内血縁継承者は、小渕・金子・高橋・土屋・永岡・中川・西川・野田・堀内・牧島の一〇人である。血縁継承者が占める割合は四三％と、四割を超えた。

第四六回総選挙で新たに当選した血縁継承者は、金子・土屋・中川・西川・堀内・牧島の六人である。金子恵美、堀内詔子、牧島かれんの三人は後の前職上位グループの分析でキャリアパスを検討・詳述しているので、土屋品子、中川郁子、西川京子の三人のキャリアパスをここで整理しておく。

土屋品子（埼玉一三区・当選五回）は、大叔父・上原正吉、父義彦[23]が共に参議院議員を務めた政治一家出身である。義彦は参議院議員を五期務め、その間に参議院議長に二回就任、その後に埼玉県知事を務めた大物政治家である。

土屋は一九七四年、聖心女子大学文学部歴史社会学科を卒業後、香川栄養専門学校で学び、料理研究家や華道家の肩書を持つ。土屋が政治を志したのは義彦が参議院議員や埼玉県知事時代に外遊に同行し、各国で女性の活躍を目にし「日本には女性国会議員が少なすぎる」と実感したためであったという。[24]しかし、義彦は土屋の衆議院選挙出馬に大反対で、土屋は出馬への準備を極秘裏に進め、選挙戦では土屋の立ち回り先に義彦が連絡をしてきて「応援をしないでくれ」と「選挙妨害」をされたという。[25]

しかし、実際に土屋が出馬した一九九六年第四一回総選挙で、選挙区の埼玉一三区には、現職知事の義彦に対する配慮からか、共産党を除く他政党からの候補者が擁立されなかった。[26]土屋は父親との距離について「べったりではない」と説明するが、[27]土屋が義彦の政治的影響力に浴していないかといえば、前述の通り、明らかにその影響下にあることがわかる。よって、土屋のキャリアパス形成は、動機付けの点でも父義彦の政治活動に同行したことがきっかけとなっていること、また埼玉県内での知名度も抜群であったことなど、「環境的世襲」と位置づけられる。

中川郁子（北海道一一区・当選一回）は、五六歳で死去した中川昭一元衆議院議員の妻である。中川は新潟県生まれ、聖心女子大学外国語外国文化学科を卒業後、三菱商事に就職。一年間の勤務の後、共通の友人に一九歳の時に紹介された昭一との結婚を機に同社を退社。この時、昭一は日本興業銀行（現みずほフィナンシャルグループ）の社員で、昭一の父が有力な政治家中川一郎であることから、中川は結婚時に昭一に将来政治家になるかを問うたという。そのとき昭一は「父（一郎）も若いし、弟もいる」と答え、中川は安心したという。[28]しかし、義父一郎が自民党総裁選に出馬し、落選、その後一郎は自殺。一九八三年一月のことであった。[29]

死去した一郎の後継者は昭一ということになり、昭一は銀行を退社し、郁子を伴って帯広に転居、一九八三年一二月に昭一は旧北海道五区から出馬し、圧倒的な得票で当選した。[30]昭一はその後八期連続で当選するが、二〇〇九年二月G7（主要七ヶ国財務相・中央銀行総裁会議）に出席後の会見にもうろうとした状態で臨み、厳しい批判を浴びて財務・金融相を辞任する。その後同年八月に行われた第四五回総選挙に北海道一一区から出馬し九選を目指すものの、民主党石川知裕に敗れ、比例復活もならずに落選した。昭一は一〇月四日自宅で亡くなっているのを発見された。[31]

中川は昭一の一周忌に、昭一の政治活動をかねて応援していた金美齢から「あなたがやりなさい」と後継候補として出馬を勧められたという。結果二〇一一年九月、中川は北海道一一区の公募に応じ、支部長に就任、二〇一二年第四六回総選挙で初当選した。[32]

中川が公募に応じ、昭一の後継になったことについて、後援会も意見が賛否で割れたという。[33] 後援会内では「なぜ妻が後継者になるのか」「昭一とは経験が比べものにならない」などと否定的な意見もあったという。中川が夫の跡を継ごうとしたのは「子どもたちの足手まといにならないように仕事をもつこと」と考えたのが直接的なきっかけだという。

中川のキャリアパスは、昭一と結婚したときから政治との距離が極めて身近になったケースであり、夫の死後「仕事」として政治家を選択する決断は、やはり義父や夫を通じて政治に繋がっていた、もしくは家族ぐるみで政治活動を応援していた経験によるものである。よって中川は「環境的世襲」の側面が強い血縁継承者である。

西川京子（比例・九州ブロック）は、夫である西川裕が熊本の肥後銀行を辞めて芦北郡津奈木町の収入役になったことにより、一緒に移住。専業主婦としてＰＴＡなどのボランティア活動をする傍ら、熊本県知事細川護煕の妻佳代子から、自民党熊本県連女性部の手伝いを頼まれたことをきっかけに、一九九六年に県連女性部長に就任する。その後二〇〇〇年に比例九州ブロックから出馬して、初当選した。[34]
夫の裕は津奈木町助役を経て町長に。京子もＰＴＡなどの役員を務めるなか、夫の政治活動・選挙を手伝い、政治の道に。本人は「ＰＴＡなどの活動は国会議員になる修行だった」[35]と述べているが、契機となったのは夫の町長就任であることから「環境的世襲」とし、血縁継承に分類した。

西川が自民党熊本県連の女性部長を引き受けた理由は、夫の町長職に有利であると思ったからとしているが、実際に自民党幹事長野中広務から出馬の打診を受けた際には、津奈木町議会の自民党町議たちが西川を比例名簿の上位に載せてもらえるよう陳情したという。[36]結果、四期連続当選をしたが、第四七回総選挙では名簿順位三二位で落選した。

西川が候補者としてリクルートされた経緯からは、自民党が女性候補者を探す特徴的な方法論が見えてくる。政治家（この場合は町長である夫）の傍で活動していた西川にまずは細川佳代子が自民党県連の女性部に引き入れたことがきっかけとなり、党執行部の候補者探しのアンテナに引っかかった。つまり政党がこのような女性候補者を選ぶのは、新人を一から発掘するよりも既に繋がっている人脈を通じてリーチができる簡便さが一つの理由である。また県連女性部での活動を通じて選挙にも明るいことや、夫の選挙や政治活動を支えた経験も政党にとっては「確かな」候補者であることの担保になっているのである。このような女性候補者選定は、「イエ的小集団」の枠組みのなかでの間柄主義ともとらえることができよう。

第四七回総選挙と血縁継承者

第四七回総選挙で新たに当選したのは、尾身朝子、加藤鮎子、木村弥生、佐藤ゆかり、前川恵の五人で、他方落選者は、大久保三代、菅野佐智子、西川京子である。この内、尾身・加藤・木村は血縁継承者である。五人増えた女性当選者中三人が血縁継承者ということになる。

第四七回で当選した女性血縁継承者のキャリアパスは以下の通りである。

尾身朝子（比例・北関東ブロック）は、東京大学法学部を卒業後、NTTから東海大学総合科学研究所教授を経て日本商工会議所勤務、父・尾身幸次元衆議院議員の知名度《カンバン》を生かし初当選した血縁継承議員である。[37] 朝子の場合は早くから政界への進出を希望し、二〇〇七年には参議院選挙に出馬し落選、このとき父幸次が同時期に行われた群馬県知事選挙の自民党候補応援をそっちのけにして朝子の支援に回ったとされている。[38]

加藤鮎子（山形三区）は、慶應義塾大学法学部からドリームインキュベータ社に勤務後、野田聖子衆議院議員の秘書に転出し、その後米コロンビア大学留学を経て父加藤紘一元衆院議員の秘書となり、紘一の地盤を受け継いで初当選した。[39]

内閣官房長官などを歴任した父紘一は、二〇一二年の第四六回総選挙で落選し、三女である鮎子に地盤を譲って後継指名をしていた。[40] 鮎子もホームページ上で、小さい頃から政治を身近に感じ、高校三年生のときにはすでに政治家を志していたことを明かしている。野田の秘書から紘一の秘書へと転身したのも加藤の地盤を継ぐためで、典型的な血縁継承議員である。

木村弥生（比例・北関東ブロック）も、父・木村勉元衆議院議員の後継者であり、血縁継承である。弥生はフェリス女学院大学を卒業後に父勉の公設秘書になるが、将来における看護学の必要性を感じ慶應義塾大学医学部看護科に進学し、卒業。日本看護協会で仕事に就くが、二〇〇九年の第四五回総選挙での父勉の落選を受けて、第四七回で初当選となった。[41] 弥生は公式ホームページで、父親の政治家としての多忙さを見てきたことなどを語り、政治を身近に感じかつ一時期は父親の公設秘書として政治の世界に関わっての後の出馬であるので、血縁継承者としては十分な要件を備えている（木村は日本看護協会では、会長の秘書や広報課長などの要職に就いており、医療関係者としてキャリアパス分類されている）。

女性血縁継承者の多さが示す「イエ中心主義」の候補者選定

以上のように、第四五回の自民逆風選挙からおよそ四割で推移している、女性の血縁継承者であるが、第四六回総選挙のように前回の女性当選者八人から一気に一五人増となった自民順風選挙でも、血縁継承者は男性よりも割合が上回って四割を超えた。大量当選でもその数の増加に伴って血縁継承者が増えている実態は、候補者選定の範囲《リーチ》の狭さ、つまりいかに政党側と近距離にいるかによって候補者になる確率が決まってくることを示している。直系の血縁継承者のみならず「環境的世襲」（夫の弔いや政治家の夫の手伝いなどの）も、政党と極めて近くに位置している、つまり濃淡はあれ政党とのコネクションを持っているのである。

同時に重要な点は、女性の候補者選定の基準に自民党の政治指向である「イエ中心主義」が色濃く反映されていることである。つまり、女性を常に「イエ」の構成員として認識し、家名や血縁を継いだ女性を候補者として好む傾向にあることである。女性を個人として評価・認識するのではなく、〇〇家に属する（看板を有している）「イエ」の構成員として認識する指向である。また、「イエ」の看板は、安定的な集票につながる地盤――後援会組織と直結する。そうした安定集票が期待できる「イエ」は、自民党の男女の候補者選定に共通する基準である。

同様に第四七回総選挙の自民党女性当選者を見ると、三人の血縁継承組の当選と、二人のいわゆる「風」候補の落選が特徴的である。厳しい選挙であれば血縁継承候補がより有利であることはこれまでも見てきた通りであるが、二三人から二五人へと女性議員が増えてはいるものの、内訳は血縁継承者三、元職一の増加である。つまり、政党とどのような距離にいるか、どのようなコネクションを持っているかによって候補者として新規参入の可否が決定されることがわかる。公募で候補者となった大久保と菅野は、政党との距離が血縁継承者や元職に比べれば決して近いとは言えない。加えて第四七回総選挙は「風」の吹かない選挙であり、「風」に乗って当選した候補者が無風選挙で落選する結果となっているのである。

5　血縁継承と個人後援会

高い比率で推移する血縁継承

本書の分析対象とした三回の総選挙での自民党当選者における血縁継承の割合を見てきたが、こうした血縁継承（世襲・二世）議員の増加はいつをきっかけに顕著になってきたのだろうか。

松崎哲久によると、自民党系の二世議員（代議士）が増えた節目は三つあるという。[42] 第一のピークは戦後改革期で文字通り新しい世代（二世）が戦前の政治家に代わって議席継承をした時期である。第二のピークが一九六三年から始まっていて、戦後から二〇年で第一ピーク世代の後継者が台頭してきたのだ。そして第三ピークが一九八六年と一九九〇年の総選挙時である。図5－4を参照していただきたい。

松崎がまとめた二世議員の増加のグラフであるが、驚くのはその割合がほぼ本書でまとめた自民党衆議院議員の血縁継承割合と重なることである。

松崎がまとめたデータは中選挙区で行われた総選挙であるが、第三のピークとしている一九八六年、一九九〇年の両総選挙時での二世議員の比率はそれぞれ三七・二％と三六％で、前述

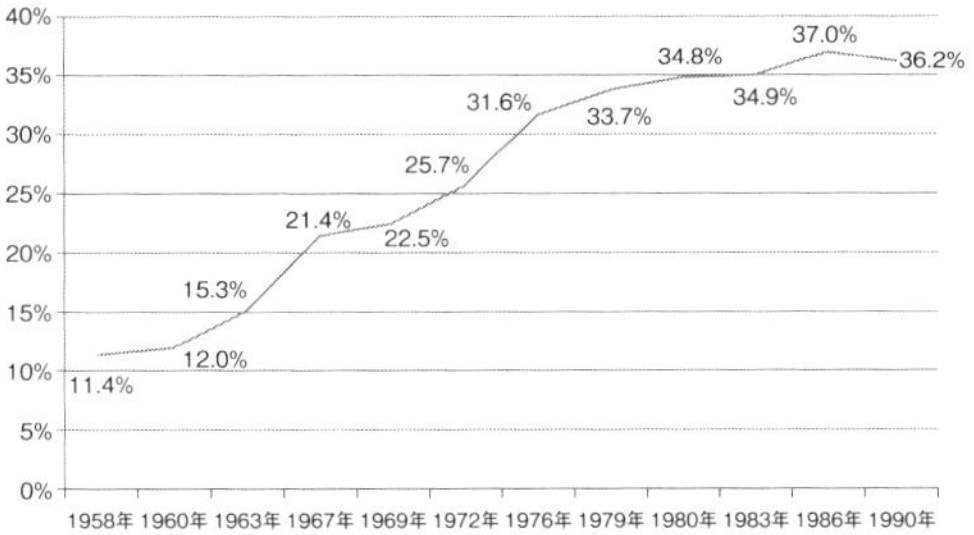

松崎哲久『日本型デモクラシーの逆説 2世議員はなぜ生まれるのか』より再計算して作成

図5-4 自民党議員に占める二世議員の割合（1958-1990年）

の二〇〇九年第四五回での血縁継承議員率五五％が突出しているのを除外すると、二〇一二年第四六回が三九％、二〇一四年第四七回が四一％とほぼ四割程度である。

しかも、松崎のデータは「選挙区が異なるケース、参議院議員の親族もふくめるといったゆるい定義を用いる場合には、この割合は大きくはね上がる」としており、さらに「県会議員や地方首長の地盤の継承者を準二世とした場合には、さらに一段と増えることは間違いない」と指摘している。[43]

つまり、松崎が二世議員増加の第二のピークとしている一九六三年以降、選挙制度が中選挙区制から小選挙区制に変更されても多少の増減はあるものの、二世や準二世議員による地盤の継承は四割前後の高い割合で続いてきたのである。

血縁継承議員が他の政党に比べて抜き出て多数派を占める

自民党は、男性も例外ではないがとりわけ女性の新規参入には「血縁力」が物をいうシステムである。このような候補者選定の基準は「イエ中心主義」の政治指向そのものである。なぜならば「イエ中心主義」の政治指向に基づく候補者選定は、血縁継承議員が男女ともに他党に比して多いことのみならず、血縁継承に分類される以外の各種「イエ」に連なっていることも重要視しているからである。このような「イエ中心主義」の選定基準については第Ⅱ部の実際のキャリアパス分析で実証するが、「イエ」は次項で検討する後援会、つまり支持者拡大と固定化にも重要な役割を果たしているのである。

個人後援会の維持

なぜ自民党では時代の変化や選挙制度の変更にもかかわらず、地盤の血縁継承が脈々と行われてきたのだろうか。

第一に挙げられるのは、集票システムの基盤となる個人後援会の存在である。[44] 地元選挙区に築いた地盤は当然のことながら、個々の議員を支持し、議員であり続けてもらうための個人後援会という名の活動組織である。[45] 地盤を守るという言葉の意味は、その集票システムの維持であり、拡大である。

熊本県議会議員から文字通りたたき上げの政治家として国政へとキャリアパスを形成した、坂本哲志衆議院議員（熊本三区・二〇一九年六月現在六期目）は、後援会と血縁継承について次のように説明する。[46]

私にも三四歳の息子がいるんですが、後援会が言ってくるんですよね。秘書にしないのかとか、後を継がせるつもりかどうか、とか。（中略）後援会というのは、（議員と）一緒に歩いて、育てていくんだという意識が強い。だから最終的には大臣になったり、あるいはそれ以上になることを楽しみにしているから。

坂本は自分の息子に後を継がせることに逡巡をみせているが、県議（四期）時代から作り上げてきた個人後援会から息子への世襲継承をうながされているという。後援会は坂本の落選中の面倒をみることもし、（坂本の）秘書たちの仕事先まであっせんした。それほどまでに坂本を応援してきた後援会を、身内以外の他者に譲ることは考えにくく、また自分のやり残した仕事を息子に託したいという思いがあると話す。万一、自分の息子に後援会を渡すことがない場合は、「それまで集票に奔走してきてくれた、自分に縁の深い県議に渡す」つもりだという。[47] 地元で選挙に出て名前が知れ渡っている県議の方が、確実に議席を守れる可能性が高いからだ。それによって坂本の後援会は維持されるのである。

血縁継承が一定の割合で自民党内において高水準で推移している背景にはこのような個人後援会の意図や維持という事情がある。坂本は県議からのたたき上げ議員で、後援会は「自分たちが（坂本を）育ててきた」という意識がとりわけ強いという。[48] こうした後援会は、独立した集団としての意識が強く、その「場」は「イエ」的な特徴を帯びた、人間関係（間柄主義）中心の結びつきが強固な組織である。坂本の後援会のみならず、前述した田中角栄の後援会・越山会はその典型とも言えるものである。

まとめ

本章で検討した自民党議員の血縁継承率の高さは、親から子へ、祖父から孫へと受け継がれる直系のタテの議席継承に加え、身近に政治家が存在したなどの「環境的世襲」が男性のみならず女性に多い点が一つの特徴であることを示した。このような傾向は、女性が生まれながら婚姻などよって党と近い距離に存在することにより、優位に潜在的候補者プールのメンバーに参入できることを示している。

言葉を換えれば、女性が参入するには、地盤・看板・カバンのいずれかを備えていることや、政党との距離が近い環境に居ることが大きく作用するということである。そうした優位性を持たない女性候補は、メディアなどでの露出による知名度や支持者を既に獲得しているケースや、専門職の支持団体がバックにいるケース、または公募でも時の政権の「風」を頼むケースとなる。

こうした傾向は男性候補者選びが、女性に比べてより広い分野や人材から行われていることにも表れている。逆にいえば、自民党の女性候補は限定的なグループからしか選ばれていないのである。その限定的グループの筆頭が、これまで述べてきた通り血縁継承者グループであり、それはとりもなおさず自民党の政治指向である「イエ中心主義」に基づく「イエ」の重視である。女性に限っていえば、女性は常に「イエ」の構成員として社会認識を与えられ、娘として親に従属し、婚姻によっては夫に従属した存在として認識されてきたのである。女性個人の社会認識を放置してきた「イエ中心主義」の政治指向は、女性候補選定の基準にも血縁継承者の優位性として明確に表出しているのである。

血縁継承者の内、狭義の世襲は地盤を祖父や親から受け継ぐ直系継承であり、その場合は地盤・看板・カバンをそのまま丸ごと継承する、つまり個人後援会を軸とするタテ型集票システムを丸ごと継承するパターンである。前出の坂本哲志が述べた通り、個人後援会は「自分たちが育てた議員」がキャリアの梯子を登り、しかるべきポストに就くことを共通の目標として団結を固めていく。議員とともに成長拡大した後援会を継承するのはごく自然に男性嫡子であり、場合によっては婿養子である。こうした男性継承の慣習は、繰り返し述べてきた家族イデオロギー、つまり男性優位の「イエ中心主義」の表出に他ならない。

同時に「イエ中心主義」は、個人後援会から政党派閥までをタテに串刺す指向を持つ。個人後援会は各議員の「身内」であり、大きな地元の「家族」であり「イエ」である。その延長に親分ともいうべき家父長をボスとする派閥が存在し、それを包括するのが政党である。まさに大平正芳が言った「政党は大きなイエ」発言に象徴される意識と構造である。

このような個人後援会を中心とする集票システムは、中選挙区制度から小選挙区比例代表並立制に移行したことによって変化が起きるのではないかと議論されてきた。大平が「政党は大きなイエ」と発言した一九七〇年代と比較すると、現在では個人後援会の頂点に存在していた派閥の役割や力も小さくなり、今や「情報共有体」でしかないとの見方もある。[49]

確かに候補者選定の主導権は政党に移行し、派閥が担っていた選挙資金の分配は政党が代わった。しかし、政党が個々の候補者の面倒を見ることには限界があり、派閥の長が金銭的な面倒をみない代わりに、自民党は「選挙は自己責任で、自己資金は一定程度必要」と明確な姿勢を打ち出している。[50] つまり、個人後援会は独自の集金能力を持つ組織として派閥の干渉を受けなくなってきたことで独立性をさらに強めている。よって、候補者にとって選挙の行方を左右するのは後援会の維持・拡大にあるといっても過言ではないのである。

こうした後援会の役割の強化は、個人後援会を基本に票を積み上げるタテ型集票システム自体には変更がないということと、個人後援会の継承という側面の強い血縁継承者が時の流れを経てなお多数派を占める現状と整合性を見るのである。

II

自民党議員のキャリアパス分析

―― 候補者選定の傾向について

第6章 「イエ中心主義」の議員選定

1 自民党を構成している議員たち

分類――自民党議員のキャリアパス

これまで第I部では、自民党の政治指向を「イエ中心主義」という概念で定義し、それはどのように形成され、ときどきの政治状況に応じて再生産されてきたかを、意識と組織構造のふたつの側面から説明した。とりわけ「イエ中心主義」の政治指向がもたらす女性に対する認識が、常に女性を「イエ」の構成員として捉え、女性個人への認識や評価を放置してきたことについて中心的に論じてきた。

さらにこのような政治指向は主に戦後から一九八〇年代に形成され、戦略的に再生産されてきたことを明らかにした。では、そうした「イエ中心主義」の政治指向は実際に時の流れを経てもなお、自民党の候補者選定の過程に反映されているのだろうか。この課題に応えるため、自民党は実際どのような議員たちで構成されているのかを分析することにした。方法は、過去連続三回の選挙で当選してきた男女議員の前職とそれまでのキャリアパスを調査し、職種や

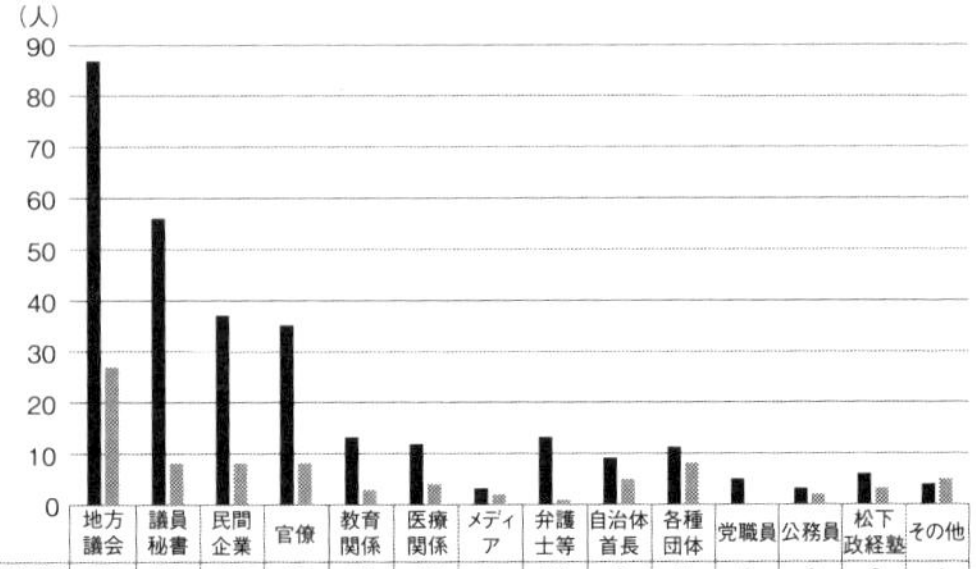

	地方議会	議員秘書	民間企業	官僚	教育関係	医療関係	メディア	弁護士等	自治体首長	各種団体	党職員	公務員	松下政経塾	その他
■2012年衆議院	87	56	37	35	13	12	3	13	9	11	5	3	6	4
▒2013年参議院	27	8	8	8	3	4	2	1	5	8	0	2	3	5

図6-1 衆参前職比較（2013年当時）

キャリアパスの傾向を炙り出そうというものである。

まずは自民党国会議員の前職を調査した。データ集計の対象とするのは衆議院議員とし、二〇〇九年に行われた第四五回、二〇一二年の第四六回、そして二〇一四年の第四七回の三回に行われた衆議院議員選挙（以下総選挙とする）での当選者である。[1]

それぞれの総選挙での自民党議員当選者の前職を、①地方議会議員、②議員秘書、③民間企業、④官僚、⑤教育関係（教師や研究者を含む）、⑥医療関係（医師・看護師など）、⑦メディア、⑧弁護士等（税理士や公認会計士を含む）、⑨地方自治体首長、⑩各種団体、⑪党職員、⑫公務員（地方・自衛隊などを含む）、⑬松下政経塾、⑭労働組合、⑮その他、の一五職種に分類し、集計した。[2]

第四五回、第四六回、第四七回の三回の総選挙を調査集計対象にした理由は前章で述べた通りであるが、衆議院議員のみを研究・調査の対象とした理由は二つある。第一に、独自に自民党参議院議員の前職集計も行ったが、[3]女性議員についてはもとより、男性議員についても衆議院議員の前職グループの分布傾向と大きな差異が見られないことである（図6－1参照）。

第二にどのようなキャリアパスをたどって構成員（国会議員）になっているかの特徴を分析

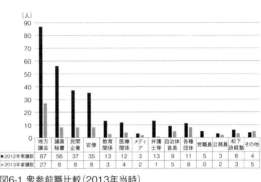

することに主眼をおいているので、衆参で差異が見られないのであれば、衆議院議員のみを対象とすることで十分な検証が可能であると判断したためである。しかし、個別の女性議員のキャリア検証過程では参議院議員も調査の対象としているケースもあることを付け加えておきたい。

第四五回総選挙（二〇〇九年八月）の前職傾向

第四五回総選挙での自民党議員当選者一一九人のうち圧倒的に多いのは地方議会議員出身者で、男女合わせて三三人で二八％を占めている。次いで議員秘書が男女合わせて二八人で二三％、官僚出身者が一五人で一三％、民間企業出身者が一二人で一一％となっている（図6－2参照）。

参考までに、同選挙において民主党の当選議員の前職分類も紹介しておくが、ご覧の通り男女合わせて七八人の地方議会出身者が当選、議員秘書や民間企業出身者からの当選者が多数派であるのは自民党と同様の傾向である（図6－3参照）。

このような前職傾向の類似は、候補者選定の過程で民主党も自民党と大差ないリクルート方法を採っていると想像されるが、このことは前出の古川元久が指摘する「民主党も自民党と同じ要するに個人商店の集まりで、政党としてのシステ

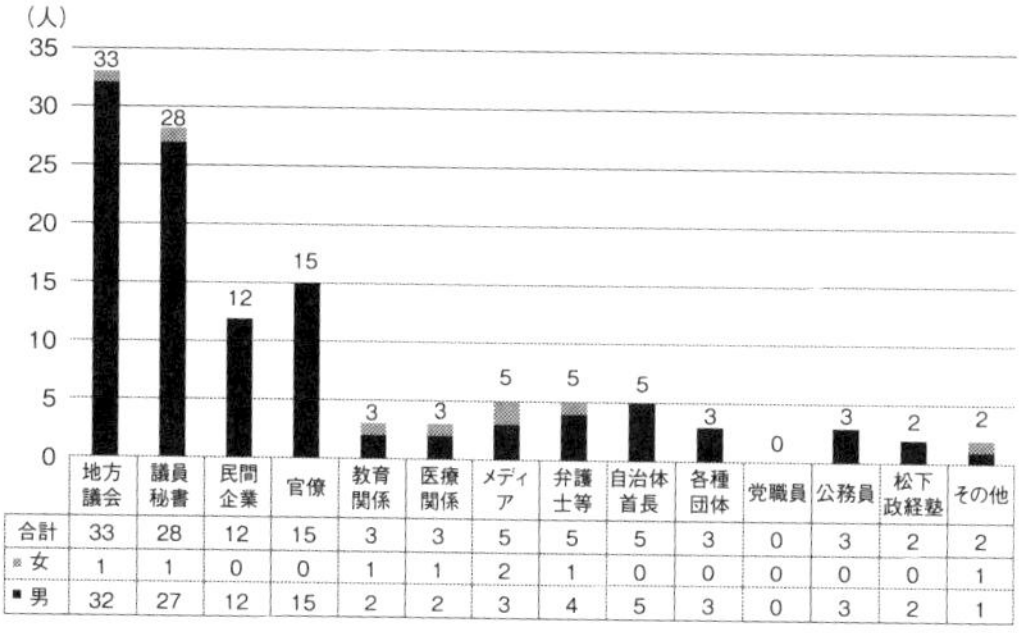

	地方議会	議員秘書	民間企業	官僚	教育関係	医療関係	メディア	弁護士等	自治体首長	各種団体	党職員	公務員	松下政経塾	その他
合計	33	28	12	15	3	3	5	5	5	3	0	3	2	2
女	1	1	0	0	1	1	2	1	0	0	0	0	0	1
男	32	27	12	15	2	2	3	4	5	3	0	3	2	1

図6-2　第45回自民党当選者前職（男女合計）

ムが機能していない」[4]ということの現れであると考えられるが、民主党の候補者選定の基準についての分析は本書のテーマではないので、ここではあくまでも参考として紹介した。

第四六回総選挙(二〇一二年一二月)の前職傾向

続いて二〇一二年一二月に行われた第四六回総選挙の当選議員の前職も見てみよう。第四六回総選挙の自民党当選者は二九四人。三年間にわたる民主党政権への反動から自民党は圧勝、全議席数の三分の二を占める議席数を獲得した。

この時もっとも多かったのは地方議会出身者で、男女合わせて八七人。当選者数の三〇%を占めている。次の多数派は議員秘書で男女合わせて五七人で一九%。第三位は民間企業で男女合わせて三七人、一三%である。官僚出身者は男女合わせて三三人、一一%と民間企業出身者が官僚出身者をわずかに上回った(図6—4参照)。

第四七回総選挙(二〇一四年一二月)の前職傾向

同じ傾向は第四七回衆議院議員選挙でもそのまま引き継がれ、自民党当選議員二九一人中、地方議会出身者は男女合わせて八三人と最も多く(二九%)、次いで議員秘書が男女合わせて五七人(二〇%)、民間企業は男女合わせて三七人(一三%)、そして官僚出身者が男女合わせて三三人(一一%)とまったく同じ分布傾向となっている(図6—5参照)。

自民党の議員供給四大グループは、①地方議会、②議員秘書、③民間企業、④官僚

自民党が政権を降りその後再び政権党に返り咲いた三回の総選挙を通じて、分母となる議員数に変動はあっても、地方議会出身者が群を抜いて多数派を占めている傾向には変わりない。かつては地方議会議員出身者とともに自民党の二大候補者供給グループとされてきた官僚出身者は影を潜め、[5] 議員秘書、つまりもっとも国政議員との距離が近い候補者が多数派として当

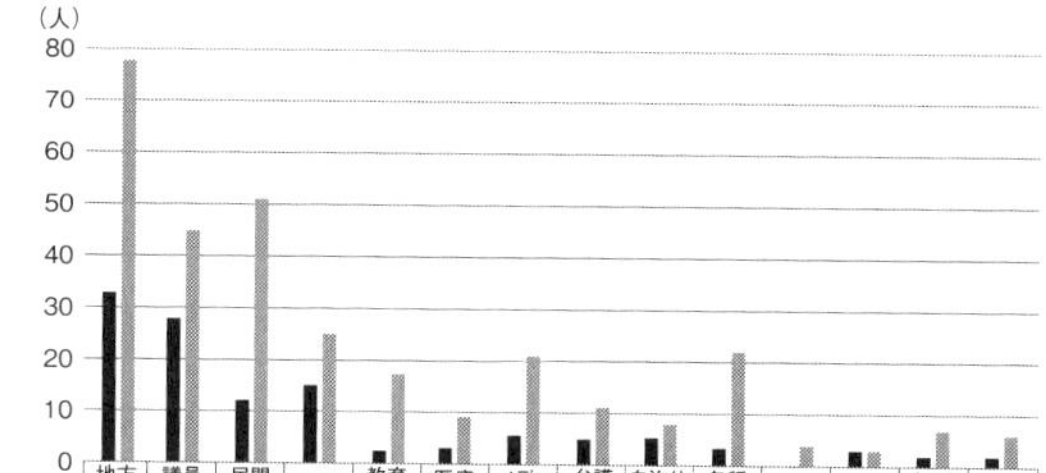

	地方議会	議員秘書	民間企業	官僚	教育関係	医療関係	メディア	弁護士等	自治体首長	各種団体	党職員	公務員	松下政経塾	その他
■自民党	33	28	12	15	3	3	5	5	5	3	0	3	2	2
※民主党	78	45	51	25	17	9	21	11	8	22	4	3	7	6

図6-3 第45回自民党・民主党当選者前職比較

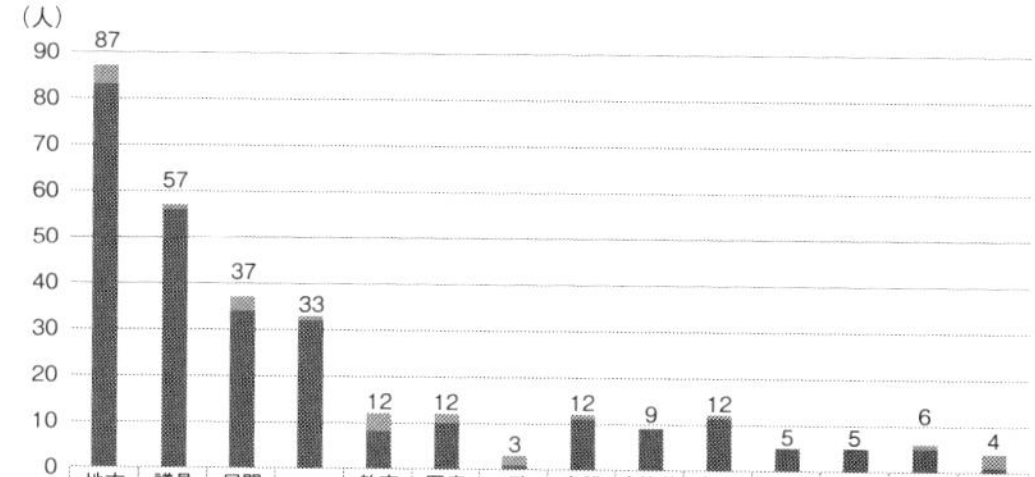

	地方議会	議員秘書	民間企業	官僚	教育関係	医療関係	メディア	弁護士等	自治体首長	各種団体	党職員	公務員	松下政経塾	その他
合計	87	57	37	33	12	12	3	12	9	12	5	5	6	4
※女	4	1	3	1	4	2	2	1	0	1	0	0	1	3
■男	83	56	34	32	8	10	1	11	9	11	5	5	5	1

図6-4 第46回自民党当選者前職（男女合計）

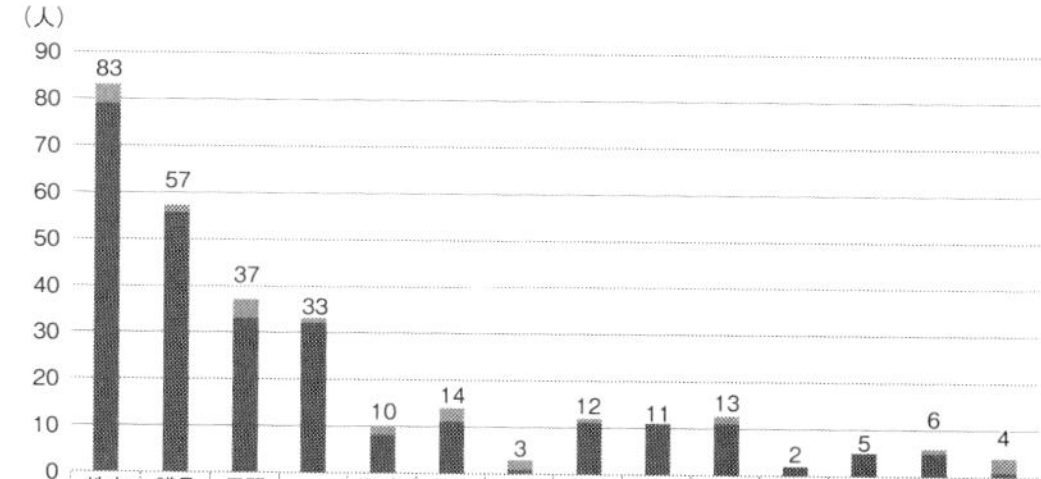

	地方議会	議員秘書	民間企業	官僚	教育関係	医療関係	メディア	弁護士等	自治体首長	各種団体	党職員	公務員	松下政経塾	その他
合計	83	57	37	33	10	14	3	12	11	13	2	5	6	4
※女	4	2	4	1	2	3	2	1	0	2	0	0	1	3
■男	79	55	33	32	8	11	1	11	11	11	2	5	5	1

図6-5 第47回自民党当選者前職（男女合計）

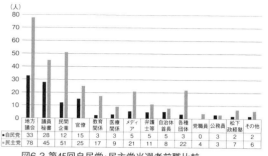

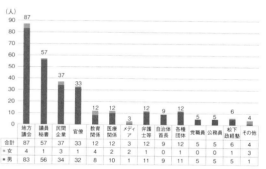

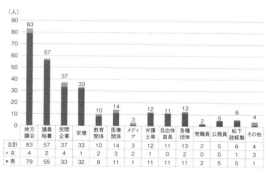

選を果たしていること、また民間企業出身者も官僚出身者に匹敵する候補者グループになっていることがわかる。

しかし、こうした傾向は衆議院議員全体の男性議員の前職傾向として一九九〇年代から続いているもので、変化している点は、労働組合関係者が多数派グループから姿を消し、民間企業出身者が官僚を上回るようになったことである。[6]

ただし、議員秘書出身者と民間企業出身者、さらには地方議会出身者のなかに血縁継承候補者が相当数含まれることに留意しなくてはならない。もちろん官僚出身者も例外ではないが、この四大供給グループにおける血縁継承者が占める割合は、まさに自民党の「イエ中心主義」の政治指向に基づく候補者選定の実態を鮮明にするものである。

2　四大供給グループにおける血縁継承者

強まる身内間での議員継承

最も多数派を占める地方議会出身者の血縁継承者の比率を見てみたい。

第四五回総選挙では男女合わせて三三人の地方議会出身者中、一〇人が血縁継承者で、三〇%である。第四六回は八七人中、血縁継承者は二六人で、約三〇%、第四七回は八三人中二六人で、約三〇%で、三回の選挙を通じて三割の水準である（図6－6）。

次に議員秘書出身者に占める血縁継承者は、第四五回で男女合わせて二七人が当選、この内二三人が血縁継承で、実に八五%の高率である。第四六回では五七人の議員秘書出身者が当選し、この内血縁継承者は四二人で、七四％である。第四七回では同じく五七人が当選、この内四三人が血縁継承者で、七五％である。

議員秘書出身者のなかに血縁継承者が占める割合が群を抜いて多いことは、後の議席継承を想定して、現役議員の子弟に政治経験を積ませるための修行の場であることを示している。また、血縁ではなく議員秘書をきっかけに国政へとキャリアを進めるケースは、政党および政治そのものとの極めて近い距離に位置している優位性の現れである。いずれにしても、議員秘書出身者に占める血縁継承者の比率が八割前後と飛びぬけて高い数値は、自民党の議席継承のひとつの典型パターンであることを示している（図6−7）。

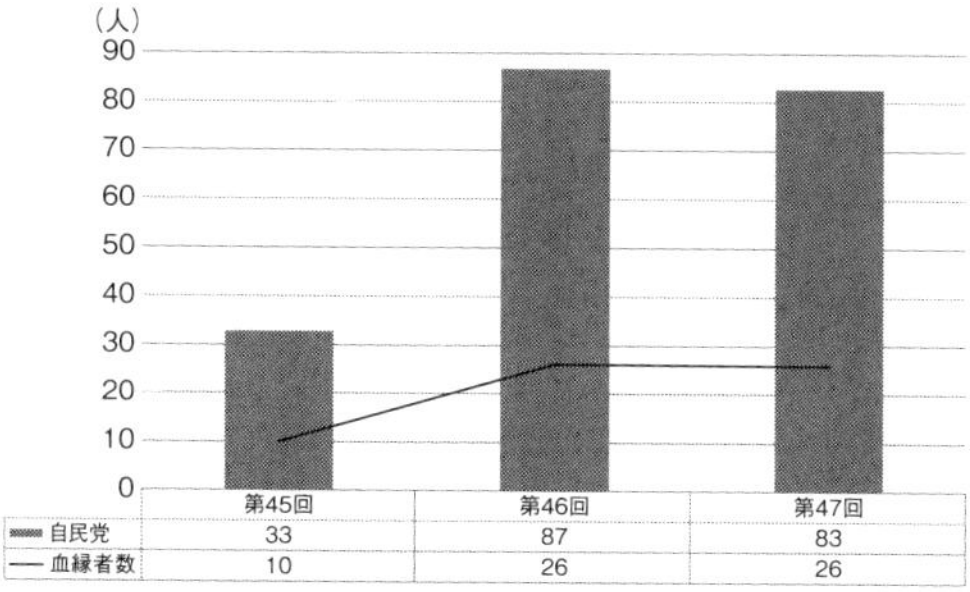

図6-6 地方議会出身者の血縁継承者割合

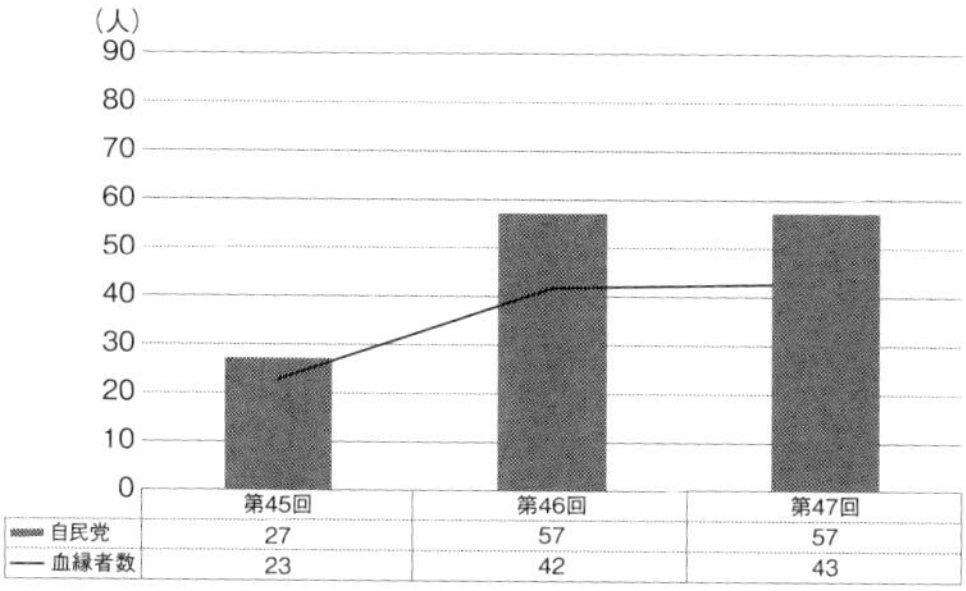

図6-7 議員秘書出身者の血縁継承者割合

民間企業出身者はどうだろうか。第四五回では民間企業出身者は一二人当選し、この内血縁継承者は一〇人と八三％の高率である。第四六回では、三七人が当選、この内血縁継承者は一九人で、五

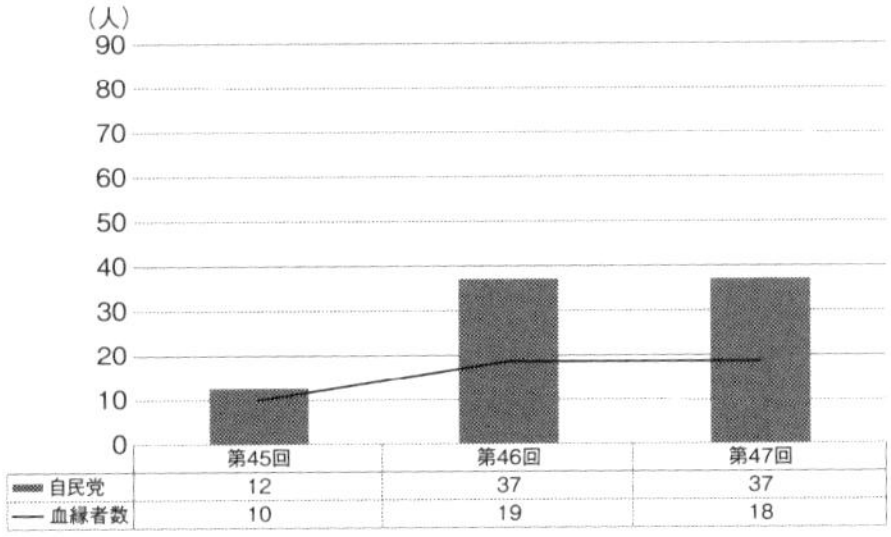

図6-8 民間企業出身者の血縁継承者割合

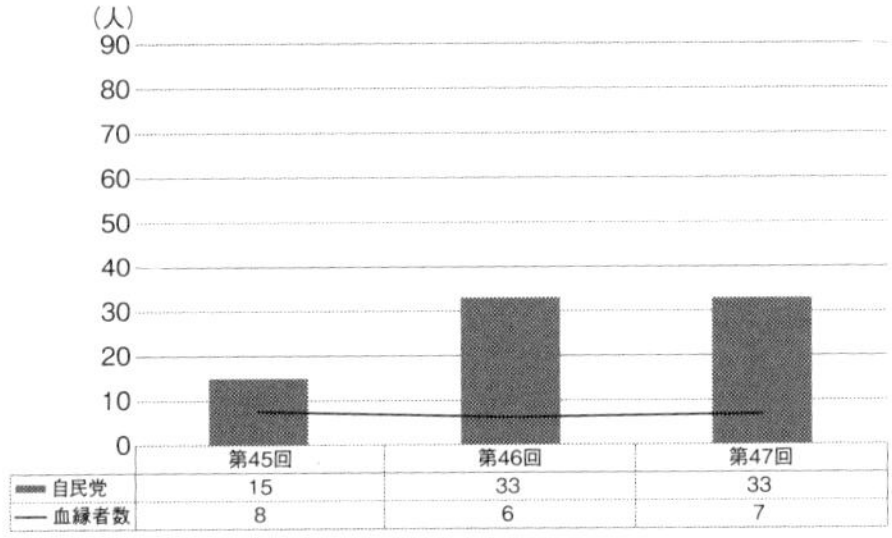

図6-9 官僚OB・OGの血縁継承者割合

一%である。第四七回は三七人の民間企業出身者が当選し、この内血縁継承者は一八人で、四九%である。第四五回は自民党にとって逆風選挙であったことから、血縁継承者率が八三%と極めて高いが、第四六回、四七回ともにほぼ五割、半分が血縁継承者であることから、民間企業出身者には議席継承を将来のゴールとして就職する「腰掛け組」が相当数いることも一つのパターンである（図6―8）。[7]

さらに、官僚OB・OGに占める血縁継承者はどうであろうか。第四五回では一五人の元官僚が当選し、この内血縁継承者は八人で五三%、第四六回では三三人の元官僚が当選、この内血縁継承者は六人、一八%で三五ポイントも下がった。第四七回では三三人が当選、この内血縁継承者は七人で、二一%で微増である（図6―9）。

以上のように、自民党の前職優位グループ四種の内、突出して血縁継承率が高いのは議員秘書であることが分かった。続いては民間企業出身者でほぼ半分の高率である。そして地方議会が三割、官僚は二割前後となっている。

地方議会出身者と双璧であった官僚出身者が議員秘書出身者に取って代わられた現象と、その議員秘書出身者のなかで突出する血縁継承者の割合、これはかつてエリート官僚のキャリアパスとして、地方選挙区に落下傘候補として出馬し、議席を守ってきた「官僚専用ルート」が先細りし「血縁継承の議席継承」が圧倒的に優位になったことを表している。つまり、かつては自民党の潜在的候補者の最有力であった官僚よりも、身内間での議席継承を選択する指向が強くなったのである。血縁継承という「イエ中心主義」が、候補者選定過程に一層強く反映されていることを示している。

ではこうした前職傾向が男女で分類するとどのように変化するか、次に見てみよう。

男女で異なる供給グループ――女性の上位六前職グループ

まずは女性候補者が八人当選した第四五回総選挙である。もともと分母は小さいが、もっとも多いのはメディア出身者で二人、地方議会出身者、弁護士等、医療関係、教育関係、その他がそれぞれ一人である（図6―10）。

続く第四六回の当選女性議員二三人の前職は、地方議会出身者と教育関係が四人、民間企業が三人、医療関係とメディアが二人、その他が三人となっている（図6―11）。

さらに第四七回は、地方議会と民間企業出身者が四人、医療関係三人、メディアと教育関係が二人、その他が三人となっている（図6―12）。

これら三回の総選挙を通じての傾向は、男性の議員供給グループとは異なる、医療や教育関係の出身者が上位を占めていること、またメディアも上位に位置していることである。

また、分母は小さいが、地方議会議員出身者や民間企業出身者が上位グループにあることは男性議員と同様でもある（図6－13参照）。ただ、男性の場合地方議会に続いて優位グループである議員秘書が、女性当選者では第四五回、四六回で一人（小渕優子）、また第四七回では二人（小渕優子と加藤鮎子）で、男性議員とは対照的に少数であることがわかる。が、小渕も加藤も直系の血縁継承者である。このことは、後継者育成のための秘書就任という男性では当たり前

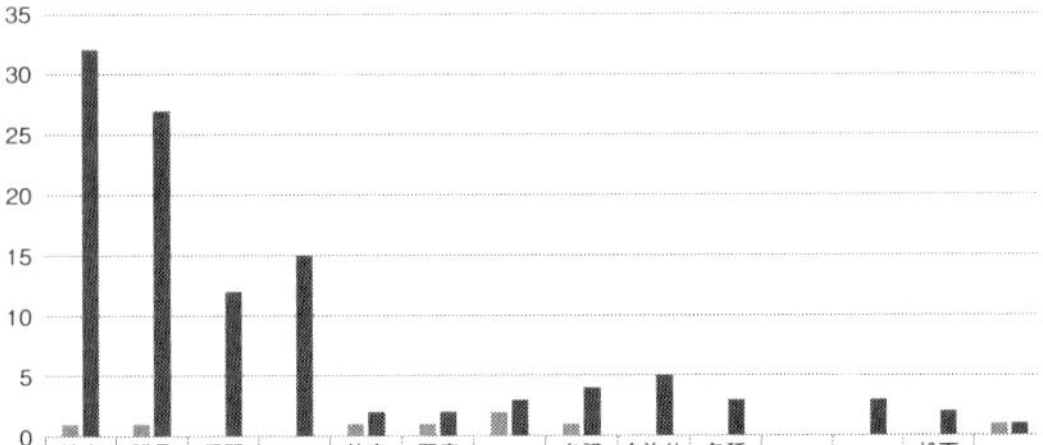

	地方議会	議員秘書	民間企業	官僚	教育関係	医療関係	メディア	弁護士等	自治体首長	各種団体	党職員	公務員	松下政経塾	その他
女	1	1	0	0	1	1	2	1	0	0	0	0	0	1
男	32	27	12	15	2	2	3	4	5	3	0	3	2	1

図6-10 第45回自民党当選者前職（男女別）

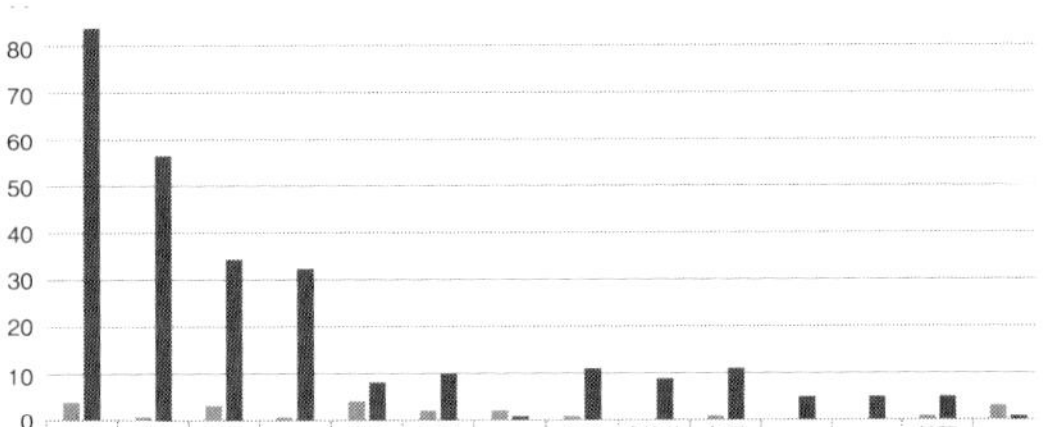

	地方議会	議員秘書	民間企業	官僚	教育関係	医療関係	メディア	弁護士等	自治体首長	各種団体	党職員	公務員	松下政経塾	その他
女	4	1	3	1	4	2	2	1	0	1	0	0	1	3
男	83	56	34	32	8	10	1	11	9	11	5	5	5	1

図6-11 第46回自民党当選者前職（男女別）

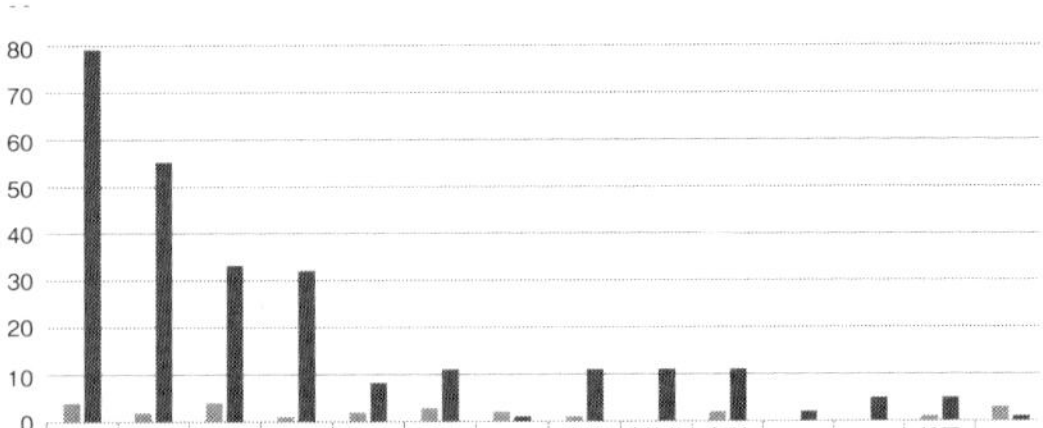

	地方議会	議員秘書	民間企業	官僚	教育関係	医療関係	メディア	弁護士等	自治体首長	各種団体	党職員	公務員	松下政経塾	その他
女	4	2	4	1	2	3	2	1	0	2	0	0	1	3
男	79	55	33	32	8	11	1	11	11	11	2	5	5	1

図6-12 第47回自民党当選者前職（男女別）

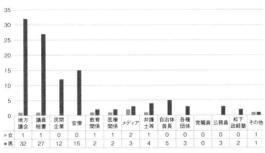

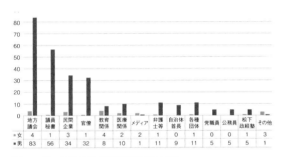

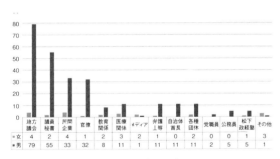

の血縁継承パターンは、女性ではレアケースであることを示している。[8] つまり、直系血縁継承は男性実子もしくは娘婿などが常道であることの現れである。

結果、三回の総選挙の平均値として対象女性議員の前職上位グループは、地方議会、民間企業、教育関係、医療関係、メディア、その他の六職種とした[9]（図6－13）。

分散するキャリアパス

こうした傾向について、社会学博士で女性学を専門としている国広陽子は、女性が議員になるキャリアパスは分散していて、男性のように地方議会から中央を目指す、議員秘書になって国会議員になるなどの「専用ルート」が設けられていない故の現象であると指摘している。[10]「専用ルート」を専用レーンという言葉に置き換えてみるとさらにキャリアパスの流れがイメージされやすくなる。

男性には地方議会から、議員秘書から、あるいは民間企業や官僚からの専用レーンが時の経過と共に出来上がった。そして多数派を形成するレーンはさらに太さを増し、かつては二番目の専用レーンであった「官僚レーン」は「議員秘書レーン」や「民間企業レーン」にその太さで抜かれることになったのである。他方女性は「地方議会レーン」や「民間企業レーン」にア

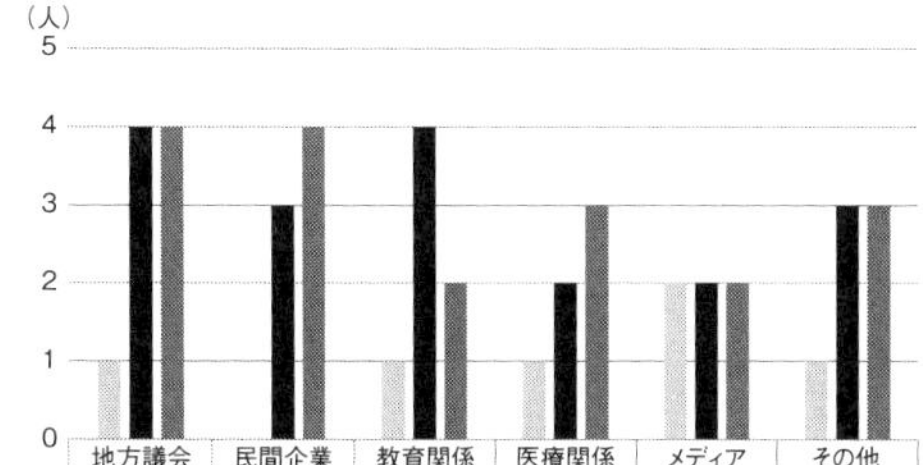

	地方議会	民間企業	教育関係	医療関係	メディア	その他
45回	1	0	1	1	2	1
46回	4	3	4	2	2	3
47回	4	4	2	3	2	3

図6-13 自民党女性議員の前職 多数派6グループ

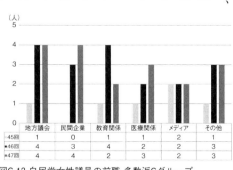

クセスを持ってはいるが、医療や教育といった専門分野からのアクセスもあり、供給グループは男性に比べると分散傾向にある。このような分散傾向を生んでいる要因には、ジェンダーの視点からは「女性性を活かした専門分野」とされる教育や医療（看護師）からの女性候補者供給の傾向が読み取れる。逆にみれば女性性による候補者選定の限定である。

女性議員輩出の上位六職種の血縁継承率

女性議員を供給する多数派グループに含まれる血縁継承者数の傾向も興味深い。データを参照されたい（図6―14）。

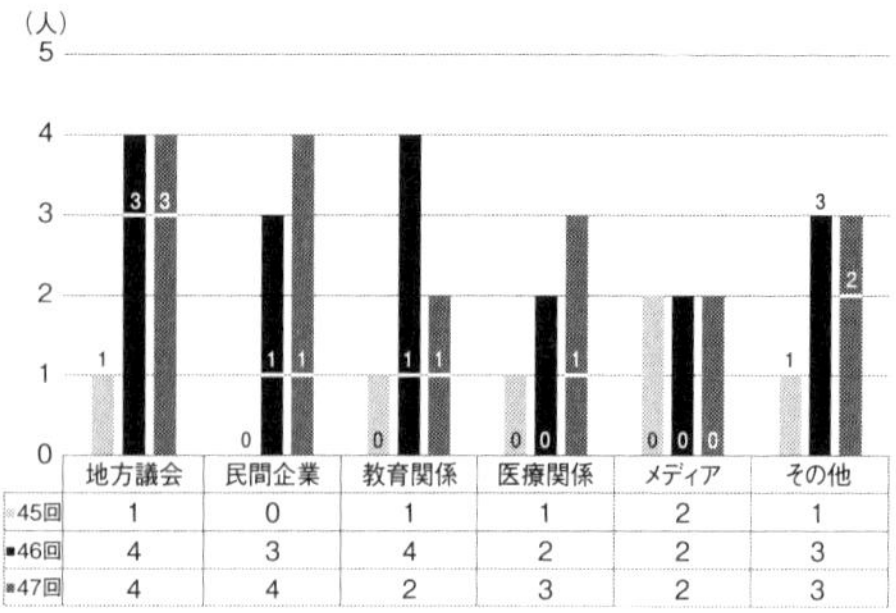

	地方議会	民間企業	教育関係	医療関係	メディア	その他
45回	1	0	1	1	2	1
46回	4	3	4	2	2	3
47回	4	4	2	3	2	3

図6-14　第45～47回自民党女性議員前職上位6職種と血縁継承者数

女性地方議会出身者と血縁継承

まず地方議会出身者であるが、第四五回の当選者一人は野田聖子（比例東海・当選六回）で血縁継承である。また第四六回、四七回の四人、金子恵美（新潟四区・当選一回）、高橋比奈子（比例東北・当選一回）、渡嘉敷奈緒美（大阪七区・当選一回）、野田聖子で、この内野田、金子、高橋の三人が血縁継承者で、実に七五％、四分の三と飛びぬけて高い割合を占める。

これは地方議会におけるそもそもの女性議員数の少なさと[11]、地方議会から国政へとキャリアパスを積み上げることの難しさの両側面を示している。地方議会でなぜ女性議員が少ないかについては第12章で分析・検討するが、市町村レベルから県議レベルでは、カバーする選挙区の大きさでも格段の違いがあり、「県議レベルは小選挙区と同じ」[12]と認識されるほど、拘束時間の拡大や選挙費用の増大など負担が大きくなる。つまり、血縁継承という地盤や看板、カバンがあることは、女性が県議会レベルに参入する時点でも優位性が担保されるのである。さらにそこから国政へとキャリアを進めるにあたって、候補者として選定されるには、血縁継承者の政党との極めて近い距離感やコネクションが一層の優位性を担保することは言うまでもない。[13]

民間企業・教育・医療・メディア出身者と血縁継承

女性当選者の多数派前職グループでは、民間企業出身者が第四六回では上川陽子（静岡一区・当選四回）、堀内詔子（比例南関東・当選一回）、山田美樹（東京一区・当選一回）、第四七回では上記三人に加えて佐藤ゆかり（大阪一一区・当選二回）で、四人である。この内、堀内詔子が血縁継承者である。女性の民間企業出身者が男性に比べて血縁継承者の割合が低いことは、彼女たちが男性と異なり、将来的には後継者として目されながらいったんは民間企業に職を得る「腰掛け」キャリアではないことを示している。

教育関係は、第四五回は高市早苗（比例近畿・当選五回）、第四六回は高市に加えて、大久保三代（比例東北・当選一回）、菅野佐智子（比例東北・当選一回）、牧島かれん（神奈川一七区・当選一回）で、その内牧島かれんのみが血縁継承者である。[14]第四七回では、大久保と菅野が落選し、高市と牧島のみが当選した。よって第四七回では、二分の一の高い割合となるが、この点についてはむしろ落選した大久保と菅野が、第四六回総選挙に吹いた自民党追い風に乗った公募候補であったことに注目すべきである。

医療関係では、第四五回で阿部俊子（比例中国・当選二回）、第四六回では阿部に加えて比嘉奈津美（沖縄三区・当選一回）、さらに第四七回では加えて木村弥生（比例北関東・当選一回）が当選している。この内、木村弥生のみが血縁継承者である。医療関係者は、看護協会の専用レーンを使った阿部、歯科医師としてのネットワークを活かした比嘉と、専門性に依拠したキャリアパスを持つ木村の場合は血縁継承の優位性が加味されており、血縁継承率は三分の一である。

メディア出身者は、第四五回では、小池百合子（比例東京・当選六回）、近藤三津枝（比例近畿・当選二回）、第四六回と四七回では小池百合子と松島みどり（東京一四区・当選一回）をメディア出身と分類した。[15] 血縁継承者はゼロである。

このことはメディアへの露出によってすでに知名度を得ていること（小池百合子はテレビ東京においてニュースキャスターをしていた。また期間は不明だが近藤三津枝も地元関西でローカル局のキャスターをしていた）、また政治家や政党との距離感が近い（松島みどりは朝日新聞で政治部担当記者をしていた）ことが理由として挙げられよう。

政党が見つけやすい（リーチしやすい）、また候補として新たな個人後援会を立ち上げなくても一定の知名度があることがメディア出身者の優位性である。[16]

その他の前職出身者と血縁継承

上位六職種グループでその他に分類されたのは、第四五回総選挙では、永岡桂子（比例北関東・当選二回）、第四六回では永岡に加えて土屋品子（埼玉一三区・当選五回）、西川京子（比例九州・当選四回）、第四七回は落選した西川に代わって前川恵（比例東京・当選一回）が当選した。

第5章4節でキャリアパスについて詳述した通り、**永岡桂子**は夫で現役の衆議院議員だった洋治の死去に伴い、後継候補として出馬した血縁継承者であり、前職は専業主婦である。

また**土屋品子**は料理研究家で、父土屋義彦が元埼玉県知事で土屋も血縁継承者である。西川京子も夫が町長になったことにより、政治活動を手伝った縁で出馬した「環境的世襲」の血縁継承者に分類され、職種は専業主婦である。

前川恵は料理研究家でその他に分類したが、前川のみがその他の出身グループでは唯一血縁継承者ではない。

専業主婦から出馬した女性は一〇〇％血縁継承者であることも注目に値する。永岡は「弔い選挙」という名の家族間議席継承で、これも「イエ中心主義」の典型パターンであることは前述した通りである。また、西川も夫の政治活動を手伝う過程で政党との距離感を縮めた結果候補者として見出されたのである。

土屋品子は料理研究家であるが、埼玉一三区からの出馬の際には当時、埼玉県知事であった父親に対する忖度があって、他政党が候補者を立てることを控えたのだろうという。[17] 土屋本人は「世襲」であることを否定するが、ここでは血縁継承者として分類している。土屋も、埼玉では「土屋義彦の娘」であることは知られており、「看板」「家名」の知名度を度外視することはできないからである。

唯一、その他のグループで血縁継承者ではない前川恵のキャリアパスを以下に記述しておく。

前川恵（比例東京）は、慶應義塾大学卒業後から料理研究家として活動、第四七回総選挙にて比例単独で初当選した。が、初登院時に記者からの質問に「わからない」を連発して話題になった。[18] 自民党選対本部関係者によると、前川から「政治家になりたい」と自民党選対に第三者を通じて申し出があり、選対は「選挙も何も知らないのでは話にならない」として山東昭子参議院議員の選挙運動を手伝わせたという。[19] 二〇一四年に出馬する一年くらい前で、その後は野田聖子の事務所の手伝いなどをして政治の勉強をして、東京ブロックの名簿二六位に載った経緯があるという。[20] 二〇一四年の第四七回総選挙では比例の各ブロックに必ず女性を入れる、という安倍総裁からの指示が選対本部にあり、東京では他に女性候補がおらず前川に白羽の矢が立った。[21]

では、次章から女性前職多数派六職種の内その他を除くグループの個別キャリアパスを検討していくが、まずは女性医療関係者に注目したい。医療関係出身者の国政への道については、ほぼ専用レーンが敷かれているといっても過言ではないからである。[22]

第7章　医療関係出身者のキャリアパス

1　女性医療関係出身者はバックに広域組織

医療関係の女性議員供給グループの筆頭は看護協会である。看護協会からの立候補で参議院議員となり、法務大臣を務めた**南野知恵子**は先輩議員から守ってきた「看護協会ルート」が存在すると説明する[1]。

南野によると、看護協会から適任とされる候補者を推薦し、看護協会と代々良好な関係を持ってきた派閥が党に公認をうながし、実際の選挙戦では、看護協会の政治活動団体である看護連盟が支援する構図である。南野によれば、看護協会は主に福田派をルーツとする細田派（清和政策研究会）と近く、福田赳夫や森喜朗などの歴代派閥の長が看護協会ルートの輩出女性候補を積極的に支援してきたという。南野は、看護協会ルートは看護師たちの専門性や問題意識を政治に反映する欠かすべきでない供給ルートであると主張する。言いかえれば、医療関係者枠は女性であることと専門性の二つを合体させて有権者にアピールできる、女性にとっては有利な国政への供給ルートである。

実際に南野知恵子の引退を受け、二〇一〇年第二二回参議院議員選挙に比例区で出馬し当選した**高階恵美子**は看護師と保健師の資格を有し、大学院時代にはアフリカでＨＩＶの予防ケアのＮＧＯに参加するなどの経歴の持ち主で、細田派に所属している。[2]「看護協会ルート」から輩出された女性議員である。

では、次に実際の医療関係者のキャリアパスを見てみよう。

2　医療関係者のキャリアパス

第四五回総選挙で当選した医療関係出身者は、阿部俊子（比例中国・日本看護協会副会長）、第四六回は阿部に加えて比嘉奈津美（沖縄三区・歯科医師）が当選、第四七回は阿部俊子、比嘉奈津美に加えて木村弥生（比例北関東・日本看護協会政策秘書室長）の三人が当選している。阿部俊子は第四五回総選挙時で当選二回、以降選挙には強く当選を重ねているが、バックにある看護協会票の影響は大きい。

では、個々のキャリアパスを検討する。当選回数については研究対象とした第四五回、四六回、四七回それぞれの当選時のものである。

阿部俊子（比例中国・当選二回）は、第四七回総選挙当選時で当選四回のベテラン議員である。阿部は宮城学院短期大学家政科で栄養士の資格を得て、卒業。その後東京で調布市医師会立看護高等専修学校から三井記念病院高等看護学院を卒業し、米国アラバマ大学バーミングハム校看護学部に働きながら通い、卒業、同大学院にて修士課程を修め、さらにイリノイ州立大学シカゴ校大学院にて博士号を取得している。[3]

阿部が栄養士から看護の道を選んだのは、発展途上国で看護教員になることを自身の目標としていたからだという。しかし、准看護師学校時代に経験した特別養護老人ホームでの実習で、ホームの厳しい現状を目の当たりにし「自分の入りたい老人ホーム設立」に目標を切り替える。アラバマ大学バーミングハム校の看護学部を卒業した後、実際に老人ホーム設立に関わるために三井不動産に就職し、シルバー医療関連事業室で有料老人ホームの企画に携わっている。このときに政治と経済の壁を感じたという。阿部自身は政治を志した理由を次のようにホームページに綴っている。

私の原点は、二〇年前、看護学生として老人ホームで実習したときに、お年寄りが質の低いケアを受けている場面に直面したことにあります。「自分が入りたいと思う質の高いケアを提供できる老人ホームを作りたい！」そう考えたときに、様々な制度の壁にぶつかりました。（中略）「高齢者が安心して生活できる社会をつくるためには政治が重要だ」と考えたことが政治家になろうと思った最初のきっかけです。[4]

阿部はアメリカから帰国後、東京医科歯科大学の講師や同大学院の助教授を経て二〇〇三年四月に日本看護協会の副会長に就任し、その二年後の第四四回総選挙で初当選を果たしている。阿部の場合は、看護学を学んでいる時代に早くから自分の目標を叶えるためには政治を動かす、つまり自分が政治家になることを決意しているので、看護協会との関わりのなかで自然に政治家への「看護協会ルート」に乗ったことは容易に想像がつく。つまり政界への意思を明確に持った人材として「看護協会ルート」で議員になった女性である。阿部は麻生太郎率いる麻生派に属している。

比嘉奈津美（沖縄三区→比例・九州復活・当選一回）は、第四七回総選挙で当選三回であるが、第四七回では沖縄三区から出馬するものの、玉城デニー（生活の党公認）に敗れ比例で復活当選をしている。前述の阿部俊子のような選挙における強さはない。[5]

比嘉は沖縄市出身の歯科医師である。福岡歯科大学卒業後に久米島の離島診療の歯科医としてキャリアをスタートさせ、その後自身の歯科医院を開業し、現在に至っている。[6]その間、日本歯科医師会男女共同参画委員や沖縄県歯科医師会で初の女性副会長の任に就く。比嘉がなぜ政治を志したかについては自身のホームページ上で「ふるさと沖縄のため山積する諸問題を解決するため、何を為すべきか、政治家として真剣に向き合って参ります」と故郷沖縄への思いを述べているが、特段歯科医師としての専門性についての言及はない。

しかし、比嘉が沖縄タイムズのインタビューに答えたところによると、歯科医師としてキャリアを始めた離島で困難な医療活動の現実に直面し、そのときの経験から「医療が行き届かない地域を支援したい」と二〇〇六年からカンボジアの農村部でボランティアでの歯科医師活動をし、その過程で「医師として治療できるのは一人だけ。多くの人に役立つことはできないか」と政治家を志したという。[7]よって比嘉の国政へのキャリアパスは、医療行為の延長上にあるのではなく、むしろ沖縄県の歯科医師会での副会長職などの歯科医師時代のネットワークを支持母体に繋げて形成されたといえよう。実際に比嘉が議員になってからの後援会へのアピールにおいては「沖縄を成長するアジアの玄関口に」[8]との視点からの沖縄の産業・経済振興に力点が置かれている。
木村弥生（比例北関東・当選一回）は第四七回総選挙において初当選した。木村はフェリス女学院大学文学部を卒業後、都議会議員であった父勉の事務所の手伝いをし、すぐに結婚し専業主婦となった。木村には専業主婦への憧れがあったという。木村がインタビュー[9]に答えている。

　鍵っ子だった私は、専業主婦のお母さんというものに憧れていたんでしょうね。母は主婦というより政治家の父の秘書的存在で、常に二人三脚で、区議会、都議会、衆議院と階段を上りました。

その言葉通りに結婚から出産、育児に専念するが、一九九九年に勉が都議会から衆議院議員に初当選したことで公設秘書になる。このとき息子は小学校三年生であった[10]。木村は公設秘書となったことで自民党の部会にも顔を出す機会を得て、介護保険制度に興味を持つ。そして育児が落ち着いたら看護学校に入学し看護師になることを目標にし、二〇〇四年に慶應義塾大学看護医療学部に入学、卒業後に一年ほど看護師として臨床を経験するものの、その後、看護協会会長に声をかけられ広報部に職を得る。政策秘書室室長を最後に第四七回総選挙に出馬し、初当選した。
　木村は勉の公設秘書として自民党の部会の勉強会にも顔を出す機会があったということで、政党と極めて近い距離に位置していた「環境的世襲」者であり、本書では血縁継承者のグループに分類している。なお実妹は江東区議会議員を務めており、いわば政治家ファミリー出身である。

3　男性医療関係出身者の場合はエリート集団のキャリアパス

では、比較のために男性議員で前職が医療関係者のキャリアパスを簡単に見てみたい。第四五回総選挙では、江渡俊徳（青森二区・当選四回）、鴨下一郎（比例東京・当選六回）、第四六回では、加えて今枝宗一郎（愛知一四区・当選一回）、勝沼栄明（比例北海道・当選一回）、小松裕（比例北陸信越・当選一回）、白須賀貴樹（千葉一三区・当選一回）、新谷正義（比例北関東・当選一回）、三ツ林浩己（埼玉一四区・当選一回）、山際大志郎（神奈川一八区・当選三回）、続く第四七回では、さらに大隅和英（比例・近畿・当選一回）が当選している。[11]

男性議員医療関係出身者は五つの特徴的なグループに分けられる。

一つめは、自らの医療従事者としてすでにメディアなどへの露出による知名度の高さで候補者となったグループである。鴨下や赤枝がこのグループである。**鴨下一郎**は心療内科医であるが、現代社会のストレスやそれに付随する睡眠に関する一〇〇冊以上の著書があり、メディアへの露出度も高く知名度がある。[12] **赤枝恒雄**も産婦人科医であり、東京六本木で診療所を構えて若年層女子に性感染症予防の独自活動を行ってきた。メディアで現代の『赤ひげ先生』として注目をされ、自らもラジオで性教育番組のパーソナリティを務めるなど、いわゆる有名人であった。赤枝の出馬のきっかけは自民党の下村博文からの要請であったという。[13]

二つめは、家業としての医療従事者であったり、従属的に医師としての専門性を備えているいわゆる地元の名士を親族に持つグループである。白須賀、新谷がこのグループである。**白須賀貴樹**は歯科医師であるが、実家は千葉県野田市や流山市などで一七もの保育園や幼稚園を経営しており、いわゆる地元の名士白須賀家の跡取りとしての知名度もあった。[14]

新谷正義は帝京大学医学部を卒業後に東京大学経済学部を卒業した経歴の持ち主で、父親幸義は、広島県で医療法人葵会を設立し、病院、介護老人施設、学校、保育施設、ホテルなど一〇〇を超える事業を全国に展開する、医療と福祉事業の有力者である。新谷自身も葵会傘下の病院を、茨城県鹿嶋市や、北海道札幌市、石狩市に開設して病院長兼理事長を六年間務めている。[15]新谷は病院を開設していた茨城選挙区の公募に応じたものの、予備選挙で敗れて公認候補にはなれなかったが、その後第四六回の総選挙で比例北関東ブロック名簿順位三三位ながら当選した。新谷のキャリアパス形成は、医療従事者というエリート性や専門性というよりは家業の財力や知名度が大きく関わっているのは想像に難くない。

三つめは、血縁継承である。江渡や三ツ林がこのグループである。**江渡俊徳**は医師ではなく、日本大学法学部法律学科を卒業後、同大学大学院法学研究科公法学を修了し、父誠一が地元十和田市に設立した社会福祉法人至誠会の介護施設勤務を経て、その後理事長に就任している。[16]誠一は手広く児童養護施設や保育園、障害者支援施設、特別養護老人ホームなどを経営するかたわら青森県議会議員を歴任した地元の名士である。[17]地元の名士の家に生まれ、県議の父を持つ「環境的世襲」である江渡は地元での知名度は抜群である。

また**三ツ林裕巳**は、日本大学医学部を卒業後に同大学付属板橋病院で内科医として勤務、その後自民党に入党し、兄隆志の死去により埼玉県連の公募に応募、第四六回総選挙で初当選をした。三ツ林は代々政治家の一家に生まれている。祖父幸三は埼玉県の村議から県議を経て最終的には幸手町長（現幸手市）を死去するまで務めた[18]。また父弥太郎も埼玉県議会議員、議長を経て衆議院議員を一〇期務め、引退後に議席を継承したのが兄隆志である。よって三ツ林は血縁継承者である。

四つめが、医療従事者としての経験を活かすために国政へと転じた小松や山際が当てはまる。**小松裕**は内科医やスポーツドクターを経て第四六回総選挙で長野一区から出馬、当選した。小松は公募組で、「医療現場の声が医療制度を作る政治に届いていない」と感じたのが政治を志すきっかけとなったという[19]。

また**山際大志郎**は獣医師である。山際も公募組で、「獣医師として命を見守りつづける中、命があまりにも粗末に扱われる現在の日本に大きな危機感を持った」ことが政治の世界に飛び込むきっかけと語っている[20]。

最後のグループは、政治家になる意欲を早いうちから持ち、そのステップとして医療の専門性を身に着けた今枝である。**今枝宗一郎**は名古屋大学医学部を卒業後に、在宅医や救急医療に従事し、杉田元司の引退に伴う公募で衆議院愛知第一四区から第四六回総選挙に出馬、当選した。今枝は「一八歳で国会議員を目指すと決意し、そのとっかかりとして医療政策を専門とするため」に医師になったという[21]。

ただし、すべてのグループに通底しているのは、医師であることや医療関係者としてのエリート性が候補者としての一定の資材となっていることである。

医師としての専門性を活かした発信がなければ鴨下も赤枝もメディアに露出することはなく、また地元の名家に生まれたとしても、医師であることがその人物に能力や信頼性を付加し、公募に応募しても一定量の評価の土台になっていると考えられるからである。

他方、女性議員の医療関係者のキャリアパスは看護などの専門性によって形成されるが、男性議員の場合は「医師」イコール「エリート」という社会的な通念によってキャリアパスの形成が後押しされ、女性とはまったく異なる傾向にあることも注視しなくてはならない。こうした傾向について、木村弥生の次のような発言は示唆に富む。

臨床時代に感じていたんです。看護師の方は何かあっても、「自分が我慢すればいい」「自分の確認不足だった」と大きな声をあげないんですよね。もっと専門性を認められてもいいのではないか……。[22]

木村が引き合いに出した「看護師」は主に女性看護師についてであるが、医師に対して看護師は従属的な立場にあり、その専門性が認められにくいとの指摘である。つまり、男性医師は「エリート性」や「社会的地位」の裏付けになるが、女性看護師はその専門性だけでは候補者としての資材になりにくく、むしろ所属している看護協会や医師会などの広域団体の力を資材としているのである。社会的な通念として埋め込まれている男性優位性がここにも見てとれるのである。

看護師は長らく「看護婦」として女性専門職の認識の下にあった。つまり「看護婦」は「面倒をみる」母親のような女性性の象徴であり、看護の母とされるナイチンゲールのように「無私」の奉仕がその根底にあることは、「イエ中心主義」の政治指向の女性認識を形成した「日本型福祉社会」において、無償・無私の精神で家庭の安全保障を守るべきとされた「家庭長」を彷彿とさせる。

また、男性の医療関係者の場合も、やはり「イエ中心主義」の政治指向に基づいた選定の基準が見えてくる。白須賀貴樹や新谷正義のように父親が地元の名士や有力者である場合や、江渡俊徳や三ツ林裕巳のような血縁継承者は、○○家という家名を看板として背負い、優位な集票をすることができることから、政党側が家名という「イエ中心主義」の選定をする傾向が反映されているのである。

第8章　教育関係出身者のキャリアパス

1　政治家をゴールにした女性教育関係出身者

続いて、女性多数派グループである教育関係出身者のキャリアパスとその傾向を見てみよう。教育関係者には研究者が含まれている。

第四五回総選挙で当選した女性教育関係出身者は高市早苗（奈良二区・当選五回・近畿大学経済学部教授）、第四六回総選挙は大久保三代（比例東北・当選一回・慶應義塾大学グローバルセキュリティ研究所助教）、菅野佐智子（比例東北・当選一回・学習塾経営）、高市早苗、牧島かれん（神奈川一七区・当選一回・横浜薬科大学客員教授）である。

また、続く第四七回で再選を果たしたのは高市早苗と牧島かれんのみである。

第四六回選挙は民主党政権への批判票を自民党が大量に集めて与党に返り咲いた選挙で、大久保は宮城五区で民主党安住淳に大差で敗れ比例で復活初当選を果たし、また菅野佐智子も福島三区から出馬するものの民主党の玄葉光一郎に敗れて比例で復活当選した。つまり、反民主の風に乗って比例で当選を果たしたものの、第四七回選挙では大久保は自民党の公認を得られず、また菅野は比例ブロック単独で出馬したものの落選をしている。

教育関係出身者として分類したものの高市と牧島には教育者としてのイメージは希薄である。それぞれのプロフィールを見ると、むしろ大学等で学び、その後の学術キャリアも政治を目指して積んでいたこと、ゴールには国政があったことが明らかである。つまり、専門職の知識は政治家となる前提であり、医療関係出身者が専門性を前面に出して出馬しているのに比べて、キャリアパスの形成の流れが明らかに異なっていることがわかる。

2　女性教育関係出身者のキャリアパス

高市早苗（奈良二区・当選五回）は、最初から国政を目指すために大学等で教鞭をとったケースである。高市は神戸大学経営学部経営学科を卒業後に松下政経塾に入塾、研修を受けた一年後には政治家を明確に志している。[1]

高市の著書『高市早苗のぶっとび永田町日記』によると、大学卒業を控えて漠然と「一度しかない人生を賭けるのだから、自分自身が世界で一番いい仕事をしたと思えることに自分の人生を使いたい、そんな仕事に使いたい」と思っている矢先に松下幸之助の面接を受けて、その人を射るような眼光鋭い人物に心酔して松下政経塾に入塾し、「政治や文化を高めるための制度を作り上げていく仕事なら、もしかしたら自分でも一等賞になれるかもしれない」と政治家を志したという。その後二六歳で、当時アメリカ連邦議会下院議員のパトリシア・シュローダーのもとでコングレッショナル・フェローとして二年間を過ごしている。[2]

帰国後、高市は「平凡なサラリーマンの家庭に育った私が持ち得なかった」地盤・看板・カバンを作るために、まずは評論家業をやりながら、メディアに露出し、また日本経済短期大学(現・亜細亜大学短期大学部)の助手として教員活動をしている。すべては「国政選挙に出るにあたって自分に足りないものを補うことも意識した」と前出の自著に記している。[3]

高市はその後、一九九二年第一六回参議院議員選挙に奈良選挙区から保守系無所属候補として出馬するものの、高市と自民党の公認を争った服部三男雄に負けた。高市は初めての選挙戦について、「肝心の地盤を作らずに立候補した自分を恥じた」と述懐しているが、自民党の公認をめぐって争った服部の支援にまわって次の参議院選挙を待てという県連を敵にしての選挙戦の厳しさを「命がけ」だったとも記している。[4]

選挙ビラを盗まれたり、演説のスケジュールが筒抜けになっていて妨害行為をされたり、高市いわく「ムラ型選挙の縮図」の洗礼を受けたという。高市が「ムラ型選挙の縮図」と表したのは、自民党の公認を争うプロセスで、結局はカネとコネがものをいうのだと知ったことである。あからさまにカネや菓子折りを要求されたり、投票への車の送迎はないのかと聞かれたり、ひいてはコネによって作られている支援者リストをもらえなかったという。

知名度(看板)はある程度、テレビメディアへの露出(高市は参議院選挙初出馬前にはテレビのキャスターを短期間務めていたこともある)で担保され、さらにはいくばくかの選挙資金(カバン)も蓄えることもできたというが、奈良全県区から一人を争う参議院選挙で、政党公認のない選挙は、集票ピラミッドの底辺組織を持たない、いわば「丸腰」の戦いである。村、町、市の底辺集票を請け負う地方議員たちの応援はなく、またそれをさらに取りまとめる県議たちの応援もない選挙戦であった。「ムラ型選挙」とはつまり、タテ型の集票ピラミッドの様態を指しているのである。高市の最初の選挙は明らかにこのタテ型集票ピラミッドの岩盤に跳ね返されたとも言える。

その後、高市は一九九三年、宮沢内閣が不信任され、自民党議員が大挙して党を離れ、羽田孜を党首とする新生党、武村正義を党首とする新党さきがけなど、細川護熙率いる日本新党を中心とした新党ブームのなか第四〇回衆議院議員選挙に無所属で奈良全県区から出馬、トップ当選を果たし、柿澤弘治が旗揚げした自由党に参加した。[5] その後は自由改革連合、新進党を経て自民党入りをしている。

以上のような高市のキャリアパスは、教育関係出身者として分類するべきか、それとも松下政経塾出身者として分類するべきか逡巡するが、国政への直近のキャリアからあえて教育関係に分類をした。理由は、松下政経塾を出てから国政への地固めとして教職を経験していることである。ただ、明確にすべてのキャリアが国政へと続いていて、女性議員の供給グループでは（繰り返しになるが分母は小さいものの）相応の数を輩出している教育関係出身者は、ゴールに国政を見据えている場合がほとんどである。この後にキャリアパスを詳述する牧島と高市の違いは、血縁継承の環境にあったかどうかくらいである。よって、自民党女性衆議院議員の教育関係出身者は専門性を活かす（少なくとも志は）医療関係出身者とはスタート地点で異なることがわかる。

大久保三代（比例・東北・当選一回）は鹿児島県生まれ、祖父の代から離島の地域医療を担う家庭に育つ。東京女子大学文理学部哲学科を卒業後、慶應大学大学院健康マネジメント研究科を修了し、社会福祉士、精神保健福祉士、保育士国家資格を持っている。[6] 大久保が実際に政治を志したのは、「眼科医の父の手伝いで鹿児島県の離島の診療所に通っていたころ、市町村合併の影響で地域医療が崩壊していくのを感じ」「地域医療を守りたい」と思ったことだったという。[7] その後、二〇一一年二月に宮城県涌谷町国民保険病院医師と結婚し、翌月に東日本大震災で被災。社会福祉士の資格を活かしながら避難所巡りをするうちに「復興を力強くやっていきたい」との思いから自民党県連宮城五区支部長公募に応募し、二〇一二年第四六回総選挙で宮城五区から出馬、選挙区では落選、比例復活をした。[8]

しかし、第四七回総選挙では出馬を見送った。その経緯について大久保は公式ホームページのなかで、次のように悔しさをにじませている。

> 宮城県初、自民党の女性衆議院議員であり、初の子育て真っ最中議員であった。しかし、地盤・看板・カバンなく、〇歳、二歳の子育ての議員生活において、成果をだすことができず、地元議員の期待にも応えられなかった結果、二〇一四年の衆議院議員選挙は出馬を見送ることになる。

大久保の活動が地元に受け入れられなかったことは、子育てとの両立という難題が影響を及ぼしたという。宮城自民党県連において初の女性議員となった大久保が、子育てしながらの政治活動になかなか理解を得られなかった状況が目に浮かぶ。大久保は子育ての繁忙期が終わったら国政復帰を目指すとして政治活動は継続中である。大久保が結婚して涌谷町に転勤する直前の職業は慶應大学グローバルセキュリティ研究所助教であるから、教育関係出身者に分類している。大久保の政治家へのキャリアパスは、社会福祉士としての震災復興への思いを具体化するために形成されたもので、専門性の活用と被災者としての立場の両方が合体しての動機付けとなった。

菅野佐智子（比例・東北・当選一回）は福島県田村郡小野町出身で、桜美林大学文学部を卒業後に高校の英語教師を経て、一九九〇年から子育ての傍らに福島県船引町の自宅にて学習塾を開講、教え子は幼稚園児から社会人まで五〇〇人を超えた。[9] その後、二〇一一年に地元福島で被災、原発事故の影響で塾生が激減。自身は政治家への転身のきっかけについて次のように述べている。

原発事故の影響に苦しむ福島の現状を悪化させるTPP交渉の参加方針や、原発再稼働を進める政治への不信感が立候補を決断させた。[10]

結果、福島三区から出馬し、民主党の玄葉光一郎に敗れたが比例東北ブロックで復活当選をした。[11] 菅野の政治家への転身動機である反TPP交渉や反原発再稼働は自民党の方針とは真逆であり、菅野がなぜ自民党から出馬したかについては疑問である。菅野の政治家へのキャリアパスは塾経営という教育者としての側面と、被災者であることが重なっていることから、前述の大久保のケースと類似している。

東日本大震災の翌年に行われた第四六回総選挙は、震災対応の拙さに象徴される民主党政権への不満が噴出し、結果自民党安倍政権が復活した選挙であった。そうした文脈から、大久保も菅野も「被災者」であること、「復興を前に進めたい」という動機が「ダメだった民主党」ではない自民党からの出馬を選択させたと考えられよう。しかし、大久保は保守的な土地柄で子育てとの両立に理解を得られず、また菅野はそもそも政党方針とは違う政策指向が疎んじられたと思われる。

菅野は第四七回総選挙では福島三区からの出馬を断念し、比例東北単独、名簿順位二六位[12]で出馬、落選した。菅野はそのときの状況について、「支部長外しをされた」「私が年配の女性だから？」「若くて長く働ける人を候補者にしたい」と言われたことを自身のオフィシャルブログで記している。[13] 初当選時菅野は五九歳、その二年後になぜ支部長を外されたかについて納得のいく説明はなかったという。菅野もまた大久保同様、地盤・看板・カバンのいずれの後ろ盾もない。

牧島かれん（神奈川一七区・当選一回）の父功は、地元横須賀の政治家小泉純也とその息子の純一郎の秘書を務めたあとに、横須賀市議会議員、神奈川県議会議員を経て一九九八年に参議院議員選挙に自民党公認で立候補して落選した。牧島のブログ等によれば大学三年生だったかれんは、このときの経験から政治学を志したという。牧島は父親の政治活動に幼少から触れ、また父親が遂げられなかった国政への道を実現するために政治学の学術キャリアを積んだのである。世襲の環境要因が引き金になって国政へとキャリアパスを作っていった典型である。

牧島のホームページの活動報告によると、父功が神奈川選挙区から参議院議員へと立候補をした際に選挙対策本部長を務めたのが河野洋平であり、このときに選挙に応援として加わっていたかれんは、河野の知己を得たと同時に選挙の舞台裏をつぶさに見たという。しかし功は落選。「九八年の選挙では結果を出せなかったが、応援していただいた方々に申し訳ないという気持ちと、応援に感謝する気持ちの両方が残りました。どうやって恩返しできるかと考えました」と、政治学の道へ進んだ理由を明かしている。[14]

牧島は国際基督教大学（ＩＣＵ）から「学問としての政治」を学ぶためにアメリカ・ジョージ・ワシントン大学大学院ポリティカル・マネージメント大学院に留学し修士号を修める。その後再びＩＣＵでアメリカ大統領選をテーマにした博士論文で博士号を取得している。[15] 博士号取得のタイミングに合わせて当時、衆議院議長であった河野洋平から政治にかかわる意思はあるかと誘われ、「自民党が新しい方向に向かう最中だし、日本の社会も重大な転機を迎えていると思い」、河野洋平の後継候補として神奈川一七区からの出馬を決めた。[16]

こうした牧島のキャリアパスは、父親の国政選挙への挑戦を手伝うことで選挙の裏側を経験し、また落選したことで政治学を志したことは、その先に父親の無念をはらすこと、つまり政治家になることがゴールとしてあったと考えるのが自然である。牧島の選挙出馬直前の職業が純心女子大学講師であることから教育関係者のグループに分類しているが、教育者としてキャリア形成をしたわけではなく、政治家になるための一過程に過ぎない。

地方議会議員における女性議員の現状を研究している大山七穂によれば、身内に政治家がいれば選挙には家族ぐるみで関わり、子供が男子ではなく女子でも選挙戦のなかで政治を通した人的交流の影響を受け、そうした幼少期からの経験が政治に対する動機付けになると指摘している。[17]

牧島のキャリアパスは、父親の選挙を通じて得た人的交流――河野洋平やその他の支援者

――を通じて国政へと動機付けされたのである。牧島のケースは「環境的世襲」の要因が大きく作用している血縁継承者であること、さらにはそもそも政治家を目指すために政治学研究が水路としての役割を果たしたことから、前章の看護師協会からのルートのように、ある程度専門職の経験を活かす国政へのキャリアパスとは本質的に異なっていて、教育者としてのキャリアは極めて希薄である。

3　男性教育関係出身者のキャリアパス

自民党の男性衆議院議員のなかにも教育関係出身者が当然、存在する。女性議員のケースでは、そもそも国政を目指すために学術の水路付けを利用していたが、それでは男性の場合はどうであろうか。男性の個別のキャリアパスについては明石書店の公式HPに掲載しているのでそちらを参照されたいが、調査対象の三回の総選挙での当選者は以下の通りである。

第四五回当選者では小野寺五典（宮城六区・当選四回）と平井卓也（比例・四国・当選四回）が当選。

第四六回は、青山周平（愛知一二区・当選一回）、伊藤信太郎（宮城四区・当選四回）、大串正樹（兵庫六区・当選一回）、小野寺五典、桜井宏（比例・東海・当選一回）、平井卓也、辻清人（東京二区・当選一回）、船田元（栃木一区・当選一〇回）、義家弘介（神奈川一六区・当選一回）の九人が教育関係出身者として当選。

また第四七回は桜井宏が落選し古田圭一（比例・中国・当選一回）が当選している。[18]

男女の教育関係出身者は、大きく三つの特徴的なグループに分類できる。ひとつは、小野寺五典、平井卓也、青山周平、伊藤信太郎、船田元、古田圭一のように地元の名士や名家と連なっている、もしくはそこに生まれているグループ、即ち名士枠の血縁継承である。幼稚園をはじめとする学校法人の設立や経営する人物は地元では名士である。加えて、地元地方議員としての長年のキャリアを積む父親や義父はさらなる「名士」度が高くなる。

宮城県気仙沼市出身の**小野寺五典**は、東京水産大学卒業後に宮城県職員などを経て、東京大学大学院法学政治学研究科を修了して東北大学の専任講師から助教授となった。その後一九九七年に宮城六区での衆議院補欠選挙に出馬して当選するものの、公選法違反で二〇〇〇年に衆議院議員を辞職。ふたたび総選挙に出馬して当選したのは二〇〇三年である。[19] 義父の小野寺信雄は宮城県議から議長、さらには気仙沼市長を務めるかたわらホテル経営や建築業を営む地元財界の有力者である。[20] 信雄が果たせなかったのが国政への転出で、娘婿の小野寺がその悲願を叶えたと地元では言われている。[21] 小野寺はよって血縁継承者に分類されるが、地元名士・有力者の家名、つまり「イエ」に連なるキャリア形成である。

香川県高松市出身の**平井卓也**は、上智大学外国語学部英語学科から電通を経て、家業の高松中央高校の理事長に就任しており、教育関係者として分類しているが、祖父太郎が参議院議員(四期務めた)[22]、父卓志も参議院議員で労働大臣などを務めた政治一家の出身である。[23] 加えて平井家は四国新聞や西日本放送、高松中央高校を経営し、地元では「平井一族」として知られる有力者である。平井も小野寺と同様、血縁継承者であり、またその家名「イエ」に連なるキャリア形成である。

青山周平も法政大学社会学部を卒業後、名古屋高島屋に就職、その後父親秋男が経営する幼稚園の園長に就任、国政に出馬する直前は系列の幼稚園の事務長である。[24] また秋男は岡崎市議会議員を経て県議を六期務めた地元名士である。[25] また秋男は自民党愛知県衆議院選挙区支部長を務めた。青山は「自分の父が二八歳のころから地元密着で市議会議員をやっていたので、四年に一回、帰る家が選挙事務所という状態でした」と幼少から政治や選挙活動をごく身近に感じていたと話している、牧島かれん同様の「環境的世襲」でもある。[26]

船田元は言うまでもなく政治一家に生まれて、当然のごとく国政へとキャリアの梯子を登った。このグループの教育者としてのキャリアは国政へのつなぎであり、家業としての継承であるのが特徴である。

伊藤信太郎については、父が衆議院議長まで務めた大物国会議員である典型的な血縁継承であるが、加えて自身の専門（メディアや映像）分野における教育活動は先行きの継承をゴールとしたものではないのが、このグループではやや異質である。

また**古田圭一**も五七歳というかなり遅い段階での政治家への転身は、教育者としての先行きに国政が目標として設定されていたのではないことを示唆する。古田は九州大学工学部を卒業後に同大学院総合理工学研究所で修士号を取得し、宇部興産に入社。その後、岳父が経営する学校法人早鞆学園に勤務し、理事長に就任した。[27] 早鞆学園は山口県内最大の生徒数を有する早鞆高等学校を運営し、その他には自動車学校も併設している。古田は理事長就任後に、山口県私立中学高等学校協会会長に就任するなど、県内の私立の中高教育では主導的な役割を果たしてきた実績もある。[28] よって古田は名士グループに属するが、教育者としての実績においての名士枠ととらえるべきであろう。
二つめは、大串正樹、桜井宏、義家弘介のように、教育者としての専門性やあり方が結果として国政へつながったグループである。
大串正樹は東北大学工学部を卒業後に同大学院で工学修士を取得、石川播磨重工業に入社後、松下政経塾に入塾、その後北陸先端科学技術大学院大学にて博士号を取得し、「ナレッジマネジメント」の専門分野で教鞭をとっていた。[29]
桜井宏は北海道大学大学院工学研究科で修士号を取得、大成建設に入社後に、国立北見工業大学工学部教官に着任し、母校の北大から工学博士号を授与されている。桜井は「太陽光発電パネル装置」の特許取得者でもある。[30]
通称「ヤンキー先生」として知られる**義家弘介**は、明治学院大学を卒業後、小樽で塾講師となり、出身地長野の高校を暴力事件で退学になった後に編入した母校北星学園余市高等学校で教師となり、そのときの経験をつづった『ヤンキー母校に生きる』でメディアから注目を浴びることになった。[31] その後、横浜市教育委員会委員や、内閣官房教育再生会議担当室長を務めるかたわら、東北福祉大学特任准教授を経て出馬した。[32] 安倍総理の要請によるものであった。
このグループでは教育者としての側面は、政治家になるうえで大きく影響を及ぼしていると考えられる。実際の議員活動でも、大串は厚生労働委員会で活動し、義家は文科省の副大臣を務めていて、それぞれの専門性を活かしているといえよう。
女性では、大久保三代や菅野佐智子もこのグループである。ただし二人のキャリアパスは途中で「落選」という形でとん挫している。つまり、女性が教育者としての専門性だけで政治家として活動を続けることが決して容易ではないことの現れであろう。無論、専門性を活かせなかったという側面のみが落選の要因ではないが。

三つめのグループは高市早苗と辻清人のように、政治家の道にたどり着くために教育者や研究員となったキャリア形成である。

辻清人は四歳からカナダバンクーバーで育ち、一七歳で帰国後に京都大学経済学部に入学、株式会社リクルートを経て、渡米。コロンビア大学公共政策大学院を修了し、アメリカ戦略国際問題研究所（ＣＳＩＳ）で研究員となった。[33] 辻はカナダ在住の幼少期から政治家を志したといい、早い段階からそのためにキャリア形成をしたという点では、牧島かれんもこのグループに属する。

以上を総合すると、女性の教育関係者で議員として生き残っているのは、早くから政治家になることを目標にしてキャリアパス形成をしたケース、即ち高市早苗と牧島かれんのみである。一方、男性で特徴的なのは、やはり地元で保育園や学校などを経営しているいわゆる名家に連なる、家業を継いだ教育関係者が目立つ点である。「イエ中心主義」の政治指向に基づく候補者選定の傾向は、まさにここでも「イエ」のブランド力に大きく依存する傾向を示している。

第9章　メディア出身者のキャリアパス

1　知名度キャリアとしてのメディア

メディア出身の自民党女性議員は、第四五回総選挙では小池百合子、近藤三津枝、第四六回では小池のみ、第四七回には小池に加えて松島みどりである。このグループの特徴は、女性に限っては血縁継承者が含まれないことである。その理由は、メディアに露出することにより既に知名度、つまり「看板」を得ていることと、濃淡はあるが、一定の支持者（ファンなど）、つまり個人後援会に成り得る「地盤」を持っていることが挙げられる。ではそれぞれのキャリアパスを見てみよう。

小池百合子（東京一〇区・当選八回）は、カイロ大学を卒業後アラビア語の通訳に従事し、テレビでのキャスターを経て、一九九二年の参議院選挙に日本新党から出馬して初当選。翌年に同党で衆議院に鞍替えし兵庫二区から出馬して、当選している。その後、新進党、自由党、保守党をへて自民党に入党している。[1]

小池がメディアから政治家へ転身を図ったきっかけは、細川護熙からの誘いであったという。細川は日本新党を立ち上げたばかりで、テレビ番組の取材を小池から受け、その縁で政界への進出を勧めたという。そのときの決断について小池は「国が悪いと批判するのは誰にでもできる。誰かがやらなければならないなら、自分がやろう。よし、立ち上がろう、と決意しました。リスクを取ったのです」と語っている。[2]

小池は現在（二〇二一年五月現在）、東京都知事として二期目を務めている。

近藤三津枝（比例近畿・当選二回）は、甲南女子大学を卒業後キャスターやジャーナリストを経て二〇〇五年の第四四回衆議院選挙に自民党の比例近畿ブロック単独で出馬、初当選を果たしている。[3]このとき近藤の名簿順位は一位である。その後、第四五回にも同じく比例近畿ブロックで再選されているが、名簿順位はまたしても単独一位であった。[4]

近藤がどの程度メディアで活躍していたかなどはあまり知られておらず、近藤が二回続けて近畿ブロック単独一位として優遇された背景には、地元財界の意向が強く反映されたとも言われている。[5]

ただ、第四四回の衆議院選挙は小泉純一郎首相が郵政民営化の是非を問うたいわゆる「郵政選挙」で、「小泉チルドレン」と言われる候補者が大量当選し、とりわけ女性候補をできるだけ多く出して改革的なイメージを打ち出す小泉の戦略もあり、女性優遇枠があった。[6]その女性優遇枠に猪口邦子（第四四回選挙時は比例東京ブロック・一位）らとともに近藤も入っていた。

近藤は当時自民党の総務局長であった二階俊博が大阪に自ら出向いて口説いた女性候補で、名簿発表の五時間前にようやく承諾を得た経緯があり、その背景には小泉の「目玉になる女性を探せ」の厳命があったという。[7]しかし、自民党選対本部関係者によると、近藤を強く推したのは関西経済連合で、近藤が地元ローカルテレビ局で経済を扱う番組をやっていたことから関経連とつながりができたという。よって近藤の名簿順位一位は、関経連の強い意向を汲んだものだという。[8]小泉の戦略は全国比例ブロック一一すべてに女性候補を一位とするものであったが、実際には近藤や猪口など七人の一位擁立にとどまった。[9]近藤は明らかにそうした小泉旋風に乗って初当選した、いわゆる「小泉チルドレン」である。

松島みどり（比例東京→東京一四区・当選五回）は、東京大学経済学部を卒業後、一九八〇年に朝日新聞社に入社。経済部や政治部での取材記者として一九九五年二月まで勤務。一九九五年に自民党東京都連が実施した公募に応募して合格、翌年の第四一回衆議院選挙に東京一四区から出馬するも落選。その後、二〇〇〇年の第四二回衆議院選挙で比例東京ブロック単独で出馬して、初当選した。[10]

松島は朝日新聞社時代に自民党の橋本龍太郎、加藤紘一、森喜朗らの番記者を務めており、自身の政治との接点はそこがスタートである。つまり松島の場合は、政治記者として政治の世界へ足を踏み入れ、その後自ら政治家へ転身したケースである。

松島は自著『朝日新聞記者みどりの政界志願』のなかで、政治取材を通じて政治の現場を見聞きしたことで、徐々に政治家に転身する意向が固まってきたことを明かしている。[11]松島が政治家を志したのは高校時代で、朝日新聞社に入社し、配属が経済部から政治部へと変わったことでその夢が蘇ったという。

松島は一九九四年二月に森喜朗幹事長から「選挙に出るのか?」と声をかけられ、「もしそういう気があるなら幹事長室に相談に来なさい」と言われたことが最初の発端だったという。[12]さらに松島によると、「目をかけてくれていた」当時政調副会長だった町村信孝に相談、町村からは「女性の議員が、もう少し増えるべきだと思う。ぜひやりなさい」と勧められたという。[13]そして当時の東京都連幹事長の与謝野馨の後押しを受け、松島は東京都連が行った公募に応じ合格して、東京一四区の選任部長となった。

つまり松島のケースは、政治部の取材活動を通じて自民党幹部たちの知己を得たことによって、キャリアパスの形成が始まったことになる。

松島に声がかかった当時の自民党は細川政権下で下野を余儀なくされていた時期であったが、松島の自著によると、出馬を相談した町村も与謝野も積極的に女性登用を考えていたという点は注目に値する。彼らがなぜ女性に白羽の矢を立てていたのか明確な理由は語られていないが、与謝野が「特に女性のちゃんとした人を出したい」と言ったというくだりは、女性を選挙の目玉にしたいという意向もくみ取ることができる。[14]しかも与謝野はその前段に「経歴のきちんとした、イメージのいい人を出したい」とも言ったとされており、女性で、きちんとした経歴即ち「政治や政党の身近に居る新聞社の政治部記者」ということになったのであろう。

小池と近藤は、メディアに露出していた知名度とそこから得た人脈が出馬に影響を及ぼしたケースであるが、松島の場合は政治記者活動を通じて政治家たちの知己を得、そうした人脈がキャリアを後押ししたケースである。

小池のケースでは、政界への誘いをしたのが取材対象であった細川護煕であることから、メディアでのキャリアが直接的な政治家転身への引き金となっていると同時に、経済関連のニュースを扱う番組を担当し経営者など財界との人脈も作れる環境にあったことは、選挙戦を戦うにあたって相応の後押しになったと考えられる。

また近藤も地元テレビ局で経済を扱う番組を担当した縁で関西経済連合とのつながりができ、関経連の強い推しによって比例名簿に名を連ねた。

松島も番記者という極めて政治家や政党に近い立場にあって、若い頃の政治家への夢を蘇らせたが、それを具現化したきっかけは取材活動を通じて形成した人脈である。

この人脈の重要さについて自民党選対本部関係者は、候補者選定の過程において次のように述べている[15]。

（候補者選びについて）それは普段の縁ですよね。人脈は財産ですからね。やはりそういうものを持っている人の方が強いですよね。それは地方でも中央でも。

政治家や政党に直結する人脈を作れることは文字通り財産であり、その人物が候補者になるための重要なファクターであることがわかる。小池が細川の知己を得、近藤が関経連と人脈を作り、松島が自民党幹部議員に存在を知られたことは、それぞれが政治家としてのキャリアパスを形成するにあたってきわめて大きな役割を果たしているのである。縁という言葉をコネクションに置き換えると一層理解が進む。政党との距離は、コネクションを作れる立場にあるかどうかということである。

さらに、一口にメディアと言っても、どのような媒体にどのくらい露出していたかによって知名度は異なるが、一定の候補者の資材としてカウントされることは明らかである。また小池に象徴されるが、テレビキャスターとしての経験は選挙戦での有権者への伝達能力に優れるという利点も見逃せないところである。

新聞やテレビの政治部記者から政治家への転身は決して珍しいものではなく、ひとつのキャリアパスとして成立している感もある。例えば、安倍晋太郎は毎日新聞、小坂徳三郎は朝日新聞、額賀福志郎は産経新聞、丹羽雄哉は読売新聞のそれぞれ政治部記者を務めていたことで知られている。しかし、主な名前を列挙すれば全員が男性である。これは政治部記者自体が過去には男性のみがチケットを握れる特権的な仕事であった証左であり、その実態は筆者自身がメディアの世界で四〇年近く前から目の当たりにしてきた状況と呼応するものである。よって松島は、男性専用レーンであった政治部記者から政治家へのキャリアパスに一陣の風を吹かせたケースとも言えるのである。

2　男性メディア関係出身者のキャリアパスと傾向

メディア出身の男性議員は、今でも専用レーンを使ってキャリアパスを形成しているのであろうか。女性との比較として男性のメディア出身議員のキャリアパスを見てみよう。

第四五回選挙では、石原伸晃（東京八区・当選七回）、中川秀直（比例中国・当選一〇回）、松波健太（比例近畿・当選三回）が、メディア出身者として当選している。

第四六回・四七回では松波健太が姿を消し、薗浦健太郎（千葉五区・当選二回）が初当選している。[16]

自民党男性衆議院議員かつメディア出身者であるのは、幼少時に家族・親族の政治活動を身近に見聞きし、政治家への志を持った血縁継承グループが圧倒的に多い。石原伸晃、中川秀直、松浪健太である。

石原伸晃については、血縁継承の章で簡単なキャリアパスを記載しているので詳細は割愛するが、石原が政治を志したのは、父慎太郎が一九六八年の参議院選挙に出馬したときで、石原家にとっては初めての政界進出で、慎太郎は史上最多の三〇〇万票を獲得して初当選を果たした。選挙戦を通じてテレビに映る父慎太郎の姿に「心が躍った」という。[17] 石原は日本テレビに就職し、政治部記者を経て、父親の地盤を継ぐことなく出馬して、当選した。

中川秀直は慶應義塾大学卒業後に日経新聞社に入社、政治部記者となった。その後義父の俊思の地盤を継いで旧広島二区から第三四回総選挙に新自由クラブ公認で出馬、当選。しかしながら、三年後の第三五回総選挙では落選し、新自由クラブを離党、第三六回総選挙にて無所属で出馬してトップ当選を果たした後に自民党に入党した。[18] 俊思は衆議院議員を八期務めた有力議員で、中川が俊思の娘律子と結婚して中川姓を名乗ったのは政治部記者になった頃であるが、その当時から後継者として議席継承が前提にあったと考えられる。[19] 中川は二〇一二年に政界引退を表明して、同年一一月に次男の俊直を後継候補にした。興味深いのは、俊直もまたテレビ東京で政治部記者として勤務した後に後継候補となっていることである。[20]

松波健太も、早稲田大学商学部を卒業後の一九九七年に産経新聞社に入社。同年、辻元清美議員（当時社会民主党・現立憲民主党）の辞職に伴う大阪一〇区補欠選挙に自民党公認で出馬し当選。その後は落選期間や自民党からの除名処分、日本維新の会公認での出馬を経て、二〇一四年第四七回総選挙に維新の党から大阪一〇区で出馬、小選挙区で落選するも比例復活している。[21]よって、第四五回での当選は自民党議員として三回目となる。松波がそもそも政治家を目指したのは、泉佐野市議会議員だった祖父の影響が大きいという。[22]松波家は政治家一族で、叔父は松波健四郎元衆議院議員、伯父松波啓一は元大阪府議会議員、啓一の長男武久は泉佐野市議を一一期務めた後に大阪府議になっている。[23]本人が公式ＨＰで語っているように祖父の姿を「かっこいい」とあこがれ、幼少期から政治家を志したというから、産経新聞での勤務が半年という短期間であったことは、メディアでのキャリア形成は「腰掛け」であり、松波自身の政治家へのキャリアパスでは大きな影響をもたらしたとは考えにくい。よって松波は「環境的世襲」の色彩が濃い。

石原、中川、松波の三人はいずれ政治家へとの思いを同根に持ち、メディアでのキャリアはそのための事前修行、もしくは腰掛け的な意味合いが強く、メディアに居たことは副次的な資材に他ならない。特に石原伸晃の場合は、テレビの政治部記者ということで画面露出もあったが、それよりも石原家の長男であることが大きく影響していることは間違いない。

薗浦健太郎のみメディアでのキャリアが政治家への具体的な動機付けになったケースと考えられる。薗浦は東京大学法学部を卒業後、読売新聞社に入社。千葉支局に配属され、県警や県庁の担当を経て、政治部で官邸や厚生労働省を取材、二〇〇三年に退社し、同年一一月の第四三回総選挙に自民党公認で出馬するも、落選。麻生太郎総務大臣（当時）の政策秘書を一年間務め、二〇〇五年に千葉五区から出馬して当選している。[24]薗浦自身がなぜ政治家を目指したのかについて語っている資料はないが、薗浦と政治の接点は、千葉県庁担当記者時代と政治部記者時代であろう。政治部の記者から政治家へのこれまで男性専用レーンでのキャリアパスである。

以上のように、女性のメディア出身者は、メディアに露出することによる人脈作りや知名度など選挙に出た際に、集票に直接結びつく可能性がある下地を形成していることがわかる。他方、男性のメディア出身者は血縁継承者が多数派で、将来政治家を志すことを念頭に、新聞やテレビメディアに籍を置き、政治部を経るなど常に政治に近い距離でキャリアを形成していることが特徴である。

またメディア出身者と一口に言っても、その露出の程度、つまりニュースキャスターであるとかアナウンサーとして日常的にテレビなどに顔を出して仕事をしている知名度は全国的な規模で高く、政党としてその集票力に期待するのも当然である。

繰り返しになるが、「選挙は自己責任」と自民党選対本部関係者が語るように、候補者としてすでに知名度を得ているのは「看板」を持っているに等しく、加えてファンという支持者が「地盤」に成り得る可能性もあり、自己責任で選挙の三つの決め手と言われる「地盤」「看板」「カバン」のうち二つの要件を満たしているのであれば、女性にとっては議員候補になる大きな武器であろう。

知名度の観点からは、テレビ画面に日常的に露出することと記事を書く新聞記者では大きな差があり、メディアで仕事をしたことがすなわち知名度や集票力につながるかどうかは職を得た媒体にもよる。が、松島と薗浦は新聞記者としての取材を通じて政治への親近感を育んだケースであり、メディアというキャリアそのものが政治家への動機付けになっているのが特徴である。

しかしながら、血縁継承として幼いころから政治家を目指していた、もしくは政治的な環境にあったケースは除外して、メディア出身者に共通するのは、仕事を通じて政治や政治家とのつながりを得ている点、つまり政党との距離が極めて近くなっている点である。

関わりの濃淡こそあれ、小池が細川護熙とインタビュー取材で知己を得たことや松島が政治部担当として政治家と近くに位置していたこと、薗浦のように地方自治体の役所や首相官邸担当の任にあったことなどが、そうしたケースである。政党サイドと近くに位置することは、候補者として政党が認知する可能性が高いことをあらためて付け加えておきたい。

つまり、政党のリーチの範囲内にその人物が存在するかどうか、またリーチ内にその人物とのコネクションがあるかどうかが、重要なファクターになるのである。要するに政党が手の届く範囲は限定的なのである。その逆の候補者リクルートは公募であるが、必ずしも公募が機能していない現実は後の章に譲りたい。

第10章　民間企業出身者のキャリアパス

1　女性民間企業出身者のキャリアパス

女性の民間企業出身者は、第四六回総選挙で上川陽子（静岡一区・当選四回・グローバルリンク総合研究所代表取締役）、堀内詔子（比例・南関東・当選一回・フジヤマミュージアム館長）、山田美樹（東京一区・当選一回・エルメスジャポン）が当選、第四七回では上記三人に加えて佐藤ゆかり（大阪一一区・当選一回・参議院からの鞍替え・クレディ・スイス証券会社）が当選し、四人となった。自民党女性議員当選者の前職グループでは、地方議会出身者四人と互角の多数派グループである。が、実際にはどのようなキャリアパスであろうか。

上川陽子（静岡一区・当選四回）は静岡県出身、東京大学で国際関係論を修め、三菱総合研究所研究員を経てハーバード大学ジョン・F・ケネディ大学院で政治行政学修士号を取得。アメリカ議会マックス・ボーカス上院議員の政策立案スタッフを務めたのちに、政策コンサルティング会社・グローバルリンク総合研究所を設立して代表となった。[1] 上川が政治を志したのはアメリカ留学中で、「政治の場に身を置かなければ自分自身の考えは実践できない」と思ったからだという。[2]

上川は一九九六年、第四一回総選挙に静岡一区から無所属で出馬して惨敗、[3]その後自民党に入党するものの、二〇〇〇年の第四二回総選挙において自民党公認候補である元職の戸塚進也に対抗して静岡一区から無所属で出馬し、僅差で当選。この出馬強行で自民党から除名処分を受けた。[4]その後、保守系無所属の議員九人で院内会派「二一世紀クラブ」を結成し、二〇〇〇年一一月に起きた「加藤の乱」で森内閣不信任決議案に反対票を投じ、翌年自民党に復党した。[5]その後は第四三回、四四回と再選を重ねたが、第四五回で落選、第四六回で再度の当選となった。[6]

上川がなぜ無所属での出馬にこだわったのかについての明確な理由は自身からは語られていないが、地元静岡一区からの政治家転身に意味を持たせていたことは想像に難くない。上川のキャリアパスについては、ハーバード大学大学院のジョン・F・ケネディスクールを選んだ時点ですでに政治家への布石ができたと考えられる。上院議員の政策立案スタッフとしての経験やその後の政策コンサルティング会社の設立も、極めて政治家や政党に近い距離を保った形でのキャリア形成である。よって上川の民間企業前職はキャリアスタート時から国政への梯子を作り始めていたとの認識で間違いなかろう。

堀内詔子（比例・南関東・当選一回）は、義父堀内光雄衆議院議員の地盤を継いで山梨二区から第四六回総選挙に出馬し、無所属で元自民党の長崎幸太郎に敗北するものの比例復活で初当選を決めた。[7]堀内は山梨県笛吹市出身、学習院大学卒業後に同大学院人文科学研究科で修士号を取得、その後博士課程後期を単位取得後に満期退学している。堀内は大学卒業と同時に光雄の息子である光一郎と結婚、その後出産等を経て大学院で学んだ。[8]堀内が政治家を志したのは小学生の頃で、卒業文集には「女性代議士になりたい」と書いた。[9]
その理由は「母親の祖母も職業婦人。女性が働くことの大変さを小さいときから見て、政治家になって女性が能力を活かせる社会を作りたいと思った」という。[10] その夢に近づいたのが一九九〇年の第四一回総選挙で義父・光雄の選挙運動を手伝ったことだという。自身のＨＰで振り返っている。

子供の頃からの夢であった、政治家という仕事に初めて携わった選挙でした。絶対大丈夫と言われた選挙でしたが落選、引退が決まり、非常に悔しかったのを覚えています。

堀内が光雄の後を継ぐことになったのも一九九〇年の選挙手伝いがきっかけであった。堀内の選挙手伝いの様子が新聞に取り上げられており、それを見た県連の女性部が「もう男なんかに任せておけない」と後継者に推薦したという。[11] しかし、なかなか自民党から公認がもらえず、それを「自分が世襲だから」と思った堀内は党本部に直談判し、場合によっては離婚をして旧姓に戻っても出馬する意向だったと、その覚悟のほどを語っている。堀内は自身の後継出馬は幼い頃からの夢を実現させたもので、世襲ではないという。[12]
ただし、義父の光雄は富士急行創業者一族の出身で、祖父良平は富士急行創業者であり衆議院議員、父一雄も衆議院議員を務め、光雄まで代々議席を継承してきたタテ型世襲継承の典型である。本来なら詔子の夫で光雄の長男である光一郎（現富士急行社長）が議席を継承するところ、光一郎は光雄に代わって富士急行の経営の要であることから、光一郎ではなく光雄の秘書が後継として名乗り出たが、なんらかの都合で辞め、詔子が後継指名を受けたという経緯である。[13]

詔子を民間企業出身者グループに分類したのは、選挙出馬直前まで富士急行と堀内洪庵会[14]が設立したフジヤマミュージアムの館長を務めていたからであるが、この美術館も一族経営であり、詔子のキャリアパスは政治家一族である堀内家に嫁いだことから始まったと解釈するべきであろう。詔子自身も美術館館長で経営者であったことを自身の政治キャリアとの関連性での文脈では語っていない。詔子は当然本論では血縁継承者である。

山田美樹（東京一区・当選一回）は、東京大学法学部を卒業後一九九六年に通商産業省（現経済産業省）に入省し、その後コロンビア大学で経営学修士を取得し、内閣官房副長官補室に配属された。その後、官僚を辞めてボストンコンサルティンググループに転職、さらにエルメスジャポン株式会社を経て二〇一一年に公募によって自民党東京一区の支部長に就任し、二〇一二年第四六回総選挙で初当選した。[15] 山田が政治を志したきっかけは、官僚時代ではなく民間企業で働くようになったからだという。山田はインタビューに答えて次のように述べている。

> 国民の意思とかけ離れたところで政策が決められていることに対する疑問と、内向的な日本がグローバル競争に取り残されていくことに対する焦りを強く感じるようになりました。（中略）中央省庁から民間に渡り、日本人の一ビジネスパーソンとして国際社会に出た一連の経験が、政治家を志すきっかけにつながったのだと思います。[16]

山田はコロンビア大学で修士号を取得して帰国後の二〇〇二年に小泉内閣の内閣官房に配属され、政策スタッフとして北朝鮮に拉致された家族たちの帰国などを手伝ったとしている。[17]この期間が山田にとっては最も政治と近距離に位置していたと言える。ただ、前述のように山田が実際に政治を志したのは民間企業に転職した後であり、山田の言葉をそのまま借りれば「いったいどうしたら日本の行政は人を幸せにできるか」という思いが政治家への転身を促したという。山田のキャリアパス形成は民間企業から候補者公募という流れであるが、官僚時代の政治との接点は一定の影響を与えていると思われる。

佐藤ゆかり（大阪一一区・参院からの鞍替えで当選一回）は、上智大学外国語学部フランス語学科を経て、ウィスコンシン州立大学、コロンビア大学政治学部で学士号を取得、その後パリ大学留学から再びコロンビア大学国際公共政策大学院で修士号を取得、ニューヨーク大学人文学科大学院で経済学博士号を取得した。その間、テレビ朝日ニューヨーク支局に一年間勤務。一九九八年から二〇〇五年まで、日興シティグループ証券、J・P・モルガン証券、クレディ・スイス証券でエコノミストを務めた。[18]

佐藤が初出馬したのは二〇〇五年の小泉内閣によるいわゆる「郵政選挙」で、郵政民営化に反対した野田聖子に対する「刺客」として岐阜一区からであった。佐藤はそれまでコロンビア大学等で政治学を学んだが実際に政治家になろうとしたことはなかったとしたうえで、自民党から声をかけられた経緯を次のように述懐している。

私にとって運命を変える日となったのは二〇〇五年八月二〇日土曜日です。（中略）私の携帯電話が鳴りました。電話の相手は面識のある自民党幹部の方でした。「今からすぐに自民党本部に行ってくれませんか。武部幹事長に会ってほしいんですよ」（中略）自民党本部に着いたのは夕方五時。そのまま私は総裁室へと通されました。するとすぐにポロシャツ姿の武部勤幹事長がゆったりと部屋に入って来られました。「佐藤ゆかりさんに、自民党公認候補として岐阜一区から出馬していただきたいのですが、どうですか。急な選挙だし、女性議員数も増やしたいので、佐藤さんには女性枠で出ていただきたいと考えています」[19]

佐藤はそれまでエコノミストの立場から日銀や財務省、内閣府や経済産業省などの経済関連省庁の官僚や政治家と面識があり、経産省の産業構造審議会や自民党政務調査会・財政改革研究会の民間アドバイザーを務め、二〇〇四年の埼玉県衆議院議員補欠選挙で出馬の要請を受けるなどしていて、度々政治家転身の声がかかっていたという[20]。

結果、武部幹事長の出馬要請にその場で受託の返答をし、佐藤はその日のうちに党本部で出馬会見を行った。佐藤は受託の理由について、「民間人として小泉政権の改革路線に期待していた」からとしていて、エコノミストとしての経験をそのひとつの歯車として活かせるのではないかとの使命感からであったと説明している。

佐藤の経歴で興味深いのは、幼少期に佐藤栄作の東京世田谷区の居宅近くに自宅があり、家族ぐるみで佐藤栄作家と付き合いがあったこと、政治を学んでエコノミストになったものの、時の内閣や自民党に近い距離に位置してキャリアを積んでいたことである。佐藤は二〇歳の頃は政治家に憧れていたことを著書のなかで明かしていて、その原点は佐藤栄作夫婦との付き合いにあったという。[21] 結局、自民党と接点を持ちながら常に政治を意識していたことになり、その後自民党が佐藤を候補者として白羽の矢を立てるのは必然の理だったとも言えるが、自民党選対本部関係者によると佐藤には埼玉一五区の公募者選定過程ではねられた経緯があるという。[22]

注目すべきは武部幹事長が佐藤に言った「女性枠」ということである。小泉内閣にとって郵政民営化は「改革」の旗印であり、その改革イメージを強く打ち出すために女性候補者選びが行われていたという事実である。また岐阜一区の反郵政民営化の野田聖子に対する効果的な「刺客」はやはり女性候補が話題になりやすいとの意図もあったであろう。二〇〇五年の「郵政選挙」では佐藤のような官邸と党本部が一体となっての候補者一本釣りが行われ、それは極めて異例だったことは、第1章第5節「小泉チルドレン」で石川が証言した通りである。このときの女性候補の大量当選は小泉内閣の「改革路線」をさらに印象づけることに成功したのである。[23]

佐藤のキャリアパスは、民間企業に職を得ながらも政治や自民党にきわめて近いところで形成されてきたもので、政党サイドにとっては簡単に見つけることのできる候補者であった。

以上のようなキャリアパスの傾向については後段で総括するが、その前に男性の民間企業出身者のキャリアパスを比較のために次節で検討する。

2 男性民間企業出身者のキャリアパス

男性の民間企業出身者は、前職グループでは官僚出身者に匹敵する、もしくは凌駕する多数

派である。第四五回総選挙では麻生太郎（福岡八区・当選一〇回）、石破茂（鳥取一区・当選八回）、今村雅弘（比例・九州・当選五回）、梶山弘志（茨城四区・当選四回）、川崎二郎（比例・東海・当選九回）、河野太郎（神奈川一五区・当選五回）、後藤田正純（徳島三区・当選四回）、塩崎恭久（愛媛一区・当選五回）、園田博之（熊本四区・当選八回）、保利耕輔（佐賀三区・当選一一回）、茂木敏充（栃木五区・当選六回）、森英介（千葉一一区・当選七回）の一二人が民間企業出身者である。

留意されるべきは、この一二人中、今村雅弘と茂木敏充を除く一〇人が血縁継承者である。第四五回総選挙は前述の繰り返しになるが、自民党が政権党から下野した逆風選挙であり、きわめて厳しい選挙環境で生き残ったのはやはり血縁継承者であることが明らかになっている。

第四六回では、第四五回の優位グループの血縁継承者に加えて、公募での民間企業出身者が増えたこと、前回落選者が復活したことが特徴的である。当選者は前述のグループに加えて、穴見陽一（大分一区・当選一回）、石原宏高（東京三区・当選二回）、泉原保二（比例四国・当選二回）、大塚拓（埼玉九区・当選二回）、奥野信亮（奈良三区・当選三回）、小倉将信（東京二三区・当選一回）、小田原潔（比例東京・当選一回）、勝俣孝明（比例東海・当選一回）、門博文（比例近畿・当選一回）、岸信夫（山口二区・当選一回）、木原稔（熊本一区・当選二回）、小林史明（広島七区・当選一回）、島田佳和（比例東海・当選一回）、関芳弘（兵庫三区・当選二回）、田中良生（埼玉一五区・当選二回）、橋本岳（岡山四区・当選二回）、星野剛士（神奈川一二区・当選一回）、松本洋平（東京一九区・当選二回）、宮崎謙介（京都三区・当選一回）、武藤容治（岐阜三区・当選二回）、山口泰明（埼玉一〇区・当選五回）、山田賢司（兵庫七区・当選一回）、若宮健嗣（東京五区・当選二回）、である。

また第四七回総選挙では、泉原保二が落選した以外は第四六回の当選者に入れ替わりはない。[24]

民間企業出身男性議員のキャリアパス傾向

男性で民間企業を前職とするキャリアパスには大きく分けて二つの傾向がある。一つは政治家一家に生まれたものの、自分の議席継承のタイミングが来るまでの「つなぎ」として民間企業に職を求めるケースである。もう一つは政治家への志をキャリアの途中で持ち、退職をして公募などで候補者となったグループである。

一つめの血縁継承者で、将来は政治家業を継ぐことが想定されていた「つなぎ」グループは、麻生太郎を筆頭に、石破茂、奥野信亮、梶山弘志、岸信夫、河野太郎、後藤田正純、塩崎恭久、橋本岳、保利耕輔、武藤容治、森英介が分類される。いずれも有力政治家一家でかつ地元名家出身者であることが共通していて、祖父や父から直系でタテ型の議席継承をしているグループである。

同じく血縁継承者として分類しているが、石原宏高、門博文、小林史明、田中良生、山口泰明は、環境的に政治や政党と近くに位置している「環境的世襲」で、最初から政治家になることを意識して民間企業に職を求めたというよりは、民間企業での就労の過程で政治家への転身を具体化したキャリア形成グループである。しかしながらその動機付けには幼少時からの政治そのものや政党と近くに位置し、常に政治を意識していた「環境的世襲」である。

もう一つの傾向は、エリート社員からの転身組である。大塚拓（東京三菱銀行他）、小倉将信（日本銀行）、小田原潔（モルガンスタンレー証券）、勝俣孝明（スルガ銀行）、木原稔（日本航空）、関芳弘（住友銀行）、松本洋平（三和銀行）、茂木敏充（マッキンゼー社コンサルタント）、山田賢司

（住友銀行他）、若宮健嗣（セゾングループ）、長尾敬（明治生命保険相互会社）が、このグループである。このグループに特徴的なのは金融機関出身者が多いこと、また松本洋平と長尾敬を除く全員が公募で、二〇一二年第四六回で復活当選したか、初当選した追い風に乗って当選してきた候補者である。金融関係出身者が多いことは、公募の際に「エリート」であることを裏付ける要素としてカウントされていることを示唆している。

その他、地元財界有力者グループには穴見陽一、泉原保二が分類され、起業家としては島田佳和、宮崎謙介が分類される。穴見も泉原も地元での有力企業の創業者とその後継者であり、いずれも資金力と集票力が評価されていて、地元のいわゆる名士枠と分類することもできよう。島田と宮崎は共に公募で、第四六回の自民党圧勝選挙で初当選している。

ちなみに民間企業出身男性議員に占める血縁継承者の割合は、第四五回は一二人中一〇人で八三％、第四六回、四七回は三四人中一七人でちょうど五〇％と高率である。この数字は全体の傾向として、民間企業出身者が官僚出身者をわずかながらも上回る多数派になったことと密接に関係している。

つまり、官僚ＯＢのようなエリート落下傘候補よりも、血縁継承者による地元密着の議席継承が自民党内で優位になってきたことを示しているのである。またこのことは、自民党の候補者選定の基準が血縁継承優位の「イエ中心主義」の政治指向に基づくものであることの現れでもある。〇〇家という、地元での有力企業や財界人のいわゆる名家に連なる候補者（例えば穴見や泉原）も、「イエ中心主義」の選定と解釈して差し支えなかろう。

民間企業出身の女性議員のキャリアパス傾向

民間企業を前職としている女性議員四人のキャリアパスを検討した結果、ふたつの特徴的傾向があることが分かった。

ひとつは、上川陽子や山田美樹のように民間企業でキャリアを積みながら、比較的早い段階で政治家への転身を意識しているケースである。上川はハーバード大学の公共政策大学院であるJ・F・ケネディスクールを選んだ時点で政治家へのキャリアパスを作り始めているし、その後もアメリカで上院議員の助手を務め、帰国後も政策コンサルタントとして活動し、常に政治をにらんだ立ち位置をキープしている。よって上川の民間企業でのキャリアパスは、政治をすでにゴールに設定して形成されたと理解するべきであろう。政治家を目指すための過程、もしくは付加価値を与えるための民間企業（政策コンサルタント会社）キャリアである。

また山田も出身は通産官僚で政権運営の手伝いをした経験を持ち、その後の民間企業で政治家への転身を決意している。山田が転身を決意した背景には、小泉政権の内部で実際に政治の現場に居たという、政治との距離感が近いことが挙げられよう。民間企業に就労して意識したことがそのまま直線的に政治家への転身へと繋がる発想は、そもそも政治と身近な距離感にあるが故と思われる。

もう一つの傾向は、政治との距離感が近い、つまり政党サイドに近い立場にあるか、もしくはそのような企業に職を得ている場合である。堀内詔子は前述の通り幼少のころから代議士になることを夢見ていた。その後、結婚により政治家一家の一員になり、政党サイドとの距離を縮め、実際に義父の後継者として出馬して議員となった。堀内は民間企業出身の女性議員としては唯一（本書の対象では）、血縁継承者である。

佐藤ゆかりの場合は、外資の証券会社に勤務する傍らエコノミストとして自民党の審議会の委員を務めたり、政策助言をしたりと、佐藤自身が認めるように官僚や政治家、自民党と関わりを常に持っていた。政党サイドが佐藤を候補者として意識するようになったのは当然の流れであろう。事実、岐阜一区から出馬を要請される数年前から政治家への転身の打診があったことを佐藤が著書のなかで明かしているが、実際に佐藤の候補者になるまでの過程を知る自民党選対本部関係者は、佐藤は早い段階から政治家になるための公募に応じていたというから、佐藤本人が政治を意識してキャリア形成をし始め、佐藤側から政党への働きかけがあったことも候補者選定に影響を及ぼしたことは事実であろう。

以上のように女性の場合は二つの傾向があるが、通底しているのは血縁継承も含めてやはり政治や政党と近距離に位置していたことが政治家へのキャリアパス形成の端緒となっていることである。このことは、男性の民間企業出身者が高率で血縁継承者であることと連動した傾向である。

第11章　地方議会から国政へのキャリアパス

1　地方議会出身者――男女格差

自民党国会議員の前職で群を抜いて多数派を占めるのが地方議会議員出身者であることは、前述した通りである。第四五回総選挙では自民党が大幅に議席を減らし、民主党に政権を渡した政権交代選挙であったが、このときですら、一一九人の全当選者における地方議会議員出身者は三三人とおよそ二八％を占めている。第四六回総選挙では二九四人の当選者の内八七人が地方議会出身者でおよそ三〇％、第四七回では二九〇人中八三人でおよそ二九％とほぼ同じような割合である。

この集計結果を男女別で見てみると大きな違いが明確になる。まずは第四五回総選挙での地方議会出身者男性は、三二人、女性はわずか一人である。第四六回は八七人中男性八三人、女性四人、第四七回では男性七九人、女性四人である（図11―1参照）。

女性の地方議会出身者はそれでも前職上位六職種グループである。繰り返しになるが、女性の上位六職種は、①地方議会、②教育関係、③医療、④民間企業、⑤メディア、⑥その他である。このような格差はなぜ生じているのだろうか。本章では、まず地方議会出身者がどのように国政へと転じるのか、そのごく一般的なキャリアパスの流れを追いながら、女性の地方議会出身者が男性に比してこれほどまでに少ない理由および背景について整理してみたい。

地方議員から国会議員へのキャリア過程

ジェラルド・カーティスが自民党議員・佐藤文生がいかに地方議員から国政へと登りつめたかを「顕微鏡的なアプローチ」で追跡した博士論文『代議士の誕生』には驚きと共にきわめて象徴的な風景が描写されている。

> 大分で研究を始めた頃、私はある地方議員の地元の村を訪ねた。（中略）この議員と田舎道を歩いていると、向こうから知り合いの農家のおじいさんが歩いてきた。議員は今度選挙があるので、佐藤候補をよろしく頼むと声をかけた。おじいさんの答えに私は驚愕した。自民党の集票マシーンをこの目で見た瞬間だった。おじいさんは「あなたには大変お世話になっておるから、もちろん佐藤さんに入れる」と答えたのだ。アメリカ人の私には意味が通らない言葉だった。なぜこの地方議員に世話になっているから、佐藤候補（註＝文生）に投票するのか。しかし、これが自民党の集票マシーンなのである。[1]

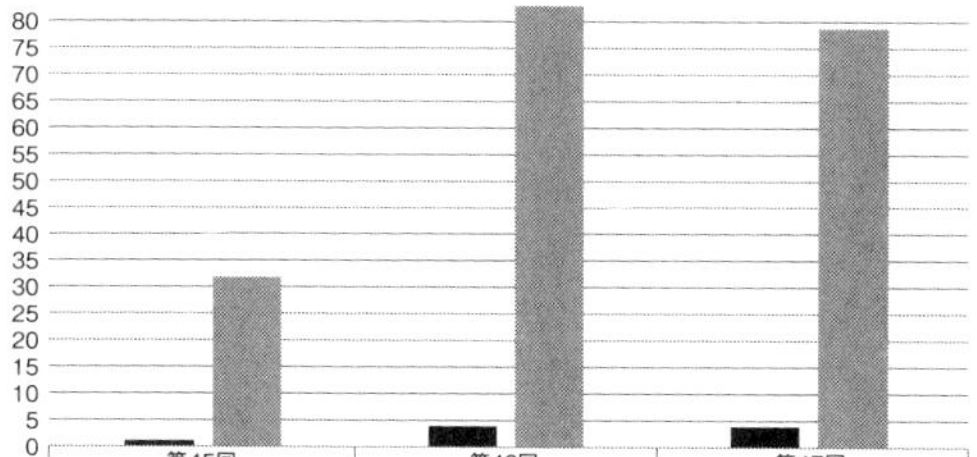

	第45回	第46回	第47回
■女	1	4	4
男	32	83	79

図11-1 自民党 地方議会出身者（男女別）

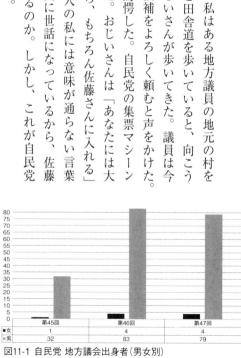

カーティスの研究は一九六〇年代後半であり、今から五〇年余前のことであるが、自民党の地方議会出身者が世襲などの背景なしにどのように国政の議席を手にするかの基本構造は変わっていない（ただし、カーティスが研究の対象とした佐藤文生も県議会議員になれたのは義理の弟からの事実上の禅譲がなされたためであった）。

カーティスが目にした「村会議員の〇〇さんにお世話になっているから（県会議員候補の）佐藤さんに（票を）入れる」というやりとりは、タテ型の集票システムそのものであり、「お世話になっている」はいわゆる「間柄主義」である。

つまり、中央政界を頂点にして県議→市議→町議・村議がピラミッドを形成していて、底辺になる市議、町議や村議は県議のために自分の地盤での票の取りまとめをし、県議は下部組織を動かすために中央政界との密接なつながりを強調する。こうした票のとりまとめはそのまま中央政界、つまり地元選挙区の国会議員の票となっていく仕組みである。

これはやがて集票に尽力した有力な地方議員が現役を退く国会議員の後継候補として禅譲にあずかる流れである。もちろん選挙区の諸事情によってはまったくの新人が登場する場合もあるが、地方議員から積み上げ頂点に登るためには、まずはピラミッドの底辺の票をなにかとお世話をしてとりまとめる必要性があるのである。

こうしたタテ型集票の土台である地方県議から国政へと転じた坂本哲志衆議院議員に実際にどのようなキャリアパスであったかなど、聞き取り調査をした。熊本三区選出で当選六回の坂本の話は、県議としてほぼ生活のすべてを政治活動に費やしたことや、どんなに小さな地元行事などにも参加している実態など極めて示唆に富むものである。

2　県議会議員からたたきあげ――坂本哲志議員のキャリアパス

地元熊本のメディアから県議へ

坂本哲志は熊本県菊池郡陣内村に一九五〇年に生まれ、高校まで熊本県内で過ごした。祖父、父ともに特定郵便局長を務めている。中央大学法学部で政治学を修め、卒業後にUターンをして地元の熊本日日新聞に入社。主に県政や経済関連の取材を手掛け、特に県庁担当が多かったことから県議会、市議会議員と付き合ううちに政治の世界に興味を持ったという。そんな坂本に県議への道を開くきっかけとなったのは、後に国政選挙で激しい戦いを演じる相手となる松岡利勝であった。坂本によると経緯は以下の通りである（二〇一六年二月一日実施）。

当時は中選挙区制でしたから、魚住さんがいたり、松野頼三さんや野田さんとか何人かいらしたのですが、そこに松岡さんが新人で当選してきて、それまで松岡さんの系統でいた県議たちが魚住さん陣営に加わったのです。ですから松岡さんの系統の人たちが怒って誰か探してこいと、共倒れでもいいから相手を落とすぞということで、私に鈴がつけられたんです。

坂本が県議会選挙に出た一九九一年当時の熊本の選挙事情は、中選挙区制度の下、熊本一区と二区に分けられており、熊本一区では、自民党の重鎮である松野頼三、魚住汎英、野田毅、北口博が議席を激しく争っていたところに、松岡利勝が無所属で出馬し、松野と北口を破って当選してきた直後であった（第三九回衆議院議員選挙・一九九〇年二月一八日）。

当初は泡沫候補とみられていた松岡は、農水官僚時代のパイプなどを使って地元の建設会社などへの強力な働きかけをして選挙戦を戦ったという。松岡のそうした強引な手法に対して、それまで松岡と密接な関係にあった、坂本のいう「松岡系統」の県議や後援者たちが猛反発をして対立候補である魚住陣営にひるがえったのである。それに怒った松岡陣営が声をかけたのが坂本であった。坂本は初めての県議戦で魚住陣営が立てた候補と戦うことになり、かなりの苦戦が予想されたが、魚住系候補が高齢を理由に選挙戦半ばで降りたことで「それで首がつながった」という。

興味深いのは、実際に県議戦に臨んだ坂本を待っていた予想外の苦境である。

私もサラリーマンでしたから、とにかくいろいろ面倒見るから、お金も持っていないのだろうからということで、それじゃあと腰をあげたのですが、実際選挙戦に入ると全く違うのです。お金は出ない。組織はちゃんと応援してくれましたが、お金がないと何もできないので。言うこととなすことが全然違うじゃないかと口論になって（註＝松岡と）選挙が始まってくらいから冷戦状態になって。じゃぁいいです自分は自分で。松岡というのは標榜していきますが、あとは自分でお金を工面調達していきますよと。

声をかけてきた松岡が全くといっていいほど面倒をみてくれないという、予想外の展開である。さらに坂本は松岡からの声がけで県議会戦を戦ったので自民党公認ではなく無所属での出馬であった。党からの支援も得られず、地元国会議員（松岡）からの援助もないというきわめて厳しい戦いであった。

しかし、坂本は当選後自民党県議となっている。これは無所属で衆議院選挙を戦いその後に自民党所属となった松岡の動きに連動したものである。松岡は当選後に三塚派に参加しているが、当選の翌年の熊本県議会選挙の面倒をみる、つまり派閥から相応のカネを引っ張ってくるにはまだ時期的に無理であったのであろうが、坂本の印象では「下の面倒をみるような人物ではなかった」というから、たぶんに松岡個人の資質によるところなのであろう。

とはいえ、坂本が県議になった経緯からは、県議候補の人選は地元選出の国会議員の系統ごとに行われたことがわかる。ピラミッドの頂点にいる国会議員の下支えをする地方議会議員が、中選挙区制度下ではそれぞれが支持する国会議員の派閥グループをそのまま形成していて（坂本の言葉を借りれば○○系統の人たちであるが）、代理戦争さながらの選挙戦を戦う構図だったのである。

県議から国政へ

熊本県議戦の序盤から選挙資金をめぐって松岡と関係が悪化した坂本は、ほどなくして自民党を離党する。自民党をめぐる政治環境が激変したからである。一九九二年五月に熊本県知事を二期務めた細川護熙が日本新党を結成、さらに一九九三年には宮沢内閣への不信任決議が可決されたことをきっかけに新党さきがけが結成されたのである。新党さきがけは自民党の中堅と若手議員、武村正義、園田博之、田中秀征、鳩山由紀夫たちが中心となって旗揚げされ、後に細川の日本新党に合流、さらには同じく自民党を離党した小沢一郎によって結成された新進党とともに非自民政権誕生の引き金となった。

坂本は実母が園田の地元である天草の出身という地縁もあり、また園田の人間性にひかれて離党を決意する。このとき、他の天草を選挙区とする県議二人と共に離党趣意書を読み上げ、坂本ひとりだけが除名となっている。坂本の県議一期目の終わりにさしかかったころである。その後、坂本は二期目を新党さきがけの県会議員候補として当選。しかしながら、三期目は新党さきがけが消失し、園田が自民党に復党したことにより、自民党県議として復党している。

つまり、坂本の県議としての経歴は頂点にいる国会議員への忠誠と結びつきによって所属政党が変わるという形をとっているが、タテの結びつきによって議席を確保する図式は変わらない。

その後、坂本は熊本自民党県議として四期目の当選を果たすが、県議や地元の建設業界などをはじめとする財界で「反松岡」グループが勢いを増し、坂本は自民党を離党して無所属で反松岡候補として二〇〇三年一一月の第四三回衆議院議員選挙に出馬することになった。

坂本の選挙戦は激烈をきわめたという。

県議の三期目の終わりくらいから松岡さんに対していろいろな反発の声があって県議のなかにも反松岡グループというのができて。それ以外にもああいう人ですから建設業者をおまえつぶすぞと言ったりするわけです。言われた方は必死ですから、誰かに出てもらおうということで、また私がかつがれたのです。

坂本が無所属の候補者として敵にまわした松岡利勝は中選挙区時代の一九九〇年に熊本一区から出馬して当選を果たして以降は連続して当選を重ねていたが、地元での評判はすこぶる芳しくない。

坂本はさらに反社会的なグループからの妨害にもあったと証言している。

> 選挙戦は厳しかったですね。いろんな黒い世界がバックに（松岡さんの）あるものだから。選挙カーの前を走っている車が急ブレーキをかけて事故にあう寸前とか。出陣式でしゃべっていると暴走族が二〇台くらい来たりとかありました。選挙中は警察のほうから私たちが巡回しますからと、（投票日の）三〜四日前からは自宅には帰らないでくださいということでホテルを転々としたり。

結果、わずか六〇〇〇票の差で坂本は松岡を破って当選を果たした。選挙戦では、「反松岡」グループの県議たちが党派を超えて応援してくれたという。松野頼三の後を継いで衆議院議員になっていた松野頼久系統や野田毅系統、松岡の宿敵であった魚住系統の県議やその下の市議、町議までもが応援に加わった結果の勝利であった。

坂本の場合、自民党本部とは個人的なパイプはなかったが、坂本が親分と慕う園田博之が山崎派を作っていた山崎拓に密かにつないでくれたのを縁に、無所属のまま山崎派に加わっている。[2] 坂本の地元後援会は自然と「反松岡」グループで形成されていて、二期目に坂本が松岡に敗れたときには、地元の事務所の維持にも助力をしてくれたという。具体的には、地元の温泉旅館の組合の社長たちが、坂本の秘書を雇用することで給料を担保し、旅館の仕事を終えてから秘書たちは秘書業務を続けた。坂本によるとそういう支援グループが六つくらいできて、なかでも高校の同窓生におおいに助けられ、なんとか事務所を維持することができた。「松岡憎し」の残り火は予想外に勢いを失っていなかったということである。

この後、松岡は安倍政権下で農林水産大臣を務めていた二〇〇七年七月五日に自殺、坂本は補欠選挙で返り咲きを果たして今に至っている。坂本の地方議員から国政へと至る道筋は所属政党が変わったり、無所属であったりといささか複雑ではあるが、中央政界からの声がけから始まり（松岡からの引き合い）、いったんは園田博之と共に新党さきがけの県議になり、さらに国会議員になってからは園田の後押しで山崎派に所属するという、ピラミッドの頂点からの糸につながっての動きであることは一貫している。

また坂本を国政へと送った原動力になったのが松岡利勝に反目するグループであった点も、中央政界からタテ方向にかかってきた圧力に対する反作用ととらえることができる。つまり、ピラミッドの頂点と連動しながら、下から上への逆タテ作用が坂本のキャリアパスを形成したのである。地方議会経験者がどのように頂点にたどり着くのかを考察するうえで、坂本のケースはきわめて興味深い。

地方議会出身者が多数を占める背景

では、なぜ地方議会経験者がそれほどまでに自民党では強いのであろうか。坂本は次のように分析する。

地方は公募をやってもあまり人が来ない。人が来ても県会議員のグループがそれを受け付けないっていうのもあって、自分（註＝地元の国会議員）が辞めるときには自分の関連した地方議員ということになりますね。選挙をさせると、一回でもいいから選挙に出た人間の方が強いんですよね。名前を書かせた人間の方が。県会議員というのは多少なりとも自分の後援会を持っていますので、その後援会が他の地域に呼びかけて、うちの県議がこんど国政に出るからというようなことでやりますから、どうしてもそうなると思います。

坂本は、地方都市では公募や落下傘候補は厳しい戦いにならざるを得ないと指摘する。なぜなら県議は党派を超えて「同じ釜の飯を食ってきたという同族意識」が強く、突然ぽっと出てきたような「若くて、学歴がある」候補には冷ややかな傾向があるからだという。

こうした地方都市での選挙戦の特徴は、かつては官僚出身者が候補者の一大供給グループであったが現在は地方議会経験者が逆転している傾向に合致する。国会議員になるための有力な資材であった「中央省庁のエリートである」という立場は、今や「突然やってきた落下傘候補」の典型であり、「若くて、学歴がある候補」として県議たちの反発をかい、地元に根付いた応援を望みにくい候補者なのであろう。

また国政選挙を戦う際にも、有権者が地方議員として一度は名前を書いた経験がある候補者が有利であるという。確かに、日ごろから地方議員として活動している候補者の方が地元では知名度も高いし、なじみも深い。加えて、県議の後援会ネットワークが連携して集票に動けば、それぞれの地域に密着した効果的な集票がのぞめる。そして何よりも、現職を退く国会議員は自分の系統の地方議員にバトンを渡すのが慣例で、坂本の言葉を借りれば「自然なこと」なのである。

地方議員・地方組織総局の存在

坂本は地方議員・地方組織総局長を二期務めたが、この組織は地方組織の管理と地方議員の確保が主な仕事で、自民党の党職員だけでも三〇人くらいが配属されている。坂本はこの組織こそが、自民党が地方議員組織を大切にしている証であり、国政選挙用に地方議員をきちんと温存していることを示していると説明する。

それは国政選挙に備えて、いつでも適当な候補者を選び出せるような人材を確保しておく狙いがあるということでもある。地方議会議員と党中央がむすぶタテ糸の元締めの組織といえよう。

国会議員と地方議員の関係性の維持――自前の兵隊づくり

では、ピラミッドの頂点である国会議員と下部組織である地方議員はどのように関係性を維持しているのであろうか。カーティスの研究した六〇年前と様変わりはあるのであろうか。

坂本は詳述する。

私の場合は県議さんと新年会、暑気払い、忘年会などをやるし、反対に県議さんがうちの後援会の飲み会とかなんとかに来てくれとか言われれば行きますし、県議クラスはお互い連携を取りながら自分の手元から離さないといいますか……。そういう努力をしておかないと逆風が吹いたときに負けると思いますし、都会の公募で出てきた方々が風が吹かなくなると落選するのはそのへんが大きいんじゃないですかね。

地元選挙区には必ず週末ごとに戻る坂本は、かつて「同じ釜の飯を食った」県議たちとのつながりを重要視して、事あるごとに宴席を囲む。そういう努力をしないと地道な集票ができないからである。しかし、そうした県議たちにも、さらに下部に位置する町議や村議とどのような関係性を作っているかには二通りあるという。

県議の場合、一生懸命町議や村議を頼りにする人とあまり頼りにしない人と二通りあるんですよ。（下の）議員を大切にするからといってそれがそのまま県議に票となってくるかというとそうでもないところもありまして……。町議や村議になると親戚関係とかもっと濃密なその地域にしか分からないものがありまして。たとえば、町議が坂本を頼むよ、と言っても、町議本人については親戚だから応援しているんだから坂本は関係ないとかね。過去にあいつは松岡（利勝）に反旗をひるがえしただろう、とかね。

もちろん坂本があてにしている県議のなかには町議や村議との距離が親密なものもいて、それが小さな地域の集票につながっていることも事実である。が一方で地域単位が小さくなればなるほど、血縁や過去からのつながりなどの要素が色濃くなり、県議が町議や村議に働きかけてもそれが直接集票にはならないケースが出てくるという。自らが県議として足掛け四期の経験をした坂本ならではの分析である。坂本はいう。

私の場合は自前の兵隊をどれだけ持つかが一番大事で、大枠では県議の人たちだけはいつもきちんとコンタクトを取っておこうということですね。県議の場合には後援会も大きいので、県議は後援会に対して、自民党の坂本頼むよと言えばだいたい後援会の六〜七割は来るんですよね。

坂本は懇意の県議を「自前の兵隊」と表現し、自分の選挙のときに兵隊として戦ってくれるのは常に密接な関係を築いている県議とその後援会であると考えているようだ。県議は地元選出国会議員の集票の要となっている仕組みの一部であり、国会議員はそうした懇意な県議を手放さないように日ごろからの付き合いを欠かさない。下からの積み上げの集票システム、つまりタテ型集票の構図がしっかりとここにある。しかも「自前の兵隊」の忠誠心を育てるためには、盆暮れの飲み会や宴席を設けるにとどまらない、きめ細かく地元議員たちの面倒をみることが必要である。

頼むより頼まれる――陳情の作法

坂本は県議から頼まれごとをするよりも、直接地元の県側とのパイプ役を進んで担っている。

私なんかは県議をやってきていますので、県議に頼んで何かしてもらうというより、私が直接県に電話して、これ頼むよと。事業採択なんかのときはうちの選挙区あたりでというような事をそれとなくですね、言うことはできますが、県議の方は国に対して言えませんからね。

しかし、県議たちの求心力を保つためにはそれ相応の答えを出さなければならないともいう。

役所に対しては私たちを通さないといけないところがありますので、そういう点はやっぱり国会議員の方が県議から頼りにされる、頼りにされるということはそれだけ何かあった時にきちんと答えをだしてあげないと。

答えが陳情に対するものであれば、県議は国会議員とのパイプを使って自らの力を誇示することができよう。地元に○○を持ってこられたのは、自分（県議）のおかげ、つまり頼りにする答えを出してくれる国会議員に日ごろから尽力をしているからという理屈である。カーティスが田舎道での会話に驚いた「お世話になっているから」の構図は健在である。

あらゆる集まりに顔を出す

お世話をすることは、県議から下部の市議、町議となるとさらにきめ細やかな活動が求められ、その物理的な負担は半端ではない。坂本は「自前の兵隊」以外にも、県議時代のつながりから市長選への応援などにも駆けつける。市議や町議の活動は地域のあらゆることに及ぶ。

> 市議よりも町議、町議よりも村議になればなるほどきめ細かく、やれ子供が生まれた、七五三だ、コーラス会だ、常に人と結びついているかどうかということが、まあ五〇〇票、あるいは八〇〇票くらい取ればいいわけですから（筆者註＝選挙に勝てる）、ということはその内四〇〇人くらいと常に結びついている。年間三六五日でいうならば一日一〇人くらいとは常に何かの形で結びついているというところでしょうね。私も町議選があれば、当選者のところは全部まわります。

国会議員になってもなお町議当選者のすべてに顔を出す坂本は、地方議会経験者ならではの組織固めを実践し、市議よりも町議、町議よりも村議の方が地元への密着度がそのまま票になる現実をきわめてよくわかっている。

後述するが、日本の地方議会（都府県議・市議・町議・村議）において女性が一三・一％しかいない[3]現状とその背景には、坂本が指摘する地元へのきめ細かな対応への物理的な負担があることは間違いない。仮に家庭を持つ女性が男性と同じレベルでの活動をこなすとどのような障害が発生するか。坂本は厳しい現実について「日本の選挙は濃密ですから、有権者との結びつきとか、競争が激しい分だけ、財産も身体も家庭もすべて犠牲にして、健康を損なう、お金がなくなる……女性には物理的に今のままでは難しいでしょうね」と話した。

世襲について

坂本は県会議員として活動しながら地元の下部組織である市町村の議員たちとの繋がりを作り、地元選出の国会議員（松岡）に反発するグループ県議たちの後押しをテコに、中央政界との連携の糸をよじ登るように国政へと至った。当選を重ねた現在でも、そのタテ型の集票マシーンの維持には細心の注意を払い、「自前の兵隊」を束ねることに腐心している。

地元選挙区にはかつて地方議会で「同じ釜の飯を喰った」仲間が支援者となり、出身校の同窓生や同級生たちが「落選中も事務所の維持に力を貸してくれた」といわば安全装置となっている。地方議会からのたたきあげの坂本のケースでは、明らかに地元との密着度は高く、そうした関係性の維持こそが選挙での雌雄を決する。こうした関係性は、「イエ的小集団」として理解できよう。「同じ釜の飯を喰った」仲間との間柄主義でつながった「イエ的小集団」である。

では、坂本は世襲（血縁継承）についてどのように考えているのであろうか。

本当は世襲はやってはいけないと思うのですよ。ただ、私にも三四歳の息子がいますけれど、後援会が言ってくるのですよね。秘書にしないのかとか、息子はどうするのかとか。私は五四歳でたたきあげで出て、途中落選もはさんで一〇年ちょっと。

本当はあと一〇年早く出ていればもっといろいろできただろうと、それから初めから政治家になるつもりで二〜三年アメリカに留学でもしていたらもっと箔もついていただろうと思うと、自分の息子に政治学やらせようとか、早めに秘書にしてとか、親父がそういう気持ちになることもあると思いますね。自分がやりきれなかった部分を息子に託すというか、親子二代で成就させるというような……。

血縁継承は歓迎しないが、実際に国会議員になってみると自分の議席を託したいという思いがないわけではないと本音がのぞいた。大切にしてきた後援会が後継者を望んでいることも事実であるようだ。一度出来上がった後援会組織をどうするのか、これは存外、地元では深刻な問題である。まったく別の新人候補のために組織が丸ごと横滑りしていくことは常識的にも考えにくい。

地盤を継承していくということは、週末ごとに地元に帰り、関係性を維持して作り上げてきた後援会を中心とする集票組織を丸ごと渡していくことに他ならない。であれば、あらかじめそのシステムのなかに位置する人物、即ち「自前の兵隊」の一人、なかでもとりわけ兵隊としての活躍が目立った（即ち忠誠を尽くしてくれた）人物に渡していきたいと考えるのは自然な流れであろう。また血縁継承は別にして、そういう人物が後継者であることが後援会にとって最も好ましいことは容易に想像できよう。

このように、坂本のキャリアパスは、なぜ地方議会出身者が自民党のなかで圧倒的多数派であるかについて明解な答えを示している。

3　地方議会経験者に占める血縁継承と女性地方議会出身者のキャリアパス

概観

さて、地方議会経験者に占める血縁継承者はどのくらいいるのであろうか。

第四五回総選挙での自民党当選者一一九人中、地方議会出身者は三三人（男三二人・女一人）、このうち血縁継承にあたる当選議員は男性が九人、女性は一人である。[4] 男性は二八％、女性は一〇〇％となって、男性当選者に占める血縁継承者の比率も三割と決して少なくないが、女性の割合は言うまでもなくきわめて圧倒的である。

次に第四六回の地方議会出身者の当選者は男性八三人、女性四人であるが、血縁継承の占める割合は男性が二三人で二八％、女性は三人で七五％と、女性の血縁継承者がこれまた圧倒的に多いのが特徴である。

また第四七回では、男性の地方議会出身者が七九人、女性が四人。このうち血縁継承は男性が二三人、女性が三人と血縁継承議員はまったく変わらずに議席を守っている。

この三回の選挙で議席を得た地方議会出身女性議員は、野田聖子（比例東海・当選六回）、金子恵美（新潟四区・当選一回）、高橋比奈子（比例東北・当選一回）、渡嘉敷奈緒美（大阪七区・当選二回）の四人で、このうち血縁継承の背景を持たないのは渡嘉敷のみである。なぜ女性地方議会出身者にこれほど血縁継承者が多いのか、それでは次に個別のキャリアパスを見てみよう。

個別のキャリアパス

第四五回総選挙でたった一人の地方議会出身者である女性当選議員は、比例東海ブロック当選六回の**野田聖子**である。先に述べた通り、二〇〇九年に行われた第四五回総選挙は自民党が政権与党の座を民主党に明け渡した政権交代の選挙で、自民党には大逆風が吹いた厳しい戦いであった。

そうした政治環境に加え、野田はその前の二〇〇五年に小泉政権下で行われた郵政民営化を争点としたいわゆる「郵政選挙」で、郵政民営化反対を唱えて自民党の公認を得られず、落下傘候補として送り込まれた「刺客」の佐藤ゆかりと自民党岐阜県連を二分する苦しい戦いを強いられていた。野田は「自民党岐阜県連公認」として戦ったが、党本部からの激しい陣営切り崩しに合い、県議、岐阜市議、業界団体の一部が離反、最後は公明党票を頼むまでの選挙戦となった。[5]結果は野田が五戦を征したが、このときのごたごたが後をひき、二〇〇九年の選挙でも地元の自民党支援者の一部が民主党候補を応援する異例の事態となり、野田は小選挙区で民主党候補に敗れ、比例で復活当選するぎりぎりの戦いであった。[6]

こうした複雑な事情があった選挙ではあるが、反対に選挙区の岐阜県連の一〇〇%の支持を受けずとも当選を果たすことができたのは、やはり代々築いてきた地元支援者たちの団結にあったという。[7]

野田は、第二次吉田内閣で建設大臣を務めた野田卯一の孫で、卯一の地盤を守るために後に養女となって野田性を継ぎ、上智大学外国語学部比較文化学科卒業後に勤めていた帝国ホテルを退社して、一九八七年岐阜県会議員に立候補して当選。その後一度の落選を経て一九九三年に衆議院議員となった血縁継承である。[8]

こうした経緯について野田は、「一度目の国会議員挑戦はちょうど土井たか子さんが社会党党首となって戦った参議院選挙の後で、自民党も一人くらいは女性議員がいなくてはならないのではないか？　とまさに〝ゼロから一〟へというスローガンで戦った選挙でした。でも結果は落選」と[9]語っている。

出馬のきっかけについて野田は、帝国ホテルでOLをしていた時に突然卯一の後援会関係者から電話をもらい、卯一が衆議院議員選挙に落選し引退していたことを受けて、熱烈なラブコールがあったと述べている。卯一が落選したことへの償いとして後援会が野田を県議に推すということだった。[10]つまり卯一の地盤と看板、さらにはカバンを丸ごと野田が継承し、まずは県議選に出たのである。

当時、女性が県会議員になることすら稀で、それは整えられた地盤、看板、カバンがあってこそ可能であった。さらにそこから国政に進むことがどれほど困難であったかについては、「中選挙区制の時代であったから一人くらいは女性候補が受容されたのではないか」とかつて野田本人から国政進出時の苦労を筆者が聞いたことを記憶している。野田は県議から国政への初出馬で落選してから四年間浪人し、三二歳で国政初当選している。

野田は、日本経済新聞社のインタビューのなかで、「男性というだけで有権者の意識、企業の採用の意識に見えざるゲタがある」と述べている。[11]

野田が指摘している「ゲタ」とは、男性であることだけで優位に立てる社会的評価のカサ増しである。一方でオンナは札（票）にならない、という女性候補へのステレオタイプの評価がはびこる現状がある。[12]

「イエ中心主義」の政治指向では、女性はまずは「家庭長」として妻や母としての役割を優先することを求められる。そうした認識下での女性は、選挙運動も政治活動も限定的にならざるを得ず、小選挙区と同等の広さの選挙区を回る必要がある県議に出馬、当選することすら入口として困難であることは言うまでもない。野田は県議への出馬について「たまたま祖父が議員をしていたことがあって、その知り合いの方から「女性を出したい」という動きがあったんですけど、岐阜ってすごく保守的で、たとえ優秀な女性であっても家族の反対があって出られない場合が多いんですが、岐阜のかつての国会議員の孫だったので」と、血縁継承者として地盤を受け継いだ優位性を認めている。[13]

ただ、地方議員に女性が少ない現状は政党別に見るとばらつきがあるものの、自民党系列議員に限られない。そもそも女性議員が地方議会でまだ少数であることが背景にある。このことは国政に進出する女性議員の数を阻害するひとつの決定的な要因でもあるので、地方議会と女性議員の関係についてはこの後の章で検討を加えるべき、重要なテーマであることを付け加えておきたい。

金子恵美（新潟四区・当選一回）は、父由征が地元新潟の月潟村（現在は新潟市に編入）の村長を六期二四年間務め、また新潟市議でもあった、いわば地元の名士である。金子は早稲田大学を卒業後、二〇〇三年新潟放送に入社、一年後に退社してフリーライターなどを経て二〇〇七年、新潟市議会議員選挙に南区から出馬し、トップ当選した。[14] 市議への出馬について金子は父親の引退が契機で、「南区で月潟を守る人がいないといけない」との思いからとしている。[15]

その後、二〇一〇年には市議任期途中で辞職し、新潟市南区選出の県議吉沢真澄の死去に伴う新潟県議会議員補欠選挙に出馬、他に候補者がおらず無投票にて金子が当選した[16]。県議二期目の途中で辞職し、二〇一二年第四六回総選挙に新潟四区から出馬し、国政初当選となった[17]。

金子は政治家の父親を見て育ち「毎日公務で忙しく、父親というより政治家という存在でしたね」「父の跡を継ぎたいと自然に思うようになった」という[18]。また県議を任期半ばで辞めて国政を目指した理由については「新潟は「保守王国」と言われながら、二〇〇九年の自民逆風衆院選では、六つの小選挙区すべてを民主党が独占していました。民主党政権のひどさは地元でも深刻でした。母校の三条高校が四区だったこともあり、「ぜひ決断して」と出馬を勧められたのです」と地元の強い要請があったとしている[19]。

金子は自民党が下野している時期に、同じ県議の先輩を通じて自民党新潟県連から公募で支部長にどうかと誘いがあったことを明らかにしており、「そのときは県議の任期途中だから無理」と断ったが、最終的には四区の支部長に選任され、民主党の現職菊田真紀子を破って初当選した[20]。新潟四区の支部長公募は二〇一一年九月一日から一六日まで行われ、応募者は八名、書類審査や各部意向取りまとめなどを経て、一〇月一四日に金子に決定している[21]。

金子は父親の政治家としての姿を幼少から見てきたことによる「環境的世襲」と、父親の地盤と看板による市議会から県議会へのキャリアパスを形成することにより、国政へのきっかけをつかんだと言えよう。しかし、新潟四区には父親の地盤であり、金子の市議、県議の地盤であった月潟村は含まれていないことも付け加えておく。

高橋比奈子（比例東北・当選一回）は一九五八年、岩手県盛岡市生まれ、日本大学芸術学部放

送学科を卒業後、一九八一年テレビ岩手に就職、アナウンス部に配属された。一九八六年結婚を機に退社し、フリーアナウンサーとして活動。一九九五年、実父で盛岡市議や岩手県議を長く務めた横田綾二が引退を決意したことから後援会の後継要請に応え、無所属で盛岡市議選に出馬し、圧倒的な得票で当選した。[22] その後高橋は県議に転じ、市議三期、県議二期合わせて一四年間務めた。[23]

高橋の実父横田綾二は保守王国盛岡県議会で唯一の共産党議員として知られ、六期二四年務め、党派を超えた大衆政治家として地元で親しまれた存在であった。[24] また綾二の母（高橋の祖母）チエは盛岡県議会で初の女性議員として活躍した。[25] 高橋はこうした祖父母の時代から父親まで根強く支えてきてくれた後援会から後継を打診され、「石材店の長男の嫁であり二児の母という立場ではとても無理だと思っていました。ところが父の親友である義父（主人の父）は当然のことながら父の後援会の幹部であり、私が跡を継ぐことを望んでいた一人でした」と、後継を受けることを決めたのは、父親の後援会幹部だった義父に背中を押されたからと明かしている。[27]

高橋は二〇〇五年七月に行われた岩手県議会議員選挙に自民党公認で出馬し、初当選したものの、二期目途中の二〇〇九年八月四日に県議を辞職し、同年第四五回総選挙に岩手一区から出馬するものの、民主党階猛に大差で敗れて落選。第四六回総選挙において再び同選挙区から出馬、階に再び敗れたが比例で復活当選した。[28]

高橋が国政への出馬を決めたのは子供たちの言葉だったという。「息子たちに、僕たちのためにみんなのためになることをやめないで」と言われたという。[29] 市議選に出る際には義父に、国政へと出る際には子供たちの言葉に背中を押されたことには、高橋が二児の母としての「役割分業」に一定のこだわりを持っていたことがうかがえる。

なお高橋は政治家一家の出であることから血縁継承者グループに分類されるが、高橋が岩手一区から出馬を試みて落選していることを見ると、横田家の政治家としての地盤と後援会組織の地域の広がりの限界もうかがえる。なぜならば、出身地盤の市議選でも県議選でも高橋は圧倒的な強さを見せていたにもかかわらず、小選挙区では落選しているからである。

しかし、岩手県はかつて「小沢王国」と言われた選挙区であり、岩手一区は「小沢王国」の一翼を担った達増拓也岩手県知事の衆議院議員時代の地盤であり、高橋の比例復活は、自民党としてこの選挙区では一六年ぶりの議席獲得で、岩手県初の女性県会議員の孫というブランド力も加味されても高橋が健闘したと評価されるべきである。

渡嘉敷奈緒美（大阪七区・当選三回）は京都市出身、聖心女子学院中学・高校から昭和大学薬学部を卒業、薬剤師の免許を所有している。一九八五年資生堂に入社するものの、一九九二年に休職して早稲田大学ビジネススクールにて経営学を修め、一九九三年に復職、一九九四年に大前研一が主宰する「一新塾」に一期生として入塾し政治を志す[30]。

一九九九年「現役OL三六歳の挑戦」を掲げて在職のまま東京・杉並区議会議員選挙に出馬して当選。資生堂を退社し、杉並区議を二期務める。二〇〇五年の第四四回総選挙にて公募で大阪七区から出馬して当選。二〇〇九年の第四五回総選挙での落選を経て、二〇一二年第四六回総選挙で大阪七区にて国政へ復帰している[31]。

渡嘉敷によると父親が政治や歴史の話をすることが多く、そうしたことが渡嘉敷が政治を目指すきっかけになったという。渡嘉敷は杉並区議から二〇〇五年七月に都議会を目指したが落選、そのときの敗因分析が次の衆議院選挙での戦いに役に立ったとも述べている。[32]が、大阪七区は渡嘉敷とはまったく地縁のない選挙区で、しかも対抗馬はそれまで三選を果たしてきた民主党の藤野修であった。[33]

大阪七区は千里ニュータウンなどの大型ベッドタウンをかかえる典型的な無党派層中心の選挙区であり、藤野は反自民の無党派をとりこみ手堅い選挙を続けていたが、二〇〇五年の「郵政選挙」で、小泉首相の「女性候補を増やす」という選挙戦略として、渡嘉敷は落下傘候補で小泉旋風に乗って藤野を破った。

渡嘉敷は、都議選では出馬をしたものの必要な最低得票数を満たすことができずに供託金を没収される結果となっており、その直後に国政へとジャンプを図れた背景には、新人の大量当選を実現した小泉旋風があってのことである。

その後、民主党政権時代には落選となるが、渡嘉敷は大阪吹田市の薬局で薬剤師をしながら次をうかがった。二〇一二年の自民党政権奪還選挙で、同じ大阪七区から再度出馬して藤野を破るが、このときの自民党総裁安倍晋三の妻昭恵とは聖心女学院の中学・高校の同級生という立場である。[34]

渡嘉敷のケースは、現職のOLから杉並区議になったことがキャリアパスの始まりではあるが、自ら「一新塾」に参加し、政治家への志は本人が述懐しての通り幼いころからの家庭環境にあった。よって、地方議会議員はもっとも身近な政治家への入り口であり、区議から都議を目指したことからもうかがえる通り、渡嘉敷はタテ型にキャリアを国政へとつなげるつもりであったのだろう。

しかし都議にはなれず、そこに「小泉チルドレン」に公募する機会を得て、一気にキャリアの階段は国政へと上がった。

これまで見てきた女性議員で二〇〇五年に初めて当選をしたケースは、渡嘉敷のように世襲などの特段の後ろ盾を持たない、また知名度もない、さらには地盤もないという新人たちが小泉旋風に乗って初当選をしているのが特徴的である。渡嘉敷も杉並の区議を経て、都議からの国政であれば地盤も築けよう、しかしそうしたタテ型の積み上げが渡嘉敷の場合不可能であったということになる。

男性のように地方議会出身者が多数派を占めていることに比べて、自民党の女性議員には、「地方議会からのたたき上げる」ルートが出来ていないことがわかる。いわば、地方議会と国会の断絶が起きているのである。渡嘉敷のキャリアパスはそのことを如実に示している。

まとめ

本章の研究対象である第四五回、四六回、四七回の総選挙を通じて、自民党女性議員の地方議会出身者は最大四人で、そのうちの野田聖子、金子恵美、高橋比奈子の三人は「環境的世襲」を含めて血縁継承者である。男性議員の地方議会出身者に比べて、そもそもわずか四人で女性の前職多数派グループであることからも、女性地方議員出身者の少なさが尋常でないことを示しているが、そのうちの三人が血縁継承者である事実は、一般の女性が地方議会を端緒にキャリアパスを形成することがいかに難しいかを表している。
血縁継承者には相応の優位性があることは、個別のキャリアパスを見ても明らかである。野田は祖父の地盤と古くからの後援会を受け継ぎ、金子も市議、県議とキャリアアップにあたっては父親の地盤と後援会が支援している。また高橋も地元では著名な女性県議の孫であり、ブランド力があった。政治との距離という意味ではやはり血縁継承者は優位である。
神奈川県の地方議会議員の意識調査を基にした大山七穂・国広陽子著『地域社会における女性と政治』のなかで、親族に政治家がいる女性議員の場合、同じ社会的背景の男性議員よりも政治的な関心を持つ時期がより早いという調査結果が紹介されている。[35]
同書では、父親が六期市議会議員を務めたある女性議員は、子供のころから父親と支援者や有権者との交流の場——忘年会や新年会に出席していたことを明かしていて、家族ぐるみで選挙にかかわってきたことが自然に自分のキャリアパスの形成につながっていると語っている。こうした事例からも、身内に政治家を擁する環境にいることによって、政治的な活動への参加の機会が一般の家庭で育った女子とは一線を画しているのは間違いない。本人が政治家を志すかどうかの選択の幅はあるものの、結果として議員になった女性は男性よりもそうした家庭環境に影響を受けているのである。
同様の傾向についてはローレスとフォックスによるアメリカ人三八〇〇人の男女の潜在的候補者のキャリアパスを分析した研究でも、政治家の家に生まれた子供（娘）は日常的に政治の話題に触れることによって政治的野心を持つようになる事例が紹介されている。[36]
繰り返しになるが、本書で世襲を広義の意味でとらえているのは、政治の門をたたく女性が少ない現状を分析するうえで、親のみならず親族などに政治家がいることはけっして小さくない差異をもたらすとの前提からである。日常的に政治に触れることは、政治を身近にとらえる機会を提供し、また政治家の家族や親族を通じて、政党との距離を近づける。つまり、血縁継承によって、女性自身の政治的野心が育まれる環境と、政党がその女性を候補者として認識する、あるいは発見するリーチの範囲に存在すること、この二つの要素が満たされるのである。

また、先にも述べたように、タテ型の集票システムを中心に機能している自民党の選挙戦では、市議や県議時代に集票にどれほど貢献したかが当該選挙区で国政への候補者として認知されるための重要な要素である。物理的にも家事や育児などで時間の制約を受ける女性地方議員がそのタテ型集票システムの一員として集票に貢献できるかは甚だ疑問である。

同時にタテ型集票の基礎は個人後援会組織である。後援会組織を拡大・維持することは、後援会を組織する支持者や支持団体のお世話をし、陳情などを細かく拾うことが求められる。要するに、女性議員が地方議会からキャリアアップを望むためには、地方議員としての支持基盤を固め、さらには中央政党との関係性作りをすることによって、「札」も資金もすでに獲得している候補として認知されなければならないのである。

第12章　地方議会と女性議員

なぜ地方議会から国政へと進む女性議員がそれほどに少ないのだろうか。答えは明白で、そもそも地方議会に女性が少ない、平均して一四％しかいないのが現状であるからである。[1] ピラミッドの底辺に位置する地方議員に女性が少なければ、当然それ以上のヒエラルキーに昇る数も絞られてくる。

自民党の地方議員経験者で国政へと昇った女性は前章で検討した通り、ほぼ血縁継承で政治的な環境と知名度などの強力な後押しがあった女性議員たちである。自民党を構成する男性議員のなかでは地方議会議員出身者グループは圧倒的な多数派であるにもかかわらず、なぜ女性は地方議員から同じようにキャリアパスを形成することができないのか。いわば、地方議会と国政の断絶が起きている原因を解明するために、地方議会議員の現状はどのようなものなのかをここで検討する。

1　そもそも地方議会に女性が少ない

地方議会と女性議員――概観

二〇二〇年一二月に内閣府男女共同参画局が作成した「全国女性の参画マップ」によると、全国の地方議会議員（都道府県・市区・町村議会）の女性議員は四六四〇人で、全体の議員数三万二四三〇人の一四・三%にとどまっている。[2] さらに議会レベルで見ると、都道府県議会における女性議員の占める割合は一一・四%、市区議会では一六・六%、また町村議会では一一・一%である。また全国に一七四一ある市区町村議会で女性議員がゼロの議会は三一一、一七・九%である。[3]

このデータで注目すべきは、最も暮らしに身近なレベルで、選挙活動も市区レベルと比べれば限定的な地域で、女性が限られた時間でも選挙を戦い議員になれる可能性が比較的高いはずの町村議会において、女性の過少代表が顕著なことである。また、内閣府の別の調査によると、女性議員ゼロの議会は、都道府県議会では〇%、市区議会では六・三%、町村議会では三二・一%と、自治体の規模が小さくなるに従って女性議員ゼロ議会が増加している現状であることも分かった。[4]

アメリカで上下両院議員になりうる諸条件を満たしていると考えられる、潜在的候補者グループに属する男女三八〇〇人のキャリアパスを八年間にわたって追跡して分析した、ローレスとフォックスの研究『なおも候補者が必要だ』（*It Still Takes a Candidate*）によると、学校のPTAや地域の寄り合い、ひいては村、町、郡などの身近な「議会」では、女性が男性よりも議員としての多数派を形成しているかほぼ同じくらいの割合である。[5] しかし、上部の議会へと規模が拡大するに連れて女性議員は減っていくのである。ちなみに上下両院議員に占める女性議員が少ない現状については、民主主義先進国であるアメリカも変わらない問題を抱えているのであるが（ＩＰＵ・議会列国同盟が一九〇ヶ国を対象にまとめた女性議員の比率ランキングで、アメリカは二七・三％で六七位である）[6]、町村議会などの下部組織では通常、女性議員が占める割合が国会議員に比べて高い。

しかしながら、日本では県議会よりもさらに規模の小さい、より生活に密着した町村議会に女性議員の数が少ないという、いわば逆転現象が起きている。これはどういうことなのだろうか。

2　根強い役割分業意識——まずは妻・母・嫁であることの負担

町村議会の女性議員は六〇歳以上の専業主婦が多数派

二〇一八年三月に内閣府がまとめた「政治分野における男女共同参画の推進に向けた地方議会議員に関する調査研究報告書」によると、町村議会の男性議員の占める割合は九〇・二％で、女性議員はわずか九・八％と一割にも満たない（図12−1参照）。

この極端なまでの男女比の違いは、町村議会議員を現職としている女性の年代層が六〇歳から七〇歳未満が最多（五〇・二％）であること、また別の調査によるとその職業は無職が五一・九％と過半数を占めていることと密接な関連性がある。[7]無職とはつまり、専業主婦が主に議員職についていることを指している。これは男性議員の農林水産（自営）業従事者が三四・六％などの有職兼業者と鮮明な対比となっている（図12−2参照）。

このデータが示しているのは、一割にも満たない女性町村議会議員の多数派は六〇歳代以上の専業主婦層という、時間的にも経済的にも一定の負担に耐えられる人たちであるという現実である。つまり、地方議会議員は家事や育児、農業などの自営業のかたわらに女性がこなせるような職業環境ではない実態がここからはみえてくる。

妻・母・嫁の役割負担のうえに議員としての活動

「町村議会議員の活動実態と意識」の調査報告には「住民は男性議員には遠慮しているのに、女性議員にはいろいろ意見や文句を言ってくる」との女性議員からの意見が紹介されていて、日常的に女性議員が不満や文句のアクセス先となっていることがわかる。また、町村議会議員は地元の各種寄合や行事への参加、さ

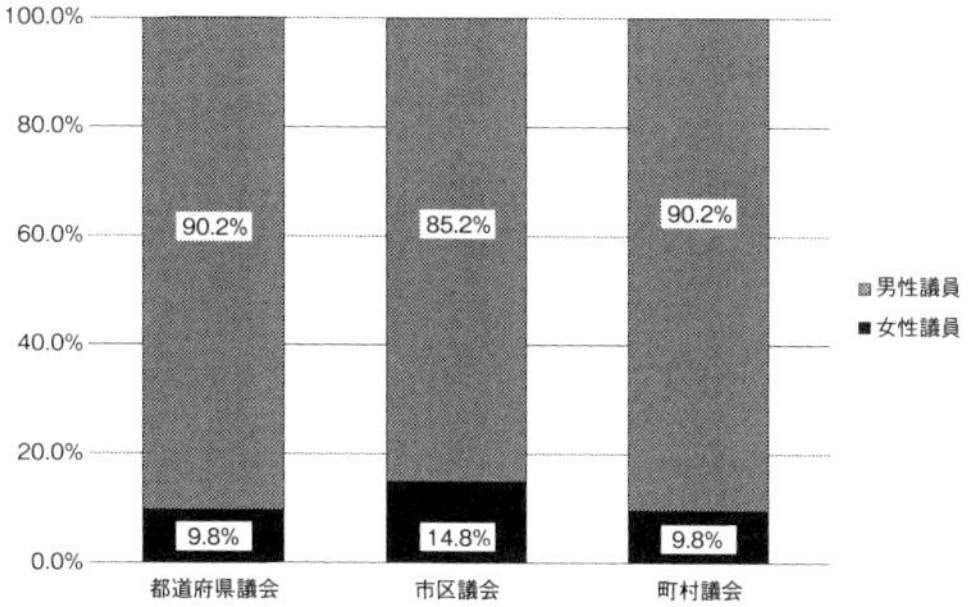

図12-1 各地方議会における女性議員の割合
註:「政治分野における男女共同参画の推進に向けた地方議会議員に関する調査研究報告書」より引用・作成

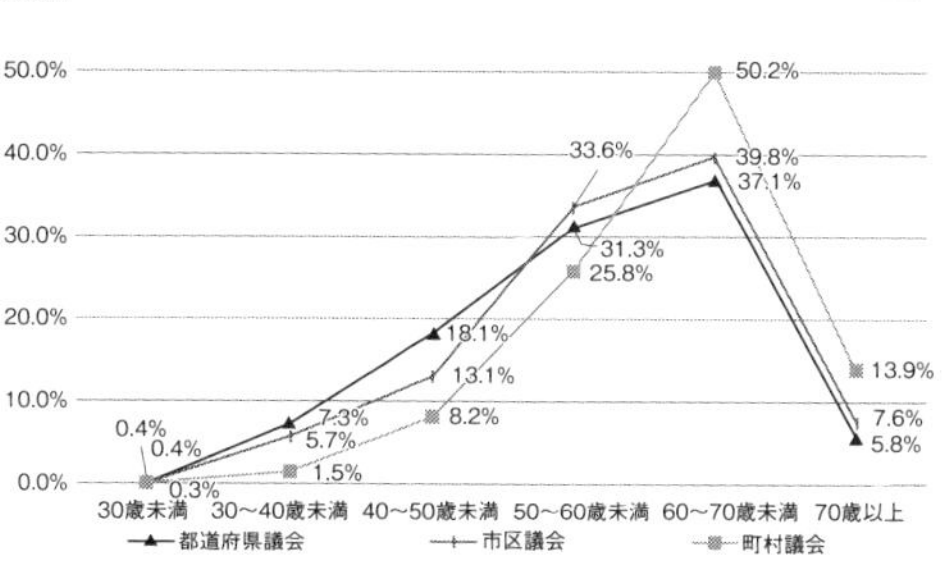

図12-2 各地方議会における女性議員の年代層分布

らには県議への地元票のとりまとめなどのパイプ役としての働きも期待されるが、家事・育児は基本、女性のするものとしての役割分業論が根強い地方部では、女性が担う負担は男性の比ではないことが容易に想像される。

前出の坂本哲志衆議院議員も述べていたが、市議よりも町議、町議よりも村議と、地域との密着度が濃くなる選挙区を持てば持つほど、「やれ子供が生まれた、七五三だ、コーラス会だと常に人と結びついているかという」ことが集票の決め手になるという。[8] 細かな集会やイベント、ひいては有権者の個人的な冠婚葬祭までマメに顔を出しておくためには、家事や育児などの負担をどこかに転嫁しなければ物理的にも成立しない。

「イエ中心主義」の政治指向において「家庭長」と位置付けられた女性認識については、地方の伝統的社会通念、女は家のことを、男は外で仕事をという伝統的役割分業論がとりわけ根強く、女性の政治進出ひいては社会進出の障害になっていることがよくわかる。

地域密着故の負担

二〇一五年六月に『読売新聞』が特集した「増やそう女性議員」のシリーズには、子育て中の女性には立候補することすら難しいと、自身の経験を語る東京都昭島市の主婦の話が紹介されている。[9] 記事によると、上原瑠璃子さん（当時四七歳）は民主党の公認を受けて市議選を目指したものの、党から五〇〇〇軒の挨拶回り、毎朝、毎夕の駅前での辻立ち演説などを求められ、自身の子供の面倒を満足にみることもできなくなり、「本末転倒と感じ苦しくなった」と立候補を取り下げたという。

また先に引用した大山と国広による『地域社会における女性と政治』にも、地方議員の仕事の忙しさに悲鳴をあげている女性の声が紹介されている。そのままここに引用する。

土日も出っぱなしで予想外の忙しさだった。冠婚葬祭に、地域の祭りやイベント。それからコーラスの会やらお話の会やら……見に来て欲しい、応援に来て欲しい、そのときちょっと差し入れでも、ってな感じなんです。

もう一人の女性議員は、

フルタイムの勤め人と決定的に違うなと思ったのは、休みがない。年休があるわけじゃないし、勤務時間があるわけじゃないんで、拘束されていないけど、その分休みがとりにくい。[10]

こうした地方議会の現場からの声には、子育てや家事と議員の仕事とを両立させる物理的な難しさがにじみ出ている。特にイベントや寄合などへの顔出しなど有権者との直接交流は政治活動には欠かせないものであるが、関われば際限のない職務である。大山と国広の研究は地方自治体でも女性議員が比較的多く、議員定数の多い都市部をかかえる神奈川県を対象に行われたもので、他の自治体よりは女性議員を取り巻く意識や環境が整っているかに思われるが、それでも子育てや家事は女性の役割という根強い役割分業論に四苦八苦している現実が見えてくる。

また、女性国会議員の「飲み会はしご政治」と題する記事を掲載した『朝日新聞』には、同じ神奈川県で実際に川崎市議を一期で引退した吉田史子さんがメールを寄せている。[11]吉田さんはマーケティング会社を経営しながら小学生の子育てをするシングルマザーである。

女性も暮らしやすい社会にしたいと市議選に立候補しました。しかし、市議になってみると夕方から夜間にかけての会合、選挙への応援などに時間をさく必要に迫られました。仕事にはやりがいを感じましたが、時代遅れと思えるやり方に生活を合わせきれず引退。

吉田さんは飲み会をはしごしなくては有権者の声をひろえないような古い政治土壌自体を変える必要性を訴えている。役割分業論に振り回されている女性だけでなく、シングルマザーの吉田さんのように母親としての役割と生活を維持するための仕事を同時並行しなくてはならない立場にある女性にとっても（シングルファーザーで子育て中という男性にとっても）、どこまでが仕事であるかの境界線がみえない議員活動は、本質的なあり方――有権者が望むものも含めて――を変えないかぎり、厳しい職業選択でしかありえないのであろう。

こうした現実が、子育てなどが終わって時間の自由を担保できる六〇歳代の専業主婦が町村議会の女性議員の大半を占める現状を生み出しているのである。

報酬

このような現実は議員報酬と生計のバランスにもはっきりと現れている。「町村議会議員の活動実態と意識」によると、世帯の年収総額に占める議員報酬の割合は、全体の約七〇%が五割未満と答えている。ほぼ議員報酬だけで生計を立てていると考えられる、年収総額の九割を議員報酬でまかなっていると答えた議員は五%にも満たない。残る九五%の議員たちは、なんらかの別の収入で生活を維持していることになる。

具体的に見てみると、男性議員の兼業率は七九・五%で、もっとも多いのは農林水産業を自営している議員で三四・六%である。その他、従事している職種は商業、工業、会社や団体役員となっているが、一方の女性議員は無職が五九・一%と六割近くにのぼっている。[12] つまり議員報酬で生計を立てることを前提としない主婦が女性議員の中心として活動していることがわかる。

年代別に見ると、無職と答えた議員でもっとも多いのは六〇～六九歳で（男女合わせて）、このことから女性の町村議員は「六〇歳以上の専業主婦で経済的な下支えがある」人たちというプロフィールが多数派であることがうかがえる。例えば、シングルマザーとして働く女性が仕事を捨てて地元のために議員になろうとしても、報酬面でも不安が残るであろう。この調査では、実際に議員になった人たちの不満もアンケート調査をしているが、「報酬が低い」が男女合わせて三二・二%と三割を超えている。

また、前出の神奈川県の地方議員を対象とした研究である『地域社会における女性と政治』では、県内でも最大規模の横浜市議会の歳費は二〇〇七年の一月時点で月額九七万円、それに議員の研究調査費として支払われる政務調査費が月額五五万円であることを紹介している。言うまでもなく横浜市の場合は破格であるが、それでもある女性議員は「歳費は事務所の家賃や経費でほとんど消える」ことや「歳費は事務所の維持で大変で夫に食べさせてもらっている」こと、また別の女性議員は「懇親会や飲み会に顔を出さないといけないので、会費にして一万とか二万とか出ていく」「国会議員の資金集めパーティなども券を買わないといけないこともある」などと議員報酬＋政務調査費でも生活をするには不足する現状だと訴えている。[13]

ただし、この報酬額と政務調査費を得ているのは、横浜という政令都市の議会であることが背景にある。「政治分野における男女参画の推進に向けた地方議会議員に関する調査報告書」では、議員報酬への満足度についてのアンケートで不十分であると答えた議員の割合が高いのは、町村議会所属の議員である（都道府県議会一三・五％、政令都市議会七・三％、市区議会二一・九％、町村議会五七・〇％）[14]。また同調査では、政務活動費が「ある」と回答したのは、都道府県議会一〇〇％、政令都市議会で九七・六％、市区議会で九二・三％に対して、町村議会は二九・四％にとどまっている。[15]

このような報酬の低さは生活費の稼ぎ手として期待される男性議員の場合は必然的に兼業が多くなり、他方女性は親元で暮らしている、結婚しているなどの経済基盤を既に所有している人たちが、立候補しやすい要件を備えていることになるのである。

先に示した、町村議会の構成議員の年齢層が男女ともに六〇～六九歳が多数派であることは、子供たちが独立して経済的な縮小に耐えうる環境であることが要因であろう。このような年代の議員たちが、年齢的にもさらに上部の議会へとキャリアを進めていくことはきわめてレアなケースであり、身近な地域社会の議会から女性議員がキャリアアップをする道筋が形成されない原因である。[16]

まとめ

もっとも暮らしに密着した議題を扱う町村議会レベルにおいて女性議員が一割強しか占めない現状は、議員に求められる時間的・物理的な負担、報酬の少なさ、役割分業論に象徴される社会通念が女性の政治進出の障害となっていることは本章で検討した通りである。

女性の地方議会出身者が国政レベルで男性に比べて圧倒的に少ない背景には、本来大きな潜在的候補者のグループとなるべき地方議会での女性の過少代表が原因としてあげられる。町村レベルで一割強の女性議員がさらに県議会議員へとキャリアを進めていくことが果たしてどれだけ可能だろうか。常識から推論しても、町村議会レベルよりも対象とする選挙区が大幅に拡大する県議会議員には一層の負担が伴うのは必至であり、そうした物理的なハードルを越えるためには相応の後押しが必要であろう。

後押しとは例えば、政党の財政的なバックアップであり、女性議員本人を取り巻く家族や支援者グループの支えである。当然のことながら、その前提には女性議員本人の更なる政治のキャリアの梯子を登る強い意志がなければならない。ちなみに「町村議会議員の活動実態と意識」によると、政党別で見る女性議員数がもっとも多いのは公明党と共産党でいずれも二〇％前後、対する自民党は一・八％である。このデータが示すのは、政党として組織的に女性候補を立てる体制になっているかどうか、共産党や公明党の町村議会レベルでの組織としてのバックアップ体制が、自民党よりは整っているということである。

地域に密着すればするほど議員活動の職務が生活全体を拘束することは前述の通りであるが、町村レベルの議会活動は本来は、最も身近な「政治家としての職能訓練」の場ともなり得るはずで、それがその後の政治活動の拡大やキャリア形成の起点になることが理想でもある。しかし本章で検討した通り、町村レベルの議会では六〇歳以上の主婦が女性議員の多数派であり、そうした人材が県政へとキャリア形成をする可能性はほぼゼロに等しい。自民党の選対本部に長く関わった関係者によると、女性が地域密着の地方議会からたたき上げ、県議会レベルへとキャリアアップすることは極めて稀だという[17]。

市議会議員クラスならそこそこ女性は居るんですよ。だいたい二〇分の一くらいだったら当選できる。しかし県議会議員になると、ほとんど小選挙区に近いわけでしょ。一人区、あっても二人区とか、都市部だって（当選者定数は）せいぜい三、四人区でしょ、そこに上がってくるって大変ですよ。

この関係者が指摘する「大変さ」は、選挙運動への時間的な拘束や選挙区域拡大に伴う物理的な負担を、女性が担うことの難しさである。

自民党の地方議会出身女性議員が男性に比して極端に少なく、さらには血縁継承者が多数派となっている現状は、このような地方議会と国政の断絶を反映したものであり、議員活動の実態と女性に今も根強く求められる「理想の母」や「理想の妻」という「日本型福祉社会」で強調された「家庭長」であるべきという女性認識が、結局のところ女性の議会への関わりを阻害しているのである。

前出の自民党選対本部関係者は、政党サイドの候補者選択としては、もし同条件で男性と女性が候補者として名乗りを上げた場合、迷わず男性を選ぶとも述べた。

（女性は）生活のこともあるし、資金的なこともある。それから女性であるが故に女性を全部味方にできない部分もあるわけですよ。女性が女性を見る目というのは非常に厳しいから。人脈もあって資金もある主婦とかが居ますかね？　ダンナのご飯も作らなくてもいいとか言って、全面的に選挙協力してくれるダンナなんていているのかなぁと思いますよ。だったら迷わず男性候補を選びます。[18]

この証言は極めて率直な選挙の現場の声と理解できよう。県連組織が年々縮小して運営が厳しくなっている昨今、「選挙は自己責任[19]」であるという。つまり、自分で最低限の人脈と資金を持参して候補者としての相応の資材の持ち主であることを示し、さらには「家庭長」なる意識を捨て、男性同等の活動をし、同化してみせれば、候補者として認められるというのである。

女性に「家庭長」であることを優先させる「イエ中心主義」の政治指向を戦略的に形成し再生産させてきた自民党が、「イエ中心」ではなく、政治に一〇〇％コミットできるような女性であれば候補者に据え得るというのは明らかな矛盾であり、女性に対する認識のダブルスタンダードに他ならない。またこれまで見てきた通り、女性候補の女性性が想起させる「クリーン」や「革新」といったイメージを選挙戦略として採用しながら、女性が出産をし、育児に追われ、介護までもの負担を主に背負わされてきたが故の女性の社会的立場そのものを否定するような選定は、政党の自己矛盾以外のなにものでもないのである。

女性は「家庭長」であるとの認識を改革し、さらには、若い子育て世代や経済的に困窮する環境にある女性でも、志を持って選挙に出て議員になれるようにするために、政党の選挙支援体制、研修の場の提供など、とりわけ地域密着の町村議会での改革をすることが、国政へ女性議員を増やす、一見遠回りのようで実は潜在的女性候補者を育てる近道ではないだろうか。地方議会と国政の断絶の解消は、喫緊の課題であることは間違いない。

終章

1 「政党は大きなイエ」

本書では自民党の政治指向を「イエ中心主義」と定義し、それがどのような指向の総体であるか、またどのように形成されたのか、そしてその後も政治戦略として再生産されてきたかについて第Ⅰ部の主に第2、3、4章において分析をし、検討を加えた。

第2章では、「イエ」の概念に注目し、大平正芳の「政党は大きなイエ」発言を端緒に自民党の結党から「大きなイエ」はどのように形づくられてきたかを時系列に沿って具体的に説明した。キーワードは、自民党の「近代化」と「現代化」である。

左派政党の台頭に危機感を募らせた自民党は広く支持者のすそ野を広げるため、組織政党としての「近代化」を模索するが、結果として戦後保守の揺らぎと再生の波にのまれ、派閥容認、個人後援会の拡充を土台とする「個人商店」の集合体としての「大きなイエ」組織として定着した。大平はこれを「近代化」ではなく「現代化」であるとした。

このような形成過程を言説として支えたのが、香山健一や村上泰亮、佐藤誠三郎、公文俊平らの一連の論評による、日本の伝統的社会規範の再評価であった。香山は自著『歴史が転換する時』で、三木武夫が「近代化」の第一歩として派閥の全面解消を提起したことを「時代遅れ」と批判し、村上泰亮、佐藤誠三郎、公文俊平は『文明としてのイエ社会』において日本の伝統的な集団主義――イエ・ムラ社会――を検証、再評価をした。

　香山らに共通する認識は、西洋の近代化を模倣することへの危うさであり、それゆえに日本独自の伝統的価値観に基づく社会理念の構築を唱えた。さらに香山らは大平をはじめとする自民党政権の政策ブレーンとして関わり、個別具体的な政策形成に大きな影響を与えた。大平の「政党は大きなイエ」発言に象徴される自民党の「イエ中心主義」の政治指向の根幹を成す家族イデオロギーは、このような流れで定着することになったのである。

　この「イエ中心主義」の政治指向が形成される過程で重要な点は、保守再生の道筋と重なることである。自民党が戦略的に再生産し続けた家族イデオロギーは、ときどきの政治情勢において政党組織として最も効果的かつ合理的に選択された、政治文化という「道具箱」から選び出された「戦略的行動」の結果である[1]。つまり男性稼得モデルを前提とした「イエ」の構成員たる女性、という女性認識は、保守再生の意図をもって選び出されたのである。

2　「家庭長」と「イエ中心主義」

　第3章ではそうした自民党の家族イデオロギーの形成と再生産の過程をさらに詳細に分析し、日本型福祉社会論が女性の社会的な価値や役割をどのように規定していったかを検討した。

日本型福祉社会が理想として目指すのは国に頼らない、家族や地域による自助社会である。家族は文字通り「イエ」であり、地域は「ムラ」である。「イエ」では女性が「家庭長」として、外で働く夫を助け、家事をこなし、育児にあたり、「イエ」全般が安定して運営されることが望まれた。つまり「家庭長」とは男性稼得モデルと役割分業論に規定された女性に対する認識である。

「家庭長」がつつがなく「イエ」を運営することができれば、夫は不自由なく外で働くことができ、子供も安心して育つ、よって「家庭内安全保障」が機能し、国に余分な社会福祉負担を求めない、それが日本型福祉社会の最小単位――「イエ」による安全保障である。

日本型福祉社会論には、二つの留意すべき点がある。第一に、前述のように福祉の最小単位は個人ではなく、家族であることである。「イエ」が最小単位であることは、女性が個人として認識されず、常に「イエ」の構成員として認識されることを意味している。女性は娘として父（親）に従属し、婚姻すれば妻として夫の従属者として認識されるのである。つまり、日本型福祉社会論では女性は個人として認識されていないのである。

第二に、経済成長を支えるのは男性であるとし、かつ女性が「家庭長」として優れていれば国の福祉に資するという理論は、福祉政策というよりは財政負担を削減する経済政策であることである。

第3章3節で詳述した通り、田中角栄によって宣言された「福祉元年」はその後のオイルショックによる経済成長の低迷を通じて縮小を余儀なくされ、財政緊縮の方向性を示した日本型福祉社会論の台頭に取って代わられた。つまり、女性を「家庭長」と位置づけたのは、日本の福祉予算削減のためであることに他ならない。女性は「家庭長」として「イエ」を最小単位とする「自助」を実現させる主たる責任を求められたのである。

自民党『研修叢書』には「家庭長」である女性が外で働く場合は「パート・タイムで働く方が無理がない」と明記されているが、[2] これも同義で、家庭の安全保障に差し支えがない範囲の労働によって家族収入が補われれば、家庭内自助が安定的に図られ、それもまた国の福祉にはプラスであるとの経済理論である。

日本型福祉社会論のように女性を「家庭長」として常に「イエ」の構成員として位置づける「イエ中心主義」の家族イデオロギーは、本書のキャリアパス分析で自民党女性議員における血縁継承者の高比率と呼応するものである。女性個人への評価よりも、当該女性がどのような「イエ」に連なっているかが候補者選定の重要なカギとなっていることを現しているからである。

また、女性の位置づけを経済政策の一環としてとらえる政治指向は、第二次安倍政権による女性活用推進政策「女性が輝く社会」とも通底している。女性を活用するのは、女性の基本的な人権としての選択肢の付与ではなく、働き手の確保という経済政策の視点である。また後継の菅政権が掲げた「自助・共助・公助」を基本とする政策理念は、日本型福祉社会論そのものである。日本型福祉社会論が自民党の政治指向としての女性認識を具体化し、現在でも同様の女性認識に基づく政策が発案されていることには、驚かざるを得ない。つまり自民党の女性に対する認識は、女性個人の認識の放置という、ジェンダー視点を欠如したまま、再生産され続け、今に至っているのである。

3　女性個人の認識の放置

第4章で検討した日本型多元主義は、主に自民党の政治指向を支える政党の組織構造を補強した言説である。日本型多元主義論は、日本型福祉社会論と相前後して登場した概念で、香山らのグループ一九八四年による「腐敗の研究」によって戦後保守の終焉が宣言されたと同時に、日本独自の新しい保守再生への道筋として示されたものである。

ここで自民党に群雄割拠する派閥は、互いに切磋琢磨する多元的な要素として再評価され、個人後援会や支持団体の拡大は支持層の重層化の現れとみなされ、政党の「活力の源」として位置づけられた[3]。

しかし、日本型福祉社会論で「家庭長」として位置づけられた女性は、「イエ」の外、つまり社会的には夫や家父長の従属者であるとして、個人としての社会構成員の認識を与えられず、日本型多元主義の多元的要素には組み込まれなかったのである。つまり、女性個人への認識の放置がなされたまま、自民党の政治指向は形成され、繰り返しになるが自民党は「放置」することを戦略的に選択し続けたのである。

また職業としてみなされなかった「家庭長」を組織化する団体も存在せず、一九七〇年代後半当時はパートタイマーの非正規雇用・臨時雇いの労働力としての女性も組織されなかったことにより、多元的な社会団体として包括されることもなかったのである。

この女性個人への認識が放置された政治指向、「イエ中心主義」の政治指向が、現在までも綿々と再生産され続け、さらに候補者選定の基準になっている事実は、本書が繰り返し指摘しているように、女性候補者を限定する最大の要因なのである。

4 「イエ中心主義」の候補者選定とコネクションという「間柄」主義

女性の個人としての認識が放置された政治指向「イエ中心主義」が戦略的に形成され再生産されたのは、一九七〇年代から八〇年代にかけてであった。しかし、本書では実在議員のキャリアパス分析を通じ、そうした政治指向が現在にまで男女ともに候補者選定に大きく影響を及ぼしていることを明らかにした。家名に連なる、もしくは家庭や家族が政治的環境にある人物を選ぶ「イエ中心主義」の候補者選定の偏りである。

血縁継承者は政党にとって有り難い候補者

二〇〇九年の第四五回、二〇一二年の第四六回、二〇一四年の第四七回の、三回の総選挙における自民党当選者のキャリアパス分析を通じ、男女共に血縁継承率が極めて高いことが分かった。とりわけ分母の少ない女性議員に男性を上回る比率で血縁継承者が存在することは、女性に、より「イエ中心主義」の選定基準が大きく作用していることの証しである。

選挙には俗に地盤・看板・カバンが必要であることが定説だが、血縁継承者には概ね地盤——後援会——がそのまま引き継がれ、一から作り上げる負担を免れる。また看板も同じ家名を名乗ることによる知名度の優位性を担保できる。カバンは後援組織の規模に比例して多寡の差はあるが、地縁・知縁の両面から後援者を拡大し、資金を増やすことはゼロから積み上げるケースに比べて容易である。つまり「イエ中心主義」の候補者選定は、「イエ」が担保する物理的な優位性に政党が依存しているのである。血縁継承者は逆風選挙にも強く、政党に負担をかけることも少ない、自立型の安全な候補者であり、政党にとっては最もコストパフォーマンスの良い、有り難い候補者であろう。

血縁継承者以外の候補者の特徴

血縁継承者以外の候補者は、この「地盤・看板・カバン」の三点を充当するだけの「資材」を所有していることが必要である。

キャリアパス分析で、女性の前職上位六グループの内、血縁継承者がゼロだったのは、メディア出身者グループであった。小池百合子、近藤三津枝、松島みどりの三人が該当するが、小池と近藤はテレビ番組に露出していた知名度があり、またその番組を通じて政治家や財界の著名人の知己を得たことによって政治家へのキャリアパスを形成したことが共通している。

つまり、小池と近藤はメディアへの露出によって「看板」を充当したことになる。松島は、朝日新聞の政治部記者として自民党幹部を担当し、知己を得たことからキャリアパスを形成した。松島の場合は、看板は不足していたものの仕事を通じて政党幹部と接触し、政党サイドとの距離が接近したことが出馬へのきっかけをつかむことにつながり、その点では小池と近藤のケースと類似している。

「間柄主義」という名のコネクション

候補者が充当すべきもう一つの要件として、キャリアパス検証にて表出したのは「人間関係」という「間柄」を重視するコネクションである。自民党選対本部関係者の言葉にあるように、自民党との人脈が候補者選定に影響を及ぼすことはキャリアパス分析でも明白である。[4] つまり、自民党との距離感は、党とどのような「間柄」を築くかに依拠するのである。

間柄は「イエ社会」の基本的な関係性である。[5] これはとりもなおさず、自民党がどのような候補者を選ぶかの基準に、「イエ中心主義」に加えて政党との「間柄」をいかに重視しているかの現れである。この点はきわめて重要な候補者選定の基準で、女性のみならず候補者全体が限定的になっている原因である。しかし、これまで見てきた通り女性の場合、自民党の候補者になるためには、男性よりこのような「非公式」の選定基準がより顕著に作用していることは明らかである（図13―1参照）。

簡便な言葉を使えば、ごく普通の女性が、お金もなく、政治に人脈もなく、相応の応援組織も持たない、しかし志だけはある、ではこのような政治システムへの参入はきわめて困難だということだ。これは、女性個人の認識を放置した政治指向を戦略的に形成し、それを再生産することにより維持されてきた「イエ中心主義」の政治システムが生んだ結果である。

5 選挙は「自己責任」と候補者選定の四つの基準

聞き取り調査を実施した自民党選対本部関係者は、「選挙は自己責任である」と言い切った。[6] この発言は、選挙に出馬するためには政党の補助ではなく自己責任で選挙資金を調達してくることと、一定程度の支援者を自前で確保することが前提となることを意味している。

この選対本部関係者は、地方の県連支部は資金繰りに悩み、支部には事務職員を一人しか置いてないところもある現状を指摘した。そのうえで公募制度について次のように述べた。

公募っていうと、結局選挙のせの字も知らないのに手を挙げて出てきて、選挙は全部自民党がやってくれるんですよね、って思っているわけで、それが県連にとって一番困るんですよね。結局県連の持ち出しになるわけだから。選挙って自己責任だから、ある程度自分で資金も人脈も最低限持っていてくれないと、戦えないわけです。だから公募で当選した人っていうのは次の選挙に落ちる人が多いですよね。

この発言はキャリアパス分析を集計した結果浮かび上がった、自民党の候補者選定の傾向と合致する。女性のみならず男性当選者の前職分析を通じ導き出した候補者選定の基準は、党綱領に記されている公式な基準、いわば「タテマエ」の基準に対して、非公式ないわば「ホンネ」の基準である。「ホンネ」の選定基準は次の4点である。①個人後援会を既に有している。②政治家の「イエ」に属している。③地元名士の「イエ」に属している。④地元財界有力者本人かその「イエ」に属していて資金力がある（図13－1）。

具体的には、〈①の個人後援会を既に有している〉は、地方議会議員出身者が、分析対象総選挙三回を通じて圧倒的に多数派であったことに当てはまる。地方議員はすでに自分の個人後援会を有しており、県議レベルでは小選挙区と同等の地域をカバーする地盤を持っていることからも、候補者として選定の筆頭である。

また、女性のメディア出身者もテレビ等の露出を通じ、既に個人後援会を形成しているも同然のファンという名の支持者を獲得しているので、選定基準の①を満たしていることになる。さらに有名なスポーツ選手、テレビタレントや女優なども同様に事実上の個人後援会を有していることになる。また、医療関係者である阿部俊子も、看護協会と看護師連盟の既存の後援組織を背景に持っているので、この選定基準を満たしていると理解できる。

②の〈政治家の「イエ」に属している〉は、文字通りの血縁継承候補である。「地盤」「看板」「カバン」のいずれも、もしくはその内のひとつでも有していることは、自己責任で賄うことが求められる選挙には優位な候補者である。また「環境的世襲」のケースに象徴されるように、政党との距離が緊密である、つまりコネクションを有していることもポイントである。

③の〈地元名士の「イエ」に属している〉は、前職優位グループ全般に見られる選定基準であるが、とりわけ教育関係出身者に顕著な、地元で幼稚園をはじめとする学校法人を経営する「名家」に属している候補者が該当する。地元では知名度もあり、学校経営という信頼性が付加され、また資金力の面でも候補者としては十分に担保される。

個別の例としては、青山周平（父親が複数の幼稚園を有する学校法人を経営）、船田元（政治家一家である船田家は学校法人作新学院を経営する）、吉田圭一（義父が学校法人を経営）がいる。[7]
同様に、病院や介護施設などの医療法人を経営する地元名士の「イエ」に属している医療関係出身者も存在し、こちらも医療法人経営の信頼性と知名度、さらには資金力も担保されている。個別の例としては、江渡俊徳（父親が社会福祉法人を経営）、白須賀高樹（白須賀は歯科医であるが、家業が幼稚園などの学校法人や社会福祉法人を経営）、新谷正義（父親が医療法人を経営）である。[8]
④の「地元財界有力者本人かその「イエ」に属していて資金力がある」は、地元で大きな企業を経営する人物であったり、その経営者一族に生まれ、家業を継いだケースである。民間企業出身者に多い。

図13-1 自民党候補者選定の4つの基準

公式の選定基準	非公式(本論による)の選定基準
①年齢	①個人後援会(支持母体) (知名度＋集票力)
②国籍	②政治家の「イエ」に属する (知名度＋集票力＋資金力)
③職歴・専門性	③地元名士の「イエ」に属する (知名度＋集票力)
④政治野心	④地元財界有力者か「イエ」に属する (知名度＋資金力)

個別の例では、麻生太郎（父親が麻生産業株式会社を経営、自身も麻生セメントの社長を務めた）、穴見陽一（父親がファミリーレストランチェーンを創業、自身も社長を務めた）、泉原保二（自身が環境廃棄物処理会社などを経営）、門博文（父親が地元和歌山を中心にホテルチェーンを展開する企業を経営、自身も社長に就任）、武藤容治（政治家一家である武藤家は地元で酒造業を営む、自身も社長や会長を務めた）がいる。[9] 女性では堀内詔子が、嫁ぎ先が富士急グループの経営一族で、義父光雄の後継者であることから、名士一族に属しているといえ、この基準に当てはまる。

麻生太郎と武藤容治は、地元財界有力者一家に属しているが、どちらかというと麻生は祖父吉田茂の孫、武藤は父嘉文の血縁継承者の色合いが濃い。堀内詔子も同様である。比して、穴見、泉原、門は、地元有力財界人として豊富な資金力を背景に、そもそも政党とパイプを持っているのが特徴的である。自民党の潜在的候補者リストには「地元の有力社長」が名前を連ねているとされ、穴見や泉原、門はそのケースにあたる。[10]

こうした四つの選定基準のどれかを満たしている候補者以外は、基本的には公募によってキャリアパスを形成することになる。前出の自民党選対本部関係者が指摘した「最低限、資金、人脈を持っていない公募候補者は次の選挙で落ちる人が多い」との傾向は、公募でいわゆる「風」に乗って当選した候補者を指すが、キャリアパス分析でも同様の結果はとりわけ女性に顕在であった。

6　公募と女性性の封印

では、キャリアパス調査をした総選挙について実際に公募はどのくらい存在しているのか、あらためて整理してみる。第四五回の公募での当選者は九人。女性はゼロ人である。第四六回では、男性九六人、女性九人、合計一〇五人が公募での当選である。また第四七回では、男性九七人、女性一〇人で、合計一〇七人である。[11]が、この公募当選者数から、本書で「血縁継承」とした当選者を単純に引き算[12]すると、第四五回は、男性七人、第四六回は男性六七人、女性五人、第四七回は男性七〇人、女性五人となる。もちろん血縁継承者以外にも「純粋」な公募とはいえない当選者も存在しているが、ここでは参考までに血縁継承者のみを除外してみた。

この数字から読み取れるのは、全自民党当選者における公募者率は、第四五回は約六%、第四六回は、男性約二三%、女性約二〇%、第四七回では、男性二四%、女性約二〇%となる。第四五回の公募は男性のみなので例外とすると、女性の「純粋」な公募率は男性の一割にも満たないという圧倒的低さが浮かび上がってくる。

こうした女性候補の公募率の低さについて、自民党の選対本部関係者は次のように話した。

そもそもね、公募に女性が手を挙げてくることが少ないんですよ。女性特有の縛りがあるでしょ。女性だからと言って女性票が取れるとは限らないわけで、女性候補者に対する目は女性ほど厳しいわけで。お金や人脈、さらには家族との問題や時間の制約等々。[13]

この選対本部関係者は、女性と男性が同条件で公募に応募してきた場合迷わず男性を選ぶとも断言した。また、女性有権者が好感する「亭主の浮気相手にならないような」女性が理想で、「女を捨てたような女性だったら意外と候補者になる」とした。政党が女性に求める条件は、「最低の自己責任」としての資金を持ち、人脈があって一定の支持を得られる見通しがあり、尚且つ女性に好感される「女を捨てたような」、即ち「女性性を封印」している人物ということになる。

女性性の封印は、言うまでもなく女性個人の認識の放置と同義である。女性は「家庭長」なので、まずは妻であり母であることが優先され、その役割を担ってこそ女性としての価値が認められるのである。女性が個人である前に、妻や母であることを求めることは、一人の女性であることへの否定であり、妻や母以外の女性の役割の限定であり、それ以外の女性性の封印である。その象徴的な例は、「オンナ」が政治に口を出すことへの抵抗が、「母親」が政治参加することに転換された場合に抵抗感が下がることである。[14]

7 「風」とチルドレン――女性性の利用

「女性性の封印」とは逆に、女性ならではの「革新」「クリーン」といったイメージを利用する戦略は、いわゆる「小泉チルドレン」や「小沢ガールズ」を誕生させた。

二〇〇五年九月に行われた第四四回総選挙、小泉首相が郵政民営化の是非を問うた「郵政選挙」で、自民党の女性当選者は前回第四三回から一七人増えて二六人となった。[15] このとき、男女合わせて一般公募で二六人が出馬し、比例代表も含めて二二人が当選した。[16] いわゆる「小泉チルドレン」として当選した議員は総勢八三人で、[17] 女性は一七人である。

小泉はこのとき、女性を比例名簿の上位に載せるよう指示し、また郵政民営化に反対している党内候補者や離党した有力元職候補者の地盤に「刺客」として女性候補を立てて対決姿勢を鮮明にし、「保守・抵抗勢力」vs.「革新勢力」の構図を打ち出した（例えば、小池百合子、稲田朋美、佐藤ゆかり、片山さつきが「刺客」として送り込まれた）。[18]

結果として「小泉チルドレン」として当選したのは、阿部俊子、飯島夕雁、井澤京子、稲田朋美、猪口邦子、井脇ノブ子、片山さつき、川条志嘉、近藤三津枝、佐藤ゆかり、渡嘉敷奈緒美、永岡桂子、中森ふくよ、西本勝子、広津素子、藤野真紀子、山中燁子の一七人である。[19]

この一七人の内、第四五回総選挙で当選したのは、阿部俊子、稲田朋美、近藤三津枝、永岡桂子の四人のみである。（猪口は名簿順位をめぐって不出馬、片山は木内実に負けて落選、その後両者共に二〇一〇年第二二回参議院通常選挙にて国政に復帰）。[20]

阿部は第7章のキャリアパス分析で検討した通り看護協会ルートからの候補者、稲田は弁護士としての専門職を有し、近藤は関西財界の支援をバックに有するメディア出身者で、永岡は夫の議席を継承した血縁継承者であり大手民間企業経営者一族に嫁いでいる。さらに重要な点は、四人全員が一般公募ではないということだ。

つまり、小泉旋風に乗った公募当選者、飯島夕雁、井澤京子、井脇ノブ子、川条志嘉、佐藤ゆかり、渡嘉敷奈緒美、西本勝子、広津素子、藤野真紀子、山中燁子の全員が落選したのである[21]（佐藤と渡嘉敷は第四六回総選挙で復活当選しているが、詳しくは個別キャリアパスを参照されたい）。

こうした「風」頼みの候補者の落選の原因は、どこにあるのか。民主党（二〇一三年当時）の古川元久は、民主党の公募の問題点でもあるとして次のように述べた。

> 公募で来た候補者が落選すると地方議員から批判が噴出する。地方議員が地域で下支えしているのに、そんな苦労も知らない、学歴は有るかもしれないが、パッと出てきた人たちが上澄みだけをとって……という反発が出てきた。それによって地方議員と国会議員の間に溝ができてしまって党としての一体感を弱める結果になってしまった。[22]

古川の指摘は、公募で決まった候補者は辻立ちなどをしても地域の集票をする実働部隊の地方議員を労うことをせず、自分の後援組織作りに繋げることもしないという。民主党も「個人商店」の集まりだという古川は、そうした状況では、よほど党の中央組織が公募候補者の面倒をみることをしないと、公募をしても「風」に終わってしまうという。「個人商店」を支えるのは個人後援会に他ならず、民主党も自民党も集票の基本は全く変わらないのである。個人後援会を固めることができない公募候補は「風」が吹かないと選挙には勝てないと、前出の自民党選対本部関係者も同様の指摘をする。

「郵政選挙」みたいに、解散しちゃってから公募やって、事前運動ゼロでいきなり選挙に突入して当選しちゃったと。当選してからが（そういう公募候補は）ダメ。（国会議員の）バッジを付けると、県会議員より自分の方が上だと思って、県議との折り合いが悪くなる。そうなると、みんなが冷静になった次の選挙ではバタバタ落ちる。県議が働かなくなって票が集まらない。後援会組織なんてがたがたになる。[23]

公募候補に限らず、自前の後援会組織を持たない新人当選者にとって「地方議員との壁をどうやって突破するか」が、その後の後援会組織の拡大に必須であるという。個人後援会を支えるのは県議、市議、町議、村議と集票ピラミッドの下部組織である。しかし、個人後援会を固め、下部組織と一枚岩になるためには頻繁な選挙区入りと日ごろの付き合いが欠かせないことは、繰り返し指摘している通りである。

そのような「間柄的[24]」な特徴を帯びた結びつきの集団組織である後援会を維持・拡大する

ために は、男性と同等の選挙区との頻繁な向き合いが求められる。「酒席は必要」と断言する宮川典子（山梨一区）[25]は公募で議員になったが、後援会の「オジサン」たちと酒杯を交わし、酒席をはしごして、「オジサン」たちと仲間になって、つまり「同化」してみせて、後援会組織を盤石にした。そうでなければ、公募のみならず「風」頼みで当選した女性議員はタテ型集票の基礎である個人後援会の組織化が伴わず、文字通りの「風」候補として議席を失うのである。

8　自民党の女性議員——同化と従属

地元選挙区との日ごろの付き合いについては、第11章「地方議会から国政へのキャリアパス」第2節で、県議から国政へ進出した坂本哲志の体験談として紹介した、冠婚葬祭や地域の祭り、学校行事などへの細かな顔出しや、酒席への参加が中心となる。前出の宮川は自身が酒席をはしごする日常を『朝日新聞』が記事[26]にしたことへの反響について、次のように語った[27]。

「若い女の子が夜遅くまではしたない」、と言われました。男性国会議員からは「女の子が飲み歩いていい身分だね」と。男性は「飲むのも仕事」なのに女性は「女のくせに」と言われると感じました。飲み会への批判はあっても、酒席を共にしたいと思ってくれる支援者は大切。やっぱり飲み会は必要。

宮川は松下政経塾を経て公募に至っている立場から、個人後援会の基礎固めを重視し、そのためにも酒席は欠かせないとしていた。宮川のこうした日常の政治活動については、政策本位にするべきで「顔を売る」ことを優先することへの本末転倒批判があるが、宮川自身が「べろべろになるまでオジサンたちと飲むことで一体感が生まれる」[28]と話していることは、自民党が求める女性議員像を如実に反映している。

宮川は独身で自民党が理想とする「イエ」に従属する「家庭長」としての社会認識はされていないが、「オジサンたちと一体感を生む」ことで、つまり女性性を封印することで（この場合の女性性は単に社会的な通説に基づいて、らしく振る舞う、ことを意味している）、オジサンに同化してみせているのである。

同化は、フェミニスト制度論が指摘する潜在的に埋め込まれたルールや意識が支配する男社会に入り込むひとつの有効な作法である。なぜならば、同化をしてみせることで「同じ仲間」で「同じルールに則って」行動をするとのサインを送るからである。[29]前出の自民党選対本部関係者が「オンナを捨てたような女性」が候補者として適任とした発言は、同様に「男性に同化した」女性として読み解くことができる。日頃の付き合いも「男並み」にこなし、行動様態もオジサン化した女性が実際には後援会組織をまとめて集票へとつなげることができるとの認識である。

このような国政レベルでの女性議員による同化傾向は、たとえ女性議員数が増加しても「男性化した女性」が増えるだけで、女性にとって有益な変化がもたらされるものではないとする指摘がある。[30]なぜならば、同化は自己の振る舞いを規制することで成立する様態であり、女性でも男性でも自己自身の否定につながるからである。

一方で「男を脅かさない」サインは、同化ではなく「従属」の様態として示すこともできる。政党の方針に「従属」し、自民党の求める女性像を体現してみせるということである。具体的には、「良き母」で家庭を大事にしていながら政治参加し、政党内でも「主導」的ではなく「従属」的な位置取りをするのである。つまり「政党は大きなイエ」であるからと、政党という「イエ」でも従属的構成員として振る舞うのである。

その場合、女性個人の能力評価よりも、女性であること自体に付加価値が与えられる。前出の「小泉チルドレン」で女性が「クリーン」や「革新」のイメージを象徴する存在として戦略利用されたように、女性であることで話題性や華やかさを演出しようとする意図の下に置かれるからである。[31]それは女性個人の能力を評価するのではなく、女性がそこに存在することに価値を見出しているのである。

女性で初の衆議院予算委員会委員長を務めた野田聖子は、安倍首相から「華が欲しい」と委員長就任を依頼されたことを明かしている。[32]「華」はあくまでも「男を脅かさない」という発想から来る表現であり、華を添えるの謂いにあるように「従属」した存在である。

9 「二四時間政治にコミット」する必要のない政治環境

地方議会と女性議員

二〇一九年に『朝日新聞』が行ったアンケート調査によると、全国一七八八ある地方議会の内、女性がいない「女性ゼロ」議会が三三九あることが分かった。[33]女性が一人の議会は四六〇あり、女性議員が一人以下の議会が全体の四五%を占めている。

こうした地方議会の実態については主に第12章「地方議会と女性議員」で分析・検討したが、地方議会の女性議員の主な担い手は、子育てを終えて物理的に時間が捻出でき、経済的にも少ない報酬で生活が成り立つ条件を満たす、六〇歳以上の主婦である。彼女たちは政党の代表としての地方議員ではなく地域の代表という意識が強く、[34]実際に地盤を拡大し負担が増大する県議レベルにキャリアを進めることはしない。このような地方議会と国会のキャリアの断絶は深刻で、そもそも本来なら政治活動の起点となるはずの地方議会に女性が少ないことは、女性国会議員が増えない要因として、最近、自民党内でも認識されてきている。

野田聖子幹事長代行は、二〇二〇年九月に「女性未来塾特別講座女性候補者育成コース」を開講し塾長に就任、まずは女性議員を地方議会から増やしていく方針であることを明らかにした。[35]野田は「過疎化により立候補者が定員割れしている地方議会なら、女性議員を優先的に送れます。議会が小さいほど、議案は地域密着型になるため、その土地で暮らしていれば知っていることばかりで、女性が政治に慣れることができる」と、その理由を述べている。
が、果たして選挙戦への応援、その後の報酬や、落選した場合の政党としてのケアはどうなのか、経済的に選挙というわば「賭け」に出ることへの保障についてはどうなのかといった疑問は残る。さらに、地方議会でさえ政治参加が進まない理由は、女性が妻や母としての役割もこなしながら政治活動ができるような「政治環境」にないことが最も大きな問題なのである。

妻であっても母であっても政治活動ができる環境が必要

前出の『朝日新聞』が地方議会議員一期目の女性たちに対して行ったアンケートでは、「家族の理解がないと立候補に踏み切れない」「家事、育児や介護の大半を女性が担わざるを得ない状況で、男性と同じように活動するには無理がある」との意見が寄せられている。[36]家族の理解は、夫や子供の理解を指すが、他方で女性自身も自分の役割として「妻」「母」を優先させたい思いがある。

こうした女性側の意識は、長年社会通念として育まれてきた役割分業論に基づく女性認識が、彼女たちの規範意識となっていると理解することもできるが、母として、妻として、家庭を優先させたうえで政治参加をしたいと考えること自体は不自然なことでも否定されるべきものではない。無論、育児や介護の負担が女性のみに偏っていることは是正されるべき側面であるが、女性側の母としての役割優先、妻として夫と家庭を円満に営みたいという意識もまた自由な選択肢として尊重されるべきである。

むしろ、二四時間いつでも政治活動にコミットしないと成立しないような政治活動の在り方そのものに問題があるのは明白であり、有権者が当たり前と考える政治家像の意識改革も必要であることは言うまでもない。盆踊りに来てくれた、コーラスの大会に顔を出してくれた、といった、地域密着故の様々な「顔つなぎ」のような活動こそが「有り難い」「政治家として当たり前」と感じる有権者意識を変えていかなければ、いつまでも女性候補者は限定的にならざるを得ないのである。

普通の生活と政治の距離

一方で、「政治分野における男女共同参画法」（候補者均等法）の成立に向けて「クオータ制を推進する会」の代表として尽力した元文部大臣赤松良子は、女性たち自身の意識について次のように述べている。

> 家族が支持してくれないとか個々の状況はあるが、政治の分野では出産と育児の両立支援策が遅れている。また女性自身も全体的におとなしい。自らの可能性を信じてもっと挑戦して欲しい。[37]

赤松は女性たちが自らの可能性を信じて政治にチャレンジするためには、人材の育成や周囲のサポートが必要であるが、女性たち自身の意識改革も大切であると説く。政治は特殊な世界であるというイメージを払拭するには、例えば政治を身近に感じる場――アリーナ――の提供、地域で政治に対する意見を女性たちからくみ上げる集会の開催など、通常の生活に政治を組み込む工夫、政治との距離を縮めるシステムが必要である。

女性たちは身近な組織での活動には男性と同等以上に積極的に参加するが、生活圏から距離が離れるほどに消極的になり、国政レベルの活動には自分たちの資質が男性より劣っているとする自身の過小評価により、さらに消極的になるとされている。[38] そうした女性たちの意識転換を図るためには、生活のなかに政治を組み込み、そこを基点に政治との距離感を縮める必要性があるのである。この点について前出の野田は「女性が持っている、政治に対する違和感や、能力がないとできないという不安」を払拭することを育成講座でやっていきたいと話している。が、ただ「あなたは大丈夫」と背中を押すだけではなく、具体的に政治活動の合理化のモデルケースを提示するなどの工夫が必要であろう。

生活者ネットワークというモデルケース

その点では、中央政党との関わりを拒否し、自らの存在を地域限定政党として存在する生活者ネットワーク[39]（以下、生活者ネット）は、家庭生活を優先させることを前提とし、生活に密着した政治活動を目指して、主婦たちの生活に政治を積極的に組み込むシステムを構築していて、政治を生活に組み入れる方法論としては示唆に富む。

生活者ネットでは、代理人と称する地方議会議員たちの報酬の一部をプールすることにより、誰もが選挙資金の不安を抱えずに立候補できる仕組みとなっているが、そのような報酬の返納制度が、生活者ネットを生活水準の高い（経済的なサポートを得ている）いわば「エリート主婦」たちの限定的なアリーナにしてしまっている側面も否定できない。が、地方議会に女性議員を増やすことを目標に掲げている生活者ネットが、ゆるやかに連携しながら地方の女性議員を増やしていくことは、国政との断絶はあるものの、地方議会の多様性を担保し、女性（主に主婦）の意見を反映することの一助にはなろう。

生活者ネットは、政党ではなく政治団体であるが故に政党助成金を得ておらず、そのために報酬のプール制をとっているのだが、政党補助金を得ている政党が、同様の選挙活動のサポートシステムを構築し得ないはずはなく、国政政党には女性の可能性の拡大のため、政治を女性たちの生活に組み込む場の提供と選挙活動への組織的なサポートが求められよう。そうした場を提供することによって、人材育成や既存の人脈に頼らない人材発掘も可能になるに違いない。

また繰り返しになるが、女性候補者を限定しないためには、「地盤」「看板」「カバン」のないごく一般的な生活者が、地方でも国政レベルでも志さえあれば手を挙げられるような、選挙資金の提供や、選挙応援の人員の提供、選挙ノウハウの指導に加えて、政治活動自体の見直しと合理化を進めること、さらには有権者の意識改革が必要であることをあらためて強調しておきたい。

10　「従属」や「同化」を超えて――女性が個人として認識される政治へ

「普通じゃない女性」しか議員になれない

本書では、自民党の政治指向を「イエ中心主義」と定義し、それがどのように自民党の戦略として維持されてきたかを整理し、女性に向けられる目線や認識は、「イエ」の構成員として女性個人の認識を放置したものであることを明らかにした。

「イエ中心主義」の候補者選定の傾向は、血縁継承者に代表されるように女性の潜在的候補者を限定し、個人後援会を土台とするタテ型集票システムで機能できる女性を選別してきた。個人後援会を拡充するために、文字通り「二四時間」政治家として臨戦態勢を取り、声がかかればどのような集会や飲酒の会にも顔を出す、いわば「御用聞き」型の政治家像を実現できる女性たちを選別してきたのである。

また「イエ的小集団」もしくは「大きなイエ」である自民党では、その構成員になった後も「従属」や「同化」が求められることも分かった。このような政党では「普通じゃない女性」[40]が議員となり、数はきわめて限定される結果を生み、現在に至っているのである。しかしながら、「イエ中心主義」の候補者選定の基準は、男女を問わず採用されていることは前述の通りであり、このことは、男性も実は個人としての評価や認識が放置されていることに等しいのである。が、男性であるだけで「札になる」といわば「ゲタを履いてこられた」結果、男性優位の議員分布になっているのが現実である。

女性政策は経済政策

このような「イエ中心主義」の政治指向に規定された女性認識は、政治の世界に限定されるものでは無論なく、日本の社会全体に女性のあり方として広く、かつ根深く定着している。

自民党が政治戦略として文化という「道具箱」のなかから、その時々に適当と判断された「道具」、即ち、日本型福祉社会論で「家庭長」とされた女性認識や、「イエに従属する女性」という女性認識を選び出し、自民党の政治指向として再生産しつづけてきた結果として、日本社会の女性認識は形成されてきたのである。

日本型福祉社会論は、高度経済成長が終焉し、経済成長の鈍化に伴う福祉予算圧縮の要請に応えたものである。つまり一九七〇年代から八〇年代にかけて、経済政策の一端として「家庭長」とされた女性認識は依然、経済政策として、「女性が輝く社会」という名の下でジェンダーの視点を欠落させたままに息づいているのである。

結びに代えて、女性議員を増やすために提案しておきたいのは、「従属」も「同化」も超えた「普通の女性個人」が評価され、候補者になれるシステムの構築である。

女性個人を評価する社会へ

第一に、女性個人を評価する社会認識の確立が必要である。具体論としては、夫婦別姓選択の導入である。「従属」の社会認識を基盤とする政策を排除し、女性個人の社会認識を促すことである。そのうえで、女性がどのような社会認識を選択するかは、女性自身が選択すべきである。つまり女性に単一の社会認識を強いるのではなく、多様な社会認識を保証することが必要である。

本論で検討対象とした自民党では特に「イエ中心主義」の家族イデオロギーが支配的であり、女性の社会認識を限定してきた。戦後の優位政党としてこのような女性への限定的な社会認識を形成してきた自民党は、現在も優位政党であることの自覚の下に「女性が輝く社会」というあいまいな表現での経済政策を掲げるのではなく、明確な「女性個人の人権と存在を認める社会」への意識転換を主導するべきである。

候補者選定システムの開放と選挙支援

第二に、「普通の女性」が政治に参入するには、選挙が「自己責任」で行われる現状を「政党責任」で行われるシステムに転換することが必要である。[41] 資金面での不安から立候補を断念するケース、政党に人脈などを持たないことから候補者として発掘されないケースなど、

「地盤」も「看板」も「カバン」もない女性が候補者として名乗りを上げられ、かつ選挙運動を持続できる政党の候補者選定システムの開放と、個人後援会だけに頼らない候補者支援のシステム構築が急務である。

自民党の選挙対策本部が二〇〇六年に定めた参議院議員選挙における公募の基本方針の冒頭には、「わが党は新しく、「参議院議員選挙における公募による候補者選定に関する基本方針」を定め、よりオープンで公正な候補者選定を実行しつつ、選挙に勝てる体制を確立していく」と記されている。[42] さらに公募制度管理委員会の設置については「国民に開かれた公党として、常に透明な候補者選定の仕組みを保つとともに、公募による候補者選定のより円滑な運営体制を整えるとの観点から、公募制度管理委員会を置く。管理委員会は党本部選挙対策本部内に設置し、党本部と当該支部連合会の共催とする」と、候補者選定過程の透明性を確保するために管理委員会を設けることが記されている。[43]

しかし、キャリアパスで検証した事例でも公募は表向きで、実情は地元財界有力者からの強い推薦で名簿上位に記載された当選者が存在し、地元選挙区の有力者の資金力が候補者選定の決定要素になった当選者も複数存在するなど、十分な透明性が確保されているとは言い難い実態が浮かび上がった。

また第四四回のいわゆる「郵政選挙」では、愛知県連で実施していた公募が中止され、党本部公募者からの選考に切り替えられた事実もある。[44] この時の状況について自民党選対本部関係者は、「郵政民営化是か非かという選挙だから、候補者がいないのはおかしいだろうと言って、とにかく党本部が公募してそれを当てはめていった」という。[45] 基本方針では、党本部選対本部と支部連合会の共催で公募の管理委員会を設置したにもかかわらず、実態としては首相官邸主導で候補者の選定が行われたという。これでは公募の候補者選定過程が透明性を確保しているとは到底言えない。

こうした公募制度の真の開放と選定過程の透明性の確保は、女性のみならず男性においても人物本位の評価と選定を保証するものである。また、そうした公明な公募制度であれば、立候補の動機付けにもなるはずである。さらに、公募システムをより透明性のあるものにするためには、選挙区レベルで必ず現職候補も含めて予備選挙をすることも一案である。

そのうえでの選挙資金と選挙活動のサポートは、タテ型の集票組織で機能する政党への新規参入を促すことに繋がる。代々積み上げ、固めてきた個人後援会を継承し、そこで集票するタテ型システムでは、個人後援会に類する支持者を持たない「普通の生活者」が新規参入する隙間はきわめて小さい。資金の不安を解消することはまず優先的に行われるべきである。

また一連の選挙活動においては、政党が主体となった活動のサポート（ポスターを貼るなどの細かい作業には選挙区の規模によって膨大な人的なサポートが必要であり、政党が責任を持って補助要員を送り込むなどが必要だ）、さらには選挙後の活動の負担軽減も視野に入れ、個人後援会や地元支持者への「挨拶回り」や「酒席への参加」などの慣習に頼らない議員活動を可能にするために、政党が主導して支持者や有権者に対する「御用聞き」活動から「政策立案のための意見聴取」の場の設置への転換を図るべきである。

男女候補者均等法の義務化への道

序章でも触れた、二〇一八年五月一六日に可決した「政治分野における男女共同参画推進法」は、あくまでも政党に男女の候補者を「均等」にするように努力することを求める「理念法」であった。実際、その後に行われた参議院選挙では、社会民主党（七一％）、共産党（五五％）や立憲民主党（四五％）をのぞく政党の女性候補者は、「均等」とは程遠い形で擁立された。そうした実効性のなさに鑑みて、さらに一歩踏み込み女性候補者数の目標数を義務化する改正案が、女性議員を増やす活動をしている超党派の議連によって検討されたが、二〇二一年秋までに国会に提出する改正案には義務化は盛り込まれないことになった。[46]

理由は、現職議員が多数派を占める自民党では、実際のところ現職の男性議員を退かせて新人の女性候補者に選挙区を充てることが難しいためである。本論でも何度も指摘をしているが、「女性候補者は男性ほど政治にコミットしない」という有権者のステレオタイプの政治家像に影響され、女性は「札」にならない、つまり「勝てない候補者」という認識下にあることも一因であるだろう。ましてや、「地盤」「看板」「カバン」の何一つもない、ごく普通の女性が、志のみで「選挙は自己責任」と選対本部関係者が断言する自民党で候補者になるのはいかに困難か、察することは容易だろう。

「女性未来塾特別講座女性候補者育成コース」の塾長となった自民党・野田聖子が、「過疎化している地方議会なら新人の女性候補を出しやすい」と発言しているのは、まさに国政レベルでの候補者均等調整が「非現実的」であり、「無理」であることの証左でもある。[47]

また本書のために、自民党のベテラン議員に候補者均等法について話を聞くと「男でも女でも政治家としての能力が肝心」「要するに最後は人間性」という答えが判で押したように返ってきた。また「女性が候補者数を割り当てて欲しいというのは、ゲタを履かせてくれと言っているようなもの」「逆差別だ」という論調も目立つ。

女性でも男性でも誰でも「最後は人間性」という考えについてはなんの異論もないが、これまで男性が「二四時間政治にコミット」できたのはなぜなのかに思いを馳せていただきたい。政治活動以外の、家事、育児、介護といったことを「家庭長」として引き受けてきた、主に女性たちがいたからではないか。だからこそ、男性の牙城のような政治文化を作り上げることができたのである。男性の現職議員が多数派であるのは、実は女性たちが男性に「ゲタ」を履かせてきた結果なのである。

女性候補者数の目標を数値化して義務づけるのは、女性に負わせてきた過去のツケを一度清算して、志のある女性を候補者というスタート地点に立たせることである。あとは有権者の判断にゆだねるのであるから、政党がどれくらい女性候補を立てるかによって各政党の姿勢を評価する権利は有権者にある。

「二四時間コミットする政治家」「御用聞きをしてくれる政治家」「盆踊りでも一緒に踊る政治家」が真に「良い政治家」なのか、いまいちど有権者、社会全体が考えるべきときである。そのような有権者の意識改革をリードするためにも、議員立法による「男女目標数の義務化」を通じて女性候補を増やして、結果、新しい政治文化が形づくられることを願うばかりである。

註

序章

1 第一八三回国会における安倍内閣総理大臣施政方針演説。二〇一三年二月二八日。

2 辻由希「女性政策――巧みなアジェンダ設定」アジア・パシフィック・イニシアティブ『検証 安倍政権――保守とリアリズムの政治』三〇七～三〇八頁。

3 内閣府男女共同参画局「男女共同参画」二〇二一年七月号。

4 実際には、働き方改革実行会議が二〇一七年に決定した「働き方改革実行計画」に盛り込まれた、正規雇用と同程度の労働（同一）をする非正規雇用や、それ以外の条件下での非正規雇用に対する差別的待遇や不合理な待遇差をなくすようガイドラインが策定された。

5 辻由希、前掲書、三一三頁。

6 発言を全文掲載しているのは、スポーツニッポンWEB版など。

7 二〇一七年二月二四日『朝日新聞』東京朝刊。

8 フェミニスト制度論は制度を国や政党などのフォーマルな法制度や組織に限定せず、社会規範や慣習やルールなど、暗黙のうちに社会制度にうめこまれているインフォーマルなものに焦点を当てて、フォーマルな法制度が整っていてもそれに呼応することなく、男女が平等に扱われない現状を解明しようという論である。代表的な文献は、Elin Bjarnegård, *Gender, Informal Institutions and Political Recruitment: Explaining Male Dominance in Parliamentary Representation*. Palgrave Macmillan,

2013. Mona Lena Krook and Fiona Mackay, *Gender, Politics and Institutions: Towards a Feminist Institutionalism*. Palgrave Macmillan, 2010.

9 「政治分野における男女共同参画法」、いわゆるクオータ制の導入については、「逆差別である」「女性がゲタを履かせて欲しいと言っているようなもの」「男女の差別なく、能力のある人物が候補者になるべき」などが主たる反対意見である。こうした反対意見は、男性からだけではなく、女性からも発信されている。

10 自民党選対本部関係者への聞き取り調査。二〇一九年一月二三日に実施。

第1章

1 『女性参政関係資料集——女性参政五〇周年記念』市川房江記念会出版部編、九頁。

2 この選挙で当選した園田天光光への聞き取り調査。二〇一三年三月二二日自民党本部で実施。

3 二〇一六年七月八日『朝日新聞』東京朝刊。

4 総務省HP、第四一回総選挙の結果。

5 総務省HP、第四二回、第四三回総選挙結果。

6 三浦まり編著『日本の女性議員——どうすれば増えるのか』朝日選書、二〇一六年、六三〜一二六頁。

7 二〇〇〇年四月五日に小渕恵三の急逝を受けて森喜朗が首相に就任。五月一五日に神道政治連盟国会議員懇談会においての挨拶で「日本の国は、まさに天皇を中心としている神の国である」との発言をし、連立を組む公明党からは政教分離の原則に反しているなどと批判を受ける。さらにメディアからは国民主権にも反する見解であるとの批判が持ち上がり、支持率が急落、六月二日に衆議院を解散、総選挙となった。支持率については、例えばNHK政治意識月例調査によると、二〇〇〇年五月には支持三三％・不支持三七％、六月支持一七％・不支持六六％となっていて、総選挙前後の落ち込みが大きい。二〇〇一年四月退陣時は同調査によると支持は七％と急落した。一連の関連記事は、二〇〇〇年四月六日、五月一六日、五月三〇日『朝日新聞』東京朝刊など。

8 第四二回総選挙の結果は総務省HPの選挙結果から。

9 高支持率（NHK政治意識月例調査では、二〇〇一年四月就任時には八〇％を超える支持率、その後も七〇％台と高水準にあった）を得ていた小泉内閣に対しての非自民勢力の結集を模索していた民主党代表鳩山由紀夫は、二〇〇二年に自由党小沢一郎代表に合併を申し入れる。しかし民主党内にある反小沢感情などから実現せず、翌年代表となった菅直人との協議の結果、民主党の政策や執行部を温存する形による民主・自由の合併が九月二六日に成立した。これにより自由党は消滅し、民主党に吸収される形になった。小沢はこのとき筆者のインタビューに答え、合併の実体を「嫁入り」と称した。インタビューは二〇〇三年一〇月二六日に行った。第四三回総選挙はこの年の一一月九日に行われ、自民党は一〇議席を減らし二三七議席（後に保守新党を吸収）、民主党は大幅に議席を増やして一七七議席となり、二大政党制の始まりをうかがわせる結果となった。関連新聞記事は、二〇〇三年七月二三日、九月二四日、九月二五日『朝日新聞』東京朝刊、『読売新聞』東京朝刊など。

10 小沢一郎は、駅頭での朝立ち、街道筋での往来車両への挨拶、戸別訪問のノルマ化など川上から川下までくまなく歩き、顔を売る選挙戦術を標榜した。

11 二〇〇三年一〇月六日『朝日新聞』東京朝刊。

12 第一次海部内閣で、山下徳夫官房長官が女性スキャンダルにより更迭され、海部は環境庁（現環境庁）長官であった森山真弓を後任に横滑りさせた。リクルート事件・消費税・女性スキャンダル・オレンジ自由化の四点セットで惨敗した先の参議院選挙後の一九九〇年二月一八日の総選挙で、森山と共に選挙区を回り、女性重視の姿勢を見せて自民党は五一二議席中二七五議席を獲得、大勝した。総務省ＨＰ第一五回参議院通常選挙、第三九回衆議院議員選挙の結果より。石川真澄『戦後政治史　新版』岩波新書、二〇〇四年、一六四～一六九頁。北岡伸一『自民党──政権党の38年』中公文庫、二〇〇八年、二六五～二七一頁。

13 Yuko Ando, “The Japan Socialist Party-Remaining as the Opposition of an Antidote: Why the Doi Boom Could Not Turn the Japan Socialist Party into a Governing Party,” Graduation Project, MA in Global Studies, Graduate School in Global Studies, Sophia University, March 2008.

14 土井たか子への聞き取り調査。二〇〇六年一一月一三日に実施。

15 五島昌子への聞き取り調査。二〇〇六年一一月一三日に実施。

16 総務省ＨＰ第四四回総選挙の結果より。

17 第四四回総選挙では、自民党内で郵政民営化反対を唱えた議員三七人の小選挙区に対抗候補を擁立し（刺客とメディアでは称された）、結果八三人の新人候補が当選した。この八三人を指して「小泉チルドレン」と呼んだ。こうした手法については「改革イメージを強調するための戦略」と指摘された。二〇〇五年八月三〇日『朝日新聞』東京朝刊、Alisa Gaunder, "Women Running for National Office in Japan: Are Koizumi's Female 'Children' A Short-Term Anomaly or A Lasting Phenomenon?" *Political Change in Japan-Electoral Behavior Party Realignment, and The Koizumi Reforms.* Edited by Steven R. Reed, Kenneth Mori McElwain, and Kay Shimizu, Walter H. Shorenstein Asia-Pacific Research Center Books, 2009, pp. 239-259. Ray Christensen, "Societal, Electoral, and Party Explanations for the Low Representation of Women in the House of Representatives," *Women And Legislative Representation Electoral Systems, Political Parties, and Sex Quotas.* Edited by Monon Tremblay, Palgrave Macmillan, 2007, pp. 225-237.

18 石川昭政議員への聞き取り調査。二〇一三年一月三一日に実施。石川議員は第四六回総選挙で茨城五区から出馬して当選。二〇一七年に三選している。二〇〇五年の総選挙時は選挙対策本部職員であった。

19 飯島秘書官への聞き取り調査は二〇〇六年一月一六日、二〇日、三月二二日に実施した。

20 Christensen, "Women Running for National Office in Japan," pp. 235-236.

21 Gaunder, "Societal, Electoral, and Party Explanations," p. 241.

22 古川元久に対する聞き取り調査。二〇一三年八月六日に実施。

23 小沢一郎に対する聞き取り調査。二〇〇三年一〇月二六日に実施。

24 同上。

25 古川元久に対する聞き取り調査。二〇一三年八月六日に実施。

26 小沢は自民党の大物議員選挙区に女性候補を多数擁立し、自らの私設秘書をそうした重点区に派遣し、選挙応援を行った。小沢が民主党に合流した二〇〇三年の第四三回総選挙、つづく第四四回で当選した新人にも同様な「小沢チルドレン」の呼称がメディアで使用された。二〇〇九年八月六日『東京新聞』朝刊、八月二〇日『朝日新聞』東京朝刊。

27 ＩＰＵの公式ＨＰ。

28 参議院での女性議員比率が衆議院の二倍である現状についての分析は、例えば三浦まり編著『日本の女性議員』「個別女性参議員のキャリアパスをたどる」などに詳しく紹介されている。三浦編著『日本の女性議員』一六九〜二一六頁。

第2章

1 村上泰亮・公文俊平・佐藤誠三郎『文明としてのイエ社会』中央公論社、一九七九年、二一四〜二一七頁。

2 中根千枝『タテ社会の人間関係──単一社会の理論』（講談社）は一九六七年に刊行され、ベストセラーになった。中根の集団理論であるタテという古典的概念を本論で用いることについて批判は承知している。中根は最近のインタビューでタテ理論の普遍性を問われ次のように答えている。「長い歴史のある大企業や公的機関などにはタテの仕組みが生きているでしょう。（中略）自民党でも上下関係の強さは変わっていないはずです」二〇一八年五月一七日『朝日新聞』。

3 「政党は大きなイエである」との主旨の発言をしたのは三木内閣で大蔵大臣を務めていた大平正芳である。

4 宇治俊彦「大平正芳の派閥観」（公文俊平ほか編集『大平正芳の政治的遺産』）より。大平正芳記念財団ホームページ著作物からダウンロード。この短文にはページ数が記載されていない。

5 ロッキード事件については、田中角栄に対する陰謀論や東京地検特捜部の捜査の是非など、未ださまざまな検証がなされている。ここでは全日空機の新型旅客機導入に関わる、主に田中角栄元首相に対する受託収賄。外国為替法違反の疑獄事件との認識で扱う。

6 中北浩爾『自民党政治の変容』NHK出版、二〇一四年、七六〜七八頁。

7 宇治「大平正芳の派閥観」。

8 北岡『自民党』七一〜七九頁。

9 岸信介「保守結集について──それは国家的要請である」『風声』一九五五年七月、五〜六頁。

10 中北『自民党政治の変容』二〇頁。

11 佐藤誠三郎・松崎哲久『自民党政権』中央公論社、一九八六年、五九〜六二頁。

12 同上書、五五〜七二頁。

13 中北『自民党政治の変容』二七〜三三頁。

14 宇治「大平正芳の派閥観」。

15 村上・公文・佐藤『文明としてのイエ社会』三六三〜四一五頁。

16 中北『自民党政治の変容』四三〜四四頁。

17 同上。

18 香山健一『歴史が転換する時――二十世紀が語りかけるもの』ＰＨＰ研究所、一九九二年、二〇四〜二〇五頁。

19 中北『自民党政治の変容』八九〜九〇頁。

20 『文藝春秋』二〇一二年三月号に再掲載された共同執筆・グループ一九八四年「日本の自殺」を参考にしている。またこの号では再掲載にあたって論文執筆者が主に香山だったことが当時の文藝春秋編集長であった田中健吾の回想として追記されている。一二二〜一二三頁。

21 右の、『文藝春秋』に再掲載された「日本の自殺」九四〜一一六頁。

22 香山『歴史が転換する時』九九〜一〇八頁。

23 中根『タテ社会の人間関係』七五、一一一〜一一四頁。

24 村上・公文・佐藤『文明としてのイエ社会』主に四六八〜四九二頁。五五九〜五六三頁。

25 中北『自民党政治の変容』一〇二頁。

26 同上。

27 日本型多元主義論については第４章で詳述する。

28 アメリカの文化社会学者のアン・スィドラーは、一九八六年に発表した論文“Culture in Action: Symbols and Strategies”で、文化がどのように人々の行動に作用するかを論じ、人々が取る行動は単一ではなく、その時々の場面において個々人の「戦略的行動」の一環として選択され、文化はそうした「戦略的行動」を組み立てることに影響を及ぼすとしている。つまり、文化はいわば「道具箱」のようなもので、個々人が自分の「戦略的行動」を組み立てるときにそこからなんらかの「道具」を選び出しているとの理論である。その結果、人々の「戦略的行動」が文化そのものに影響を及ぼし、文化は単一なものでも固定化されたものでもなく、変化していくとしている。Ann Swidler “Culture in Action: Symbols and Strategies,” *American Sociological Review*, Vol.51, No.2, 1986, pp. 277-279.

第3章

1 共同執筆・グループ一九八四年「日本の自殺」(『文藝春秋』二〇一二年三月号に再掲載、一〇四頁)。実際には香山健一が一人で執筆したことは、前述の通りである。
2 右の、『文藝春秋』に再掲載された「日本の自殺」一〇四頁。
3 中北『自民党政治の変容』四〇頁。
4 新川敏光『日本型福祉レジームの発展と変容』ミネルヴァ書房、二〇〇五年、五四頁。
5 同上。
6 北岡『自民党』一一一~一一七頁。
7 新川『日本型福祉レジームの発展と変容』五四頁。
8 同上書、五五頁。
9 新川『日本型福祉レジームの発展と変容』五五頁。一九五六年七月八日に行われた第四回参議院議員通常選挙では、自民党が六一議席に対して社会党が四九議席を獲得する結果となり、非改選議席を合わせると、自民党が一二二、社会党八〇議席の結果となった。自民党結党翌年の参議院選挙であり、自民党は支持基盤層の拡大の必要性を認識する契機になった。選挙結果データは、佐藤・松崎『自民党政権』「戦後選挙結果一覧」より三五九頁。ケント・カルダー『自民党長期政権の研究――危機と補助金』淑子・カルダー訳、文藝春秋、一九八九年、二九八頁。
10 佐藤・松崎『自民党政権』戦後内閣一覧より、三〇九~三一二頁。
11 中北『自民党政治の変容』五六頁。
12 同上書、五七頁。
13 新川『日本型福祉レジームの発展と変容』六九頁。
14 田中角栄「自民党の反省」『中央公論』一九六七年六月号。
15 田中「自民党の反省」二八六頁。
16 同上、二八八頁。
17 村上泰亮『新中間大衆の時代――戦後日本の解剖学』中央公論社、一九八四年。村上はこの著書の中で高度経済成長が生んだサラリーマンたち（企業雇用者）の増大と賃金の安定化により、新しい中間大衆というグループが生まれたと指摘した。
18 横山文野『戦後日本の女性政策』勁草書房、二〇〇二年、一一三頁。
19 中北『自民党政治の変容』五八〜五九頁。『日本列島改造論』は田中の持論である地方開発や都市の高層化、高速交通網の整備などに加えて都市の公害規制なども盛り込まれた。『日本列島改造論』は田中の主張を軸にして複数の官僚やジャーナリストらが実際の政策構想を練って書き上げたものである。一九七二年六月二〇日出版。著者は田中角栄となっている。
20 横山『戦後日本の女性政策』一一三頁。
21 村上泰亮（東京大学教授）・蠟山昌一（大阪大学助教授）ら七人の社会・経済の学者による論文。一九七五年九月に日本経済新聞社より出版された。共同執筆者は、井原哲夫（慶應義塾大学助教授）、鈴木淑夫（日本銀行調査局特別調査課長）、地主重義（社会保障研究所第二研究部長）、原芳男（東京工業大学助教授）、松原治朗（東京大学助教授）の五人である。
22 村上泰亮・蠟山昌一ほか著『生涯設計計画――日本型福祉社会のビジョン』日本経済新聞社、一九七五年、主に一七一〜二一二頁。
23 同上書、八二〜八三頁。
24 同上書、九二頁。
25 一九七八年一一月二七日に行われた総裁予備選挙には、福田赳夫、大平正芳、中曽根康弘、河本敏夫の四人が立候補し、大平が七四八ポイント、福田が六三、中曽根が九三、河本が四六と、大平の圧勝に終わった。このとき、福田は敗戦の理由を田中が配ったカネにあるとぼやいたという。山崎拓への聞き取り。二〇一八年五月八日に実施した。
26 大平正芳回想録刊行会『永遠の今』鹿島出版会制作、大平事務所発行、一九八〇年、一五〜一六頁。
27 同上書、二五頁。
28 大平『永遠の今』二五頁。
29 村上・公文・佐藤『文明としてのイエ社会』五六一〜五六三頁。
30 福永文夫『大平正芳――「戦後保守」とは何か』中公新書、二〇〇八年、二三三〜二三六頁。

31　佐藤欣子「大平総理の家庭観」、大平正芳記念財団ホームページよりダウンロード。
32　福永『大平正芳』二三三〜二三八頁。
33　「英国病」については諸説ある。「英国病」という言葉はそもそも存在せず、イギリスが抱える主に経済問題やストライキ頻発の社会状況に関する文献を日本語に訳する過程で「英国病」と総称的に用いられたとする指摘がある。例えば、Mari Miura, *Welfare through Work: Conservative Ideas, Partisan Dynamics, and Social Protection in Japan*, Cornell university press, 2012, p. 59.また、一九七〇年代のイギリスを陰惨極まりない時代としてとらえること自体が誤りであることを指摘する研究もある。長谷川貴彦『イギリス現代史』岩波新書、二〇一七年、九八〜一〇二頁。
34　香山健一『英国病の教訓』ＰＨＰ研究所、一九七八年、一七頁。
35　同上書、三八頁。
36　同上書、一八二頁。
37　同上書、二〇七頁。
38　自由民主党「研修叢書」は一二冊からなる。筆者は自民党研修叢書編集委員会となっているが、実際には香山健一、佐藤誠三郎、公文俊平の「グループ一九八四年」の三人に加え高坂正堯京都大学教授の共同執筆である。毎日新聞政治部『自民党──転換期の権力』角川文庫、一九八六年、二三頁。また『日本型福祉社会』は内容から香山と村上が主たる執筆者であることは明白である。
39　自由民主党『日本型福祉社会』（研修叢書）自由民主党広報委員会出版局、一九七九年、一七八〜二一〇頁。
40　同上書、一九四頁。
41　同上書、一九四〜一九五頁。
42　同上書、一九四頁。
43　横山『戦後日本の女性政策』三三頁。実際の中央産業教育審議会の議事報告には、家庭科教育を女子に必修にするべきかどうかについての審議に関連し「目標としては家庭経営者としての主婦の養成は、産業教育であるとふみきり」との記述がある。「中央産業教育審議会の審議状況」『産業教育』第九巻第七号、一九五九年。この審議会の開催は一九五九年二月二六日。

44 同上書、三三三〜三四頁。
45 同上書、三〇〜三一頁。
46 一九七九年一〇月、大平政権下における第三五回総選挙は財政再建、一般消費税導入による増税を争点に行われ、選挙結果は自民党一議席減ではあるものの、与野党伯仲状況脱却を目標としていた自民党からは「大平敗北」の責任論が噴出。これがいわゆる大平の「四〇日抗争」の発端である。翌年に社会党が行政機関による一連の不正問題の責任を問う内閣不信任案を国会に提出、反大平勢力の福田・三木の両派閥が本会議を欠席したことにより、不信任案は成立。大平は直ちに衆議院を解散し、一ヶ月後の一九八〇年七月に予定されていた参議院選挙との同日選挙となった。その選挙戦の最中に大平は倒れ、六月一二日に急逝。自民党は大平の死を情緒的選挙戦に持ち込み、「弔い合戦」として圧勝した。大平の死は党内抗争による犠牲との党内からの声に鑑み、総裁は話し合いの結果「党内融和」を掲げて鈴木善幸が選ばれた。飯尾潤『民営化の政治過程——臨調型改革の成果と限界』二八頁。一九七九年九月一一日、一二日、一五日、『朝日新聞』朝刊東京版。石川『戦後政治史　新版』一三八〜一四〇頁。
47 宇治敏彦「与野党伯仲と予算審議」『日本議会史録』第一法規出版、一九九〇〜九一年、一二六〜一二八頁。
48 一九七九年九月六日、日本鉄道建設公団の不正経理が発覚した。これを皮切りに、官庁、公団、自治体の不正問題が続々明るみに出た。カラ出張、カラ超勤、カラ会議、ヤミ賞与、ヤミ給与、ヤミ休暇などが横行した。この他、大蔵省の過剰接待や公金流用など、不正は環境庁、総理府（現内閣府）、国鉄、自衛隊などにも及んだ。会計検査院の一九七八年度決算検査報告では、税金の無駄使いが二七〇億円にものぼった。一九七九年九月八日『朝日新聞』東京朝刊、一九七九年九月八日『朝日新聞』夕刊、一九七九年九月一〇日『朝日新聞』東京朝刊・同夕刊、一九七九年九月一一日『朝日新聞』東京朝刊、一九七九年九月一一日『読売新聞』朝刊。
49 臨調第四部会事務局主任調査官（第二臨調設置時）田中一昭に対する筆者の聞き取り。二〇〇六年五月二三日に実施した。
50 牧太郎『小説土光臨調——中曽根政権への道』角川文庫、一九八五年、四五頁。
51 田中一昭「中曽根行革・橋本行革・小泉行革の体験的比較」『橋本行革の検証』年報行政研究／日本行政学会編、二〇〇六年、八頁。

52　同上。
53　飯尾潤『民営化の政治過程――臨調型改革の成果と限界』東京大学出版会、三一～三二頁。
54　石川『戦後政治史　新版』一四六～一四七頁。中曽根は二四日の総裁選予備選挙の結果総裁の座につき、二六日に首班指名され、二七日に中曽根内閣が発足した。
55　中北『自民党政治の変容』一三〇～一三一頁。
56　同上書、一二〇～一二一頁。神原勝『転換期の政治過程――臨調の軌跡とその機能』総合労働研究所、一九八六年、四五頁。
57　同上書、五一頁。
58　自民党『日本型福祉社会』（研修叢書）一九四頁。
59　中北『自民党政治の変容』一二二頁。
60　香山健一は一九七〇年に参加。同上書、九三頁。
61　神原『転換期の政治過程』五一頁。
62　中北『自民党政治の変容』一〇五頁。
63　坂東眞理子『日本の女性政策――男女共同参画社会と少子化政策のゆくえ』ミネルヴァ書房、二〇〇九年、五六～五七頁。
64　同上書、五八頁。
65　横山『戦後日本の女性政策』三四八頁。

第4章

1　「大イエ」と「大イエ」の連合体については第2章2節で説明をしている。
2　中北浩爾「日本型多元主義の時代へ――ポスト高度成長期の自民党政治」『同時代史研究』二〇一一年四巻、三～四頁。
3　青木保『「日本文化論」の変容――戦後日本の文化とアイデンティティー』中央公論社、一九九〇年、八二頁。
4　石田徹「現代日本の政治過程・政治体制の分析方法をめぐって――「日本型多元主義」の議論を中心に」『社会学研究年

報』一七号、一九八七年三月、一四九〜一五三頁。
5 青木『「日本文化論」の変容』五三〜一五五頁。
6 中根『タテ社会の人間関係』主に六九〜九四頁。
7 多元主義論そのものについての議論・検討を加えることは本論ではしないが、日本型多元主義論者たちが多分に意識した理論モデルは、主にポリアーキーの概念を提示したロバート・A・ダールと考えられる。たとえば、ロバート・A・ダール『政治・経済・厚生』磯部浩一訳、東洋経済新報社、一九六一年、二二四〜二二七頁など。
8 佐藤・松崎『自民党政権』一五九〜一六一頁。
9 同上書、五頁。
10 同上書、一五九〜一六〇頁。
11 猪口孝『現代日本政治経済の構図――政府と市場』東洋経済新報社、一九八三年、主に一八〜二一頁。
12 猪口孝・岩井泰信「自民党利益誘導の政治経済学――昭和六〇年代日本政治の展望（共同研究）」『中央公論』一九八五年三月号。
13 猪口孝『現代日本政治経済の構図』一五〜二二頁。
14 日本型多元主義論は、佐藤・松崎による「仕切られた多元主義」、猪口孝による「官僚主導包括型多元主義」の他、村松岐夫による「定型化された多元主義」がよく知られている。村松は、官僚優位の戦後政治体制の転換を最も強く主張し、政党優位の「定型化」がなされたとした。村松岐夫『戦後日本の官僚制』を参照。三つのパターンに共通するのは政策決定過程におけるアクターの力関係の変化を論じていることである。ただし、多元的なアクターの関係性は本来水平であるべきで、どちらが優位かという垂直関係で論じられることには違和感がある。垂直関係、即ちタテ型多元主義という解釈も成り立つが、それがまさに特殊な日本型ということであろう。
15 グループ一九八四年「腐敗の研究」『文藝春秋』一九七六年七月号、九五頁。
16 同上、一〇三頁。
17 同上、一〇四〜一〇五頁。
18 同上、一二七頁。

19 同上、一三〇頁。
20 同上、一三一頁。
21 同上、一三一頁。
22 石川『戦後政治史　新版』一二九頁。
23 第4章2節で詳述した通り、福田は派閥の解消を訴え、総裁公選制を導入したが、結果現職として総裁選予備選に臨み、最有力と言われながらも金銭を伴う田中派の熾烈な集票工作により、田中角栄の盟友として田中の後押しを受けた大平正芳が圧勝し、福田は敗れた。派閥解消は実体を伴わない建前スローガンとなった。
24 香山健一「自民党の活力―三つの源泉――日本型多元主義モデルの創造」『月刊自由民主』一九八五年一一月。
25 同上、一五〇頁。
26 同上、一五〇頁。
27 同上、一四八頁。
28 同上、一四九頁。
29 同上、一四八頁。
30 佐藤・松崎『自民党政権』一五八～一五九頁。
31 現在の官僚幹部人事については、内閣人事局が設置されて以降、官邸の人事差配が官僚組織の独立した人事構想慣習に優位性を持っている。内閣人事局は、二〇一四年五月三〇日に内閣法改正に基づいて設置された。
32 宇治「大平正芳の派閥観」より。
33 佐藤・松崎『自民党政権』五二頁。
34 中北『自民党政治の変容』一〇八頁。
35 同上書、一〇七～一〇八頁。
36 同上書、一一〇頁。中北は、香山らが大平と緊密になったのは一九七七年暮れに牛尾治朗が主宰する社会工学研究所において議論を交わしたことがきっかけだとのエピソードを紹介している。大平は福田総裁下で幹事長であった。
37 ダールは一九五三年にリンドブロムと共に記した*Politics, Economics, and Welfare* (Harper & Bros.)においてポリアーキーの概念を唱えた。

38 R・A・ダール著『デモクラシーとは何か』中村孝文訳、岩波書店、二〇〇一年、一二二～一二三頁。Robert A. Dahl, *On Democracy*, first published as a Yale Note Bene book in 2000, pp. 84-85.

39 同上書、一一六～一一七頁。

40 同上書、一一七～一一八頁。

41 中北『自民党政治の変容』九九～一〇一頁。

42 ダール『デモクラシーとは何か』一一七頁。

43 堀江孝司『現代政治と女性政策』勁草書房、二〇〇五年、一〇一～一〇二頁。

44 自民党『日本型福祉社会』（研修叢書）一九四～一九五頁。

45 日本の「主婦」という表現は、「主たる女性」との意味で「主人」という「主たる男性」と対を成す言葉で、江戸時代から明治初期までは主人と対等なものとして認識されていたとの解釈もある。また日本の主婦は家計（財政）のやりくりを担っていて、「従属」ではなく「職分」としての存在との指摘もある。中村敏子『女性差別はどう作られてきたか』集英社新書、二〇二一年、一五六～一七〇頁。

46 しかし、実際には日本型多元主義論が台頭する前後に政治的影響力を持った主婦たちの団体が存在する。一九四八年一〇月に結成された主婦連合会（略して主婦連とする）である。主婦連は一〇本のマッチのうち八本に火がつかないという不良マッチを撲滅しようと主婦たちが立ち上げた消費者団体の草分けであり、一九六〇年に牛肉の大和煮缶の表示が不当だったことから「うそつき缶詰追放」に乗り出し、しゃもじと割烹着をシンボルにした運動で一時期政治力を発揮したことがあった。しかしこの主婦連がすべての主婦の利害を代表しているわけではなく、また主婦連の活動は、時の政権や関係省庁に問題解決を求める、いわば与党に対する野党的立場だったわけで、自民党の支持基盤のネットワークに列挙されていたとは考えにくい。さらに主婦連が大きな政治的影響力を持っていたのは一時的であり、例外的であったことからも、政権与党である自民党の組織構造を理論武装する日本型多元主義の多元的要素として認識されていたとは思われない。

47 自民党『日本型福祉社会』（研修叢書）二〇四頁。

48 堀江『現代政治と女性政策』一八六頁。

49 同上書、一八九〜一九〇頁。
50 塩田咲子『日本の社会政策とジェンダー――男女平等の経済基盤』日本評論社、二〇〇〇年、三二一〜三三頁。
51 労働省「第三次産業雇用実態調査」一九八〇年、労働省婦人局『婦人労働の実情』一九八一年、九七頁。
52 塩田『日本の社会政策とジェンダー』五〇頁。
53 香山「自民党の活力―三つの源泉」一四四〜一四五頁。
54 中北『自民党政治の変容』一三〇頁。
55 同上書、一二六頁。一九八六年七月六日に行われた衆参ダブル選挙は、自民党は追加公認を入れて衆議院では三〇四議席を獲得、また参議院では六増の七四議席を確保した。
56 同上書、一二五〜一二六頁。
57 日本型福祉社会論と日本型多元主義をめぐる論評、著作、研究グループなど時系列整理は巻末に添付してある。

第5章

1 松崎哲久『日本型デモクラシーの逆説――2世議員はなぜ生まれるのか』冬樹社、一九九一年、三二〜四一頁。
2 同上書、三二〜四一頁。
3 石原伸晃衆議院議員公式HPより。
4 集計した血縁継承数他については明石書店のHPに掲載している。パーセンテージの集計には、小数点以下三桁目を四捨五入して数値化してある。
5 総務省HPより。第四五回衆議院議員選挙、候補者数と当選者数。
6 二〇一四年一二月一六日『朝日新聞』東京朝刊。
7 第四七回総選挙において、自民党から立候補した女性は四二人、そのうち二五人の当選は、女性候補の当選率は五九％と高い。しかし全当選者に占める割合は九％と、自民党を構成する衆議院議員は九割強が男性ということになる。また、共産党は七九人の女性候補を立てたが、当選は六人で、女性当選率は七・六％に留まっているが、全当選者二一人に占める女性の割合が二八・六％となる。こうした数字上ではどのように分母を設定するかでデータの与える印象は変化する。

8 総務省ＨＰ、第四七回総選挙、届出政党別男女別新前元別候補者数（小選挙区・比例代表）からデータを取り、計算した。
9 第四五回、四六回、四七回総選挙における女性当選者（自民党以外も含む）の血縁継承者については、明石書店のＨＰに掲載している。
10 小渕優子公式ＨＰ。
11 二〇〇〇年五月一五日『朝日新聞』東京朝刊、二〇〇〇年六月二六日『朝日新聞』東京地方版群馬。
12 小渕優子に対する聞き取り調査。二〇一四年二月一四日に実施。
13 同上。
14 同上。
15 二〇〇四年一二月一一日『朝日新聞』東京朝刊。『週刊朝日』二〇〇七年二月一六日号、一二三頁。
16 二〇〇五年八月一一日『読売新聞』東京朝刊。
17 二〇〇五年八月一三日『朝日新聞』東京朝刊。
18 同上。
19 同上。
20 二〇〇五年八月一一日『読売新聞』東京朝刊。
21 Asahi.com 二〇〇五総選挙茨城七区。中村喜四郎の得票数は八万三〇九九票、永岡桂子は八万一二三〇票であった。
22 二〇〇九年八月二二日『朝日新聞』。
23 義彦は家庭の事情で叔父上原正吉に引き取られ教育を与えられた。上原は戸籍上は土屋の大叔父にあたるが、実態としては義彦にとって養父にあたり、土屋は上原を「祖父」と認識している。二〇〇三年六月四日『朝日新聞』東京地方版埼玉。
24 二〇〇三年一一月一日『毎日新聞』埼玉地方版。
25 土屋品子公式ＨＰ。「土屋品子のあゆみ」から。
26 一九九六年一〇月八日『毎日新聞』東京朝刊。

27 二〇〇三年一一月一日『毎日新聞』地方版埼玉。
28 「会いに行ける国会議員　みわちゃんねる　突撃永田町！」第八二回二〇一三年七月一七日放送。
29 二〇〇九年一〇月五日『朝日新聞』北海道朝刊。中川昭一公式ＨＰ。
30 同上。
31 二〇〇九年二月一八日『朝日新聞』、二〇〇九年八月三一日『読売新聞』東京朝刊、二〇〇九年一〇月七日『朝日新聞』東京朝刊など。
32 「会いに行ける国会議員」第八二回。経歴は中川郁子公式ＨＰ。
33 同上。
34 西川京子『ボランティア主婦の挑戦』あさ出版、二〇〇三年、一七～一九頁。経歴は西川京子公式ＨＰより。
35 同上書、七五頁。
36 同上書、一八八～一八九頁。
37 尾身朝子公式ＨＰより。
38 二〇〇七年八月五日『読売新聞』東京朝刊。
39 加藤鮎子公式ＨＰより。
40 二〇一三年四月一九日『朝日新聞』東京朝刊。
41 木村弥生公式ＨＰより。
42 松崎『日本型デモクラシーの逆説』四八～五四頁。
43 同上書、四九頁。同書に採用されている図表をもとに改めて図を作成した。
44 選挙制度の変更を経てもなお後援会組織や集票のメカニズムには変化が起きなかったことは、例えばEllis S. Krauss, Robert J. Pekkanen, *The Rise and Fall of Japan's LDP- Political Party Organizations As Historical Institutions*, Cornell University Press, 2011, pp. 29-30. pp. 65-66でも指摘されている。
45 後援会の役割には「どの有権者が自陣営を支持しているかを把握する監視動員組織である」と、後援会が支持の拡大と称して戸別訪問をする意図は有権者が確実に自陣営候補に投票するかを把握する狙いがあるとの指摘がある。斉藤淳

『自民党長期政権の政治経済学――利益誘導政治の自己矛盾』四二頁。

46 坂本哲志への聞き取り調査。二〇一六年二月一日に実施。

47 同上。

48 同上。

49 Krauss & Pekkanen, *The Rise and Fall of Japan's LDP*, pp. 129-153. 二〇一九年五月二四日『読売新聞』「情報共有体」としたのは御厨貴である。

50 自民党選対本部関係者に対する聞き取り調査。一月二三日に実施。

第6章

1 集計対象の政党別議員数は、当選時の所属政党とする。無所属での当選後の党所属は集計対象としていない。またデータの割合を示す%を表示する際には、小数点以下三桁目を四捨五入している。

2 集計結果は随時グラフとして図表化してあるが、グラフ表現の最適化を図るため、いくつかの前職をまとめてグラフ化している場合がある。グラフ毎にどのようなグループのくくりになっているかを必要に応じて注釈する。

3 参議院の前職集計には、二〇一三年七月に行われた第二三回参議院通常選挙行前の議員を対象とした。

4 古川元久への聞き取り調査。二〇一三年八月六日に実施。

5 ジェラルド・カーティス『代議士の誕生』山岡清二、大野一訳、日経BP社、二〇〇九年、三九頁。

6 三浦編著『日本の女性議員』一七一頁。

7 民間企業出身者の個別のキャリアパスについては第10章「民間企業出身者のキャリアパス」に詳述している。

8 小渕優子、加藤鮎子についてはそれぞれキャリアパスを前章において記述している。

9 その他の職種には、料理研究家、専業主婦などが含まれる。永岡桂子（専業主婦から死去した夫の後継として出馬）、土屋品子（料理研究家）、西川京子（専業主婦で自治体町長の政治活動を手伝ったことから出馬）、前川恵（料理研究家）、の四人である。この四人のキャリアパスは必要に応じて記述してある。

10 三浦編著『日本の女性議員』一七一～一七二頁。

11 地方議会に女性が少ない現状については主に第12章「地方議会と女性議員」で分析している。
12 自民党選対本部関係者に対する聞き取り調査。二〇一九年一月二三日に実施。
13 地方議会出身者の個別のキャリアパスは第11章で詳述する。
14 教育関係出身者のキャリアパスは第8章「教育関係出身者のキャリアパス」で詳述している。
15 小渕優子については、TBSを退職後に父恵三の議員秘書となっているので、前職ではメディアではなく、議員秘書に分類している。また小渕優子のキャリアパスについては第5章4節「血縁継承と女性当選者」で詳述した。
16 メディア出身者のキャリアパスは第9章「メディア出身者のキャリアパス」で個別に詳述している。
17 土屋品子のキャリアパスは第5章4節「血縁継承と女性当選者」に詳述している。
18 経歴は前川恵公式HPより。前川の初登院にあたってメディアに「わかんな〜い、ノーコメント」と発言したのは二〇一四年一二月二四日のTBS系列の「NEWS23」などで放映され、インターネット上で話題になった。
19 自民党選対本部関係者に対する聞き取り調査。二〇一九年一月二三日実施。
20 同上。
21 同上。
22 南野千恵子への筆者による聞き取り調査。二〇一四年二月一一日に実施。

第7章

1 南野に対する聞き取り調査。二〇一四年二月一一日に実施。
2 高階恵美子公式HPより。
3 阿部俊子公式HPより。
4 同上。
5 総務省HP第四六回、四七回総選挙結果。
6 比嘉奈津美公式HPより。
7 二〇一七年一〇月一九日『沖縄タイムズ』。

8 比嘉奈津美公式HP、「比嘉なつみを囲む集い」の報告から。二〇一三年一一月一三日に行われた。
9 二〇一六年三月二四日「日経DUAL」。
10 木村弥生公式HPより。
11 男性の医療関係出身者の個別キャリアパスの詳細は明石書店の公式HPに掲載している。
12 鴨下一郎公式HPより。
13 赤枝恒雄公式HPより。
14 学校法人白須賀学園・野田聖華幼稚園HPより。
15 医療法人社団葵会公式HPより。
16 江渡俊徳公式HPより。
17 社会福祉法人至誠会公式HPより。
18 三ツ林裕己公式HP、日外アソシエーツ・現代人物情報より。
19 小松裕公式HPより。
20 野口健公式HP内・山際大志郎講演会プロフィールより。
21 今枝宗一郎公式HPより。
22 二〇一六年三月二四日「日経DUAL」。

第8章

1 高市早苗『高市早苗のぶっとび永田町日記』サンドケー出版局、一九九五年、一〇～一七頁。
2 コングレッショナル・フェローとして高市がどのような役割を果たしていたかは本人の著書の記述によると、「金融とビジネスの立法の補佐」だという。
3 高市『高市早苗のぶっとび永田町日記』三四～三六頁。
4 同上書、七〇～七四頁。
5 高市早苗公式HPプロフィールより。

6 大久保三代、公式HP。
7 二〇一二年一二月一一日『毎日新聞』。
8 同上。
9 二〇一二年一二月七日『毎日新聞』。
10 同上。
11 総務省HP、第四六回衆議院議員選挙結果。
12 YOMIURI ONLINE 衆議院選挙二〇一四より。
13 菅野さちこオフィシャルブログ。
14 牧島かれん公式HP。
15 牧島かれん公式HPプロフィールより。
16 牧島かれん公式HP「活動報告」二〇〇八年九月二四日。
17 大山七穂・国広陽子『地域社会における女性と政治』東海大学出版会、二〇一〇年、七九〜八三頁。
18 個別の詳しいキャリアパスは明石書店の公式HPに掲載している。
19 二〇〇〇年一月七日『東京新聞』。小野寺五典公式HP。
20 小野寺信雄は大学卒業後に県職員を経て気仙沼で建設会社を経営、一九七一年に自民党気仙沼支部長として県議に転身、政治家となった。県議六期二一年、一九九二年に参議院補欠選挙に出馬するものの、落選。一九九三年に気仙沼市長になった。一九九七年六月一八日『毎日新聞』地方版・宮城。
21 小野寺は県職員として勤務後の一九九〇年に松下政経塾に入塾しているが、その時に東京水産大学の同級生が「選挙（国政）を目指しているんだ」と自民党選対本部に小野寺を連れてきたと、自民党選対本部関係者が記憶している。信雄が国政を目指したのは一九九二年であるが、その前から小野寺には国政への意欲があったことになる。
22 一九九八年五月二九日『朝日新聞』大阪地方版。
23 卓志は一九七四年参議院香川選挙区補選で初当選、五期務めた。一九八六年に労働大臣に就任。一九九八年に政界を引退。一九九八年六月二〇日『朝日新聞』大阪地方版。

24 青山周平公式HPより。
25 学校法人青山学園公式HP。自民党愛知県連公式HP。
26 青山周平ブログ二〇一二年一二月三日及び「衆議院議員青山周平氏 インタビュー」選挙ドットコムに掲載。
27 早鞆高等学校公式HPより。
28 古田圭一公式HPより。
29 大串正樹公式HP。
30 桜井宏FBに記載されたプロフィールより。
31 義家弘介『ヤンキー母校に生きる』文藝春秋、二〇〇三年、主に二二～六四頁。
32 二〇〇七年六月二五日『産経新聞』大阪夕刊。
33 辻清人公式HP。

第9章

1 小池百合子公式HPプロフィールより。
2 林修・小池百合子『異端のススメ』宝島社、二〇一三年、五二～五三頁。
3 朝日新聞人物データベース。
4 総務省HP、第四五回総選挙比例近畿ブロック名簿。
5 自民党選対本部関係者に対する聞き取り。二〇一九年一月二三日に実施。
6 二〇〇五年八月三〇日『朝日新聞』東京本社版朝刊。
7 同上。
8 自民党選対本部関係者への聞き取り調査。
9 二〇〇五年八月三〇日『朝日新聞』東京本社版朝刊。
10 松島みどり公式HP。
11 松島みどり『朝日新聞記者――みどりの政界志願』飛鳥新社、一九九五年、一八四～一八五頁。

12 同上書、一八四〜一八六頁。
13 同上書、一八六頁。
14 同上書、一八九頁。
15 自民党選対本部関係者に対する聞き取り調査。二〇一九年一月二三日に実施。
16 個別詳細キャリアパスについては、明石書店の公式ＨＰに掲載している。
17 石原伸晃公式ＨＰ。
18 中川秀直公式ＨＰ。
19 中川秀直公式ＨＰ。「中川俊直さんに聞きました六三問六三答」より。
20 中川俊直公式ＨＰ。
21 松波健太公式ＨＰ。
22 同上。
23 一九九九年一一月一二日『朝日新聞』大阪版。官邸ＨＰ。松波健四郎プロフィール。大阪府議会公式ＨＰ。二〇〇一年四月二〇日『朝日新聞』。
24 薗浦健太郎公式ＨＰ。

第10章

1 上川陽子公式ＨＰより。
2 二〇一七年一〇月一三日『中日新聞』。
3 総務省ＨＰ第四一回衆議院議員選挙結果、上川は得票数五位。
4 二〇〇〇年六月一一日、六月二七日『読売新聞』。
5 二〇〇〇年一二月一二日、一二月二三日『読売新聞』。
6 総務省ＨＰ 第四三回、四四回、四五回、四六回衆議院議員選挙結果。
7 総務省ＨＰ第四六回衆議院議員選挙結果。

8　堀内詔子公式ＨＰプロフィールより。
9　二〇一七年一〇月一五日『産経新聞』「候補者の横顔」山梨二区。
10　同上。
11　堀内詔子公式ＨＰ、プロフィールより。
12　二〇一七年一〇月一五日『産経新聞』。
13　同上。
14　堀内洪庵会は公益財団法人で、堀内良平（号・洪庵）の遺志を継承するために作られた。公益財団法人　堀内洪庵会ＨＰより。
15　山田美樹公式ＨＰ。
16　選挙ドットコム、山田美樹インタビュー、二〇一六年五月四日。
17　山田美樹公式ＨＰ、プロフィールより。
18　学歴に関しては佐藤ゆかり公式ＨＰ。職歴については、佐藤ゆかり『日本経済は大転換できる！——エコノミスト政治家の賭け』ＰＨＰ研究所、二〇〇八年、六六〜六七頁。
19　同上書、一一八〜一二〇頁。
20　同上書、一一八〜一二〇頁。
21　同上書、二二一〜二二二頁。
22　自民党選対本部関係者に対する聞き取り調査。二〇一九年一月二三日に実施。
23　「小泉チルドレン」については第1章5節で検討している。
24　個別のキャリアパスの詳細については明石書店の公式ＨＰに掲載している。

第11章

1　カーティス『代議士の誕生』一四頁。
2　坂本への聞き取り調査。

3 「全国女性の参画マップ（地方議会編）」内閣府男女共同参画局、令和元年六月作成。
4 血縁継承者グループには前述の通り、直系の地盤継承の世襲以外に、「環境的世襲」として家族や親族に政治家を有し、小さい頃から政治と近距離に位置し、なお政治家への転身のきっかけになるなどしている場合を含めてある。自民党男性地方議会出身者の詳細や血縁継承者については明石書店のＨＰに一覧として記載している。
5 二〇〇五年九月一二日『朝日新聞』東京朝刊。
6 二〇〇九年八月三日『朝日新聞』名古屋地方版岐阜。
7 二〇〇九年九月一日『読売新聞』中部朝刊。
8 選挙ドットコム。野田聖子公式ＨＰ。
9 「[Women's Talk～独占女性の三〇分～」https://logmi.jp/business/articles/173155、二〇一六年一二月二日。
10 『経済界』二〇一四年四月四日。
11 二〇一五年五月二四日『日本経済新聞』朝刊に掲載されたインタビュー記事より。
12 自民党選対本部関係者への聞き取り。この関係者は「同じ条件で男女の候補者が居たら迷わず男性を選ぶ（公認にする）」と発言した。
13 「Women's Talk～独占女性の三〇分～」。
14 金子めぐみ公式ＨＰ。選挙ドットコム、二〇〇七年新潟市議会議員選挙結果。
15 二〇〇七年四月二二日『毎日新聞』地方版・新潟。
16 二〇一〇年七月三一日『新潟日報』新潟県県議会議員補欠選挙二〇一〇年七月三〇日投票結果。
17 金子めぐみ公式ＨＰ。
18 二〇一三年八月一三日『夕刊フジ』。
19 二〇一三年八月一三日『夕刊フジ』。
20 「突撃永田町!!第八七回　会いに行ける国会議員みわちゃんねる」。
21 自民党選対本部がまとめた「新人候補者公募――予備選挙の実施状況」より。
22 高橋比奈子公式ＨＰ。選挙ドットコム、一九九五年盛岡市議会議員選挙結果。

23 二〇〇九年八月二五日『朝日新聞』「候補者はこんな人 岩手一区」。
24 二〇一七年六月二八日『岩手日報』。
25 同上。盛岡市公式ＨＰ。
26 横田チエは岩手女子師範学校（現・岩手大学教育学部）を卒業後、小学校の教諭となるが、同僚で無産運動家の横田忠夫と結婚し、教職を追われる。後に忠夫が一九三三年最高得票数で盛岡市議会議員に当選。しかし忠夫は自殺。チエは戦争未亡人の救済を訴え、一九四七年盛岡市議会議員選挙に初出馬し、初の女性市議となる。一九五九年には岩手県議会選挙に出馬し、初の女性県議となった。横田チエについては盛岡市公式ＨＰに詳しく紹介されている。
27 高橋比奈子公式ＨＰ。
28 総務省公式ＨＰ。第四五回、四六回衆議院議員選挙結果、岩手一区。
29 二〇〇九年八月二五日『朝日新聞』。
30 渡嘉敷奈緒美公式ＨＰ。
31 同上。
32 同上。
33 二〇〇九年七月二四日『読売新聞』。
34 『週刊エコノミスト』第九三巻・第一八号、五八～五九頁。二〇一五年四月二八日。
35 大山・国広『地域社会における女性と政治』七九～八一頁。
36 Jennifer L. Lawless & Richard L. Fox, *It Still Takes a Candidate: Why Women Don't Run for Office*, Cambridge University Press, 2010, pp. 64-65.

第12章

1 「全国女性の参画マップ（地方議会編）」のデータから集計。二〇二〇年一二月作成、内閣府男女共同参画局。
2 同上。
3 同上。

4 「政治分野における男女共同参画の推進に向けた地方議会議員に関する調査研究報告書」平成三〇年（二〇一八年）三月、内閣府男女共同参画局・有限責任監査法人トーマツ。

5 Lawless & Fox, *It Still Takes a Candidate*, pp. 56-60.

6 二〇二一年一月調べ。

7 「町村議会議員の活動実態と意識――町村議会議員意識調査結果をふまえて」今後の町村議会のあり方と自治制度に関する研究会、二〇一三年二月。実施母体は町村議会議長会。八頁。

8 坂本哲志への聞き取り調査。

9 二〇一五年六月二四日『読売新聞』朝刊「増やそう女性議員」①に紹介されている。

10 大山・国広『地域社会における女性と政治』九一頁。

11 二〇一五年六月二九日『朝日新聞』朝刊。

12 「町村議会の活動実態と意識――町村議会議員意識調査結果をふまえて」今後の町村議会のあり方と自治制度に関する研究会、二〇一三年二月。

13 大山・国広『地域社会における女性と政治』一五〇～一五二頁。

14 「政治分野における男女共同参画の推進に向けた地方議会議員に関する調査研究報告書」平成三〇年（二〇一八年）三月、有限責任監査法人トーマツ（内閣府男女共同参画局委託事業）、三八頁。

15 「政治分野における男女共同参画の推進に向けた地方議会議員に関する調査研究報告書」三八～三九頁。

16 同上の報告書には、女性議員の比率が低い地方議会では、その比率に比例して産前・産後休暇、育児休暇や介護休暇について、条例や議会の規定で明文化されていないと答えた割合が高くなっているデータが記載されている。町村議会の女性議員割合は低いので、出産や育児、さらには介護といった事情を抱える、もしくは責務を負っている女性が議員になる環境が整っていない悪循環が生まれていることもわかる。四〇～四一頁。

17 自民党選対本部関係者に対する聞き取り調査。二〇一九年一月二三日に実施した。

18 自民党選対本部関係者に対する聞き取り調査。

19 「政治分野における男女共同参画の推進に向けた地方議会議員に関する研究報告書」によると、選挙費用についてのアンケートでは、女性の地方議会議員における自己資金の割合は、町村議会議員で特に高く、また政党からの支援があると答えたのは、都道府県議会と政令指定都市議会で六割を超え、町村議会では二一％にとどまっている結果となった。

終章

1 Swidler, "Culture in Action: Symbols and Strategies," pp. 277-279.
2 自民党『日本型福祉社会』（研修叢書）二〇四頁。
3 香山「自民党の活力―三つの源泉」一四八～一五〇頁。
4 自民党選対本部関係者に対する聞き取り。二〇一九年一月二三日に実施。
5 村上・公文・佐藤『文明としてのイエ社会』一九～二〇頁。
6 自民党選対本部関係者への聞き取り調査。
7 個別のキャリアパスについては、第8章「教育関係出身者のキャリアパス」3節で詳述している。
8 個別のキャリアパスについては第7章「医療関係出身者のキャリアパス」3節で詳述している。
9 個別のキャリアパスについては第10章「民間企業出身者のキャリアパス」2節で詳述している。
10 自民党選対本部に一三年間勤務していた石川昭政衆議院議員に対する聞き取り調査。二〇一三年一月三一日に実施。
11 プロフィールで公募となっている当選者については、どのような経緯かは度外視してすべての方を公募として集計した。
12 血縁継承者には、これまで本書で説明した通りの優位性が担保されていて、「純粋」な公募とは分類しにくいのが理由である。
13 自民党選対本部関係者に対する聞き取り調査。二〇一九年一月二三日に実施。
14 三浦編著『日本の女性議員』二三七～二三九頁。
15 二〇〇五年一〇月三〇日『毎日新聞』東京朝刊。
16 二〇〇五年一〇月一日『毎日新聞』東京朝刊。
17 八三人の新人当選者は「八三会」の呼称の同期当選者の会を作った。
18 三浦編著『日本の女性議員』一二八～一二九頁。

19 川条志嘉（大阪二区）は民主党から離党して、自民党に公募した。小泉チルドレンが作る八三会に川条は参加しているが、中山燁子（千葉二区）は参加していない。小泉チルドレンの女性は一六人と数えて川条を除外している場合もあるが、自民党の公認を受けた初当選者として本論では川条を入れて一七人とした。第四四回総選挙で当選した自民党女性議員のキャリアパスについては、明石書店の公式ＨＰに掲載している。

20 二〇一〇年七月一二日『産経新聞』東京朝刊。

21 中森ふくよは二〇〇九年五月に埼玉市長選挙に出馬するために辞職した。二〇〇九年五月八日『朝日新聞』東京夕刊。

22 古川元久に対する聞き取り調査、二〇一三年八月六日に実施。

23 自民党選対本部関係者への聞き取り調査。二〇一九年一月二三日に実施。

24 村上・公文・佐藤『文明としてのイエ社会』二一四～二一七頁。

25 宮川典子は、三期目の途中、二〇一九年九月一二日乳癌のため死去した。THE SANKEI NEWS 二〇一九年九月一二日他。

26 二〇一五年五月六日『朝日新聞』。

27 二〇一五年六月二九日『朝日新聞』。

28 フジテレビ「政治の面白いトコロ集めました」二〇一七年三月二〇日収録、二四日放送から。宮川は同番組の若手政治家の一人として出演し、自らの宴席への参加について語った。

29 Tracy L. Osborn, *How Women Represent Women: Political Parties, Gender, and Representation in the State Legislatures*, Palgrave Macmillan, 2012, p.8; Sarah Childs and Paul Webb, *Sex, Gender and the Conservative Party: From Iron Lady to Kitten Heels*, Oxford University Press, pp. 34-35.

30 Ibid., p. 11.

31 三浦まり『日本の女性議員』一三四～一三五頁。

32 二〇一八年一〇月二八日『読売新聞』東京朝刊。

33 二〇一九年二月一七日『朝日新聞』東京朝刊。

34 二〇一九年三月一〇日『朝日新聞』東京朝刊。

35 日経ＷＥＰコンソーシアム・インタビュー、二〇二〇年一〇月九日。

36 同上。

37 二〇一八年四月一二日『東京新聞』。

38 Lawless & Fox, *It Still Takes a Candidate*, pp. 136-157.

39 生活者ネットは、地域政党という概念で活動する政治団体であり、政党ではない。生活者ネットは、東京、神奈川、千葉、埼玉、北海道、岩手、長野、福岡、熊本、茨城、横浜、栃木、山梨に組織され、この一三の生活者ネットの連合体が「全国市民政治ネットワーク」である。個別の都道府県の生活者ネット同士は緩やかな連携関係にあり、全国政治組織がその上部に位置するものではない。生活者ネットワークが発行している冊子『ローカルパーティで政治を変えよう』などによる。

40 古川元久に対する聞き取り調査、二〇一三年八月六日に実施。

41 無論、政党に所属しないで選挙に出馬することを選択する候補者に対しての、選挙制度（立候補における供託金制度や、選挙運動のＩＴ化などの）改革も必要であるが、本書では、現状の選挙制度における女性新人候補の参入の障害の要因を提示することに主眼を置いたため、選挙制度改革そのものの議論は今後の課題である。

42 自民党選挙対策本部が二〇〇六年一二月二五日付けで定めた「参議院議員選挙における公募による候補者選定に関する基本方針」。

43 上記の「基本方針」は参議院議員選挙に関してであるが、この基本方針決定以降は、衆議院議員選挙においての公募にも同様の基本方針が適用されていることを選対本部関係者に確認しているので、ここでは入手できた参議院の基本方針を検討資料とした。

44 自民党選対本部がまとめた「新人候補者公募――予備選挙の実施状況」より。

45 自民党選対本部関係者への聞き取り調査。二〇一九年一月二三日に実施。

46 『東京新聞』TOKYO Web.

47 自民党選対本部関係者は、二〇一八年の候補者均等法の実効性について「非現実的」で「無理」だと即答した。二〇一九年一月二三日に実施した聞き取り調査。

日本型福祉社会と日本型多元主義をめぐる主な論評や出来事一覧

一九六九年	株式会社社会工学研究所が牛尾治朗らによって設立される。保守再生プログラムの一つである。社長を牛尾が、所長を黒川紀章が務め、一九七〇年から香山健一が参加。
一九七三年	田中角栄による「福祉元年宣言」。
一九七三年一〇月	第四次中東戦争による石油危機が起こる。国家に頼らない自立自助の日本型福祉社会論の台頭。
一九七四年一二月四日	田中角栄退陣。三木内閣発足。
一九七五年二月	「日本の自殺」が『文藝春秋』誌上に掲載される。執筆はグループ一九八四年、実際には香山健一による論文。西欧の近代化を批判し、肥大化した国家福祉の弊害を説いた。自立自助の日本型福祉社会論の言説を広めた。
一九七五年六月～	断続的に「イエ社会」論が『中央公論』誌上に掲載される。村上泰亮・公文俊平・佐藤誠三郎による。
一九七五年九月	『生涯設計（ライフスタイル）計画――日本型福祉社会のビジョン』が出版される。村上泰亮・蠟山昌一ら七人による執筆。

一九七六年	村上泰亮・佐藤誠三郎・公文俊平ら東京大学教養学部の学者と財界人である堤清二、飯田亮、稲盛和夫らが参加する「政策構想フォーラム」が立ち上げられる。保守の再生を目的とする。
一九七六年二月四日	ロッキード事件が発覚。
一九七六年三月	「政策構想フォーラム」による提言「新しい経済社会建設への合意をめざして」が発表される。日本独自の福祉社会の建設、日本型福祉社会の勧めであった。
一九七六年七月	『文藝春秋』誌上に「腐敗の研究」が寄稿される。グループ一九八四年。「道義的自制を失って腐敗の許容限度を越えてしまった」「戦後保守の終焉」を宣言。密室政治や金権政治の温床たる総裁選を開かれたものにする。近代的組織政党との認識を批判する一方で派閥や個人後援会を擁護した。西欧への追いつき型政治文化を否定し、日本の伝統的な集団主義の再評価――日本型多元主義論が強調された。
一九七六年六月一三日	河野洋平自民党離党。二五日、新自由クラブ結党。多元主義を唱える香山が党決起綱領を書いた。
一九七六年一二月五日	総選挙で自民党が惨敗。新自由クラブが躍進。

あとがき

テレビのニュース・情報番組の生放送にたずさわりながら、上智大学の大学院（現グローバルスタディーズ研究科）の修士課程の門をたたいてから、修士号さらには博士号をいただくまでに合計一二年の月日を要しました。今回このような書籍にまとめさせていただいたのは、博士論文「国会における女性過少代表の分析――自民党の政治指向と女性認識の形成」に加筆・修正をしたものです。

そもそも大学院に行こうと決意したのは、仕事がら、後に歴史の一ページになるような出来事（戦争や紛争、天変地異、事故や事件）を取材していて、自分には目の前に起きていることを「実況」することは出来ても、その事象のピースが歴史のパノラマ図のどこに当てはまるのか、を見通す学問的知識が圧倒的に欠けていると痛感したからでした。もっと単純にいえば、自分の発する言葉に相応の学問的裏付けというか、自信を持ちたかったのです。

最初は今一度政治学に取り組むつもりで修士課程に臨み、社会党が土井たか子さんの「マドンナブーム」に乗ってもなぜ政権を取れなかったのかや、小泉政権の大統領制化などについての研究を続けました。が、気がつけば一番の関心事は、あまりに根深い男性優位社会の象徴のような、女性国会議員の少なさになっていて、博士論文のテーマは「なぜ国会に女性が増えないのか？」に的をしぼることを決めました。

このテーマに行きついたのは、やはり四〇年以上にわたってテレビ報道の世界に身を置いてきたことが大きく影響をしています。今でこそ報道ではたくさんの女性たちが記者やディレクターとして大活躍をしていますが、四〇年以上も前となると、その景色は一変します。女性記者はどこにも見当たらず、ディレクターは当然男性、女性アナウンサーはもっぱら天気予報や子供向けニュースを読む役割分担でした。硬派なニュースは「男性が読むもの」「男性が取材するもの」「男性が原稿を書くもの」で、報道の世界は「オトコたちがつくりあげるもの」でした。

とりわけ政治関連の取材は、新聞記者出身のベテラン男性などが幅を利かせていて、女性はまったくおよびではない時代でした。そこにひょんな縁で、二〇歳そこそこの大学生の分際で私が足を踏み入れることになったのですから、それはハレーションも起きようというものです。別にイジメられたわけではありません。オジサンたちは「自分たちが大変な思いをしながら築いてきた場所」に、突然ハイソックスにミニスカートでやって来た呑気な女子学生にどう対処していいのか、困惑していたのだと思います。そこで私に与えられた役割は、男性の司会者の横に座って、ひたすらうなずく、「アシスタント」というポジションでした。本書の表現に倣えば、「男性司会者」に「従属」する立場です。

そんな「うなずく」日々の後、プロデューサーは取材をする機会を与えてくれるようになりました。最初は大物政治家への直撃取材でした。この時、私が取材に行かされた理由は、政治家は若い女子には弱いだろう……という、冗談のようで、実はそうでもない、今ならセクハラと糾弾されそうなものでしたが、結果、プロデューサーの狙い通りでした。その政治家はめったにテレビカメラに向かって言葉を発しないにもかかわらず、ひと言だけ答えてくれたのです。私がミニスカート姿の若い女子だったからまさか取材にやって来たとは思わず、うっかりカメラに向かってしゃべってしまったという展開でした。でもこの時の経験を境に、これからは「女子だから」とか「若いから」出来たとはぜったいに言われたくないという思いが猛烈にわきあがってきました。本書で指摘しているところの「女性性の封印」の決意です。簡単にいえば、「オンナを売りにしない」という、一応の決意でした。ただこの「女性性」は「女らしく」とか「女だから」という社会的通念の行動様態についてでした。

それからは、女子を封印したのですから、今度はオジサンたちに「同化」するように振る舞いました。「同化」する即ち「オジサン化」することによって、「ボーイズクラブ」の一員にしてもらい、少しずつ自分の居場所を確保する「作戦」です。でもよくよく思い返してみると、そのころの自分は「同化」というよりは、「ペット化」していたのかもしれません。オジサンたちを脅かす存在ではないですよというサインを送り、可愛がってもらう「作戦」だった気がします。つまり、「女性性を封印」したのではなく、むしろ「若い女子」としてオジサンたちにとって「無害」な（オジサンたちの居場所を奪う魂胆のない）存在であるように振る舞っていたのです。

本書冒頭に引用した、前の五輪日本組織委員会会長の森喜朗氏の発言に「笑うしかなかった」女性委員たちの気持ちがよく分かります。波風を立てず、その一方で男性よりも静かに働いて結果を出す。そういう「レディのように振る舞い、犬のように働く」のが時代の流れだったからです。

しかしながら、本書で繰り返し書いていますが、「女性性の封印」も、「同化」も、さらには「女性性を売り」にすることも、どちらも私自身を含む女性たちに対するレスペクトを欠いています。なぜなら、「封印」や「同化」は自分たちの自然なありようを否定することであるし、男性との「性差」を「売り」にすることは、それをおとしめることだからです。どちらもいびつなのです。

そのことに気づいたのは、本書のベースになった博論に取り掛かってからでした。それまでは、自分の仕事での居場所を確実なものとするために、ひたすら仕事においての結果を出すことに夢中で、自身の働き方を客観的に見る余裕すらなかったのです。つまり、博士論文の研究の起点は自身のこれまでの働き方への反省にあるのです。

序章でも説明しましたが、今やジェンダーフリー、もしくはジェンダーレスの議論が活発に議論されている流れにおいて、「女性」議員の多寡にこだわる研究は周回遅れのように思われるかもしれませんが、これまで圧倒的に男性優位で構築されてきた政治の世界に「女性」が（衆議院では）一割という現実を分析することは、今後の意識改革への端緒として有意義であると考えています。

事実、二〇一八年に「政治分野における男女共同参画推進法」が成立した後の初めての衆議院議員選挙（二〇二一年一〇月三一日投開票）では、「女性議員を増やそう」という機運がかつてないほどに高まっていたと思われたにもかかわらず、投票結果は女性当選者が四五人と、その前の二〇一七年の衆議院選挙での結果（四七人）を下回る結果となったのです。つまり、制度が整備されても、結果は逆転となったわけです。

そこで、注目するべきは「意識」と「女性認識」というふたつのワードです。女性の政治参画の制度がある程度整っていても、制度を運用する側の根本にある「意識」や「女性認識」が変化しない限りは、制度は「絵に描いた餅」でしかない。では、その「意識」や「女性認識」とはどのようなものなのかを、出来る限り具体的に検証してみようというのがそもそもの博論のテーマであり、本書において柱となる「イエ中心主義」の政治指向という女性に対する社会認識なのです。

これまで、「女性が輝く社会」とか「一億総活躍」というキャッチフレーズが政権公約として華々しく掲げられてきたにもかかわらず、具体的な政策を牽引するはずの政治家に女性が極端に少ないのはなぜなのか。このジョークのような現象を引き起こしているものはなんなのか。政権公約と実態の大幅な乖離の原因は何かを検討するために、実際に議員候補を選ぶ政党の選挙対策担当者や、（与野党の）現職のベテランや新人の女性議員たちへの聞き取りを進めました。すると、選挙制度や議員のリクルート方法が男女に平等であるように表向きには整備されていても、運用の実態は制度設計の理念とは程遠いものであることが分かりました。その理由はやはり制度運用を主に主導する側の「意識」と「女性に対する認識」にあることが明確に浮かび上がってきたのです。

「意識」や「女性に対する認識」は、フォーマルな制度ではなく、これまでの慣習や社会的な価値観などに基づくインフォーマルで、なかなか可視化されにくい、つまり正体がつかみにくいものです。博論の研究は、この「正体がつかみにくい」「女性に対する認識」をどのように定義するか、またそれはどのように日本の政治、ひいては社会に根づいてきたのかを解明することが議論の核になったのです。

社会一般に、「根深い意識」を変えなければ「女性の働き方は変えられない」などと言われますが、では「根深い意識」とは実際にはどのような「意識」を意味しているのでしょうか。「家庭を守るのは女性」で「外で働くのは男性」という性別役割分業論や、男性稼得モデルも考えられますし、「企業の重要な決断は男性がするもの」というこれまでの社会慣習に根差す暗黙のルールである場合も考えられます。政治の世界では、「女性は政治に男性ほどコミットしない」や「女性候補は男性候補ほど札（票）が取れない」「政治は男の仕事」「雌鶏歌えば、家（国）滅ぶ」など、そもそも男性中心で築かれてきた政治文化が女性を排除するようになっている「意識」の表出が目立ちます。しかも表向きには、男女の平等がうたわれている制度があるのですから、このいわばホンネの部分での「意識」を具体化するため、戦後のほぼ優位政党として日本の政治文化を作り上げてきた自民党を対象に絞り込んで調査をしました。方法は、本書の第Ⅱ部でご紹介した、実際にどのような候補者が議員になっているかを追跡調査し、それぞれのキャリアパスを分析することで、自民党がどのような候補者選定を行っているかを炙り出すやり方です。

結果、その候補者選定にはきわめて特徴的な傾向があることが分かりました。それが本書で定義した「イエ中心主義」の政治指向と、それに基づく候補者選定の基準です。繰り返しになりますが、「イエ中心主義」は本書での造語で、主に「血縁継承」や、○○家に連なる「家名中心主義」、名家に連なる「名家偏重主義」などの総称として定義をしました。また「イエ中心主義」は、女性を「イエの構成員」として認識する点が特徴です。女性は妻であり、母であり、婚姻前は娘であり、一個人としての女性認識が放置されるのが、「イエ中心主義」の「女性認識」です。他方、男性候補者にも「イエ中心主義」の政治指向による候補者選定は、特に血縁継承として顕著であり、男女共に候補者が限定されている「足かせ」になっている現状は、政治の世界を「一般人には遠いもの」としてしまっているのです。

「イエ中心主義」の政治指向は、日本の社会規範としていつの間にか育まれてきたと思われてきた「価値観」や「慣習」が、実は政治的、経済的な政党戦略として再生産され、今に至っているものだということは本文で説明をした通りです。女性は「家庭長」として日本型福祉社会論で位置づけられ、国の財政負担を削減するために、家庭内安全保障の担い手として女性が家庭を「切り盛り」する役目が強調されたのです。そして、首尾よく家庭を切り盛りすれば、優秀な「家庭長」であり、ひいては「良妻賢母」の冠が与えられてきました。が、一方で「家庭長」にサポートされている男性たちは安心して仕事に打ち込み「オトコだけの社会」「オトコだけの政治」を着々と築いてきたのです。当然そこには、オトコたちが肩を組んで作り上げてきた「暗黙のボーイズクラブ・ルール」が岩盤のように存在しているのです。

女性が「家庭長」として位置づけられたのは本文で整理したように主に一九七〇年代ですが、それからゆうに四〇年が経とうとしている現在でも、女性が仕事と家庭生活を両立することに困難を感じる現実は大して変化しているように見えません。それが最も顕著なのは、やはり政治の世界です。膨大な時間と手間と尽力の果てに成立した、「政治分野における男女参画推進法」があってもなお、議員候補者を男女均等にする努力には政党間で大きな隔たりがあり、制度が改革されても、政治指向として再生産されてきた「意識」や「女性に対する認識」がいかに根深いかが露呈しています。

今かつてなくジェンダー平等やさらにはジェンダーフリーの議論がわきたっています。私自身が真に望むのは、政治の分野に限らず女性でも男性でも、個人が個人として評価され、レスペクトされる社会への転換です。本書で示した「個人としての認識の放置」をしない社会環境と意識改革がなによりも必要だと感じています。

最後になりましたが、私の亀の歩みのような研究を修士・博士の両課程において忍耐の一字をもってご指導くださった上智大学国際教養学部の中野晃一教授、博士論文の副査としてのみならず、女性議員問題の第一人者として折にふれて的確なアドヴァイスをくださった同大学法学部三浦まり教授、さらに、同じく副査として数々の新しい知見をご提案くださったお茶の水女子大学ジェンダー研究所申きよん教授に、心より感謝の気持ちを捧げたいと思います。

また、やたら長い博士論文を削ることを渋る私に、根気よくご指導くださり、このような出版の機会を与えてくださった明石書店の赤瀬智彦さんに、あらためて御礼申し上げます。

そしてなにより、この本を手に取ってくださったすべての方に、御礼申し上げます。

ありがとうございました。

二〇二二年三月、春の陽射しの中で

安藤優子

よ

れ

ろ

わ

人名索引

事項索引

【著者紹介】

安藤優子（あんどう・ゆうこ）

1958年生まれ。東京都立日比谷高校からアメリカ・ミシガン州ハートランド高校に留学。同校卒業。上智大学外国語学部比較文化学科卒（現：国際教養学部）。上智大学大学院グローバル・スタディーズ研究科グローバル社会専攻修士課程修了（2008年3月）。社会学修士号取得。東京大学大学院人文社会系研究科客員准教授（2009年4月1日～9月30日）。上智大学大学院グローバル・スタディーズ研究科グローバル社会専攻博士課程後期・満期退学（2013年9月）。グローバル社会学博士号取得（2019年9月）。

初めての報道番組テレビ朝日系の「今、世界は」では主に〈連帯〉発足当時のポーランド、ソビエト連邦、フィリピンの米軍基地潜入ルポ、アメリカ日系一世の記録などの取材レポートを担当する。続く「TVスクープ」でも、ロッキード裁判に揺れる越山会をはじめとする国内取材、また、民放連賞を受賞した「写真の中のベトナム戦争」（1985年）では、レポーターを担当。1986年5月には、テレビ朝日系「ニュースステーション」のフィリピン報道で、ギャラクシー賞個人奨励賞を受賞。

その後はフジテレビ報道と契約。1987年から連日、ニュース番組の生放送でキャスターとして取材、放送を手掛けてきた。フジテレビ系では「スーパータイム」「ニュースJAPAN」「スーパーニュース」を経て、2015年3月30日から同系の「直撃LIVEグッディ！」MCに（2020年9月にて終了）。

カバー・扉画像

©2020 korkeng/Shutterstock

自民党の女性認識
──「イエ中心主義」の政治指向

2022年7月7日　初版第1刷発行
2024年2月7日　初版第3刷発行

著　者──安藤優子
発行者──大江道雅
発行所──株式会社 明石書店
101-0021 東京都千代田区外神田 6-9-5
電話 03-5818-1171　FAX 03-5818-1174
振替 00100-7-24505
http://www.akashi.co.jp
装　丁──間村俊一
印刷／製本─モリモト印刷株式会社
ISBN 978-4-7503-5423-1
(定価はカバーに表示してあります)

JCOPY〈出版者著作権管理機構 委託出版物〉
本書の無断複製は著作権法上での例外を除き禁じられています。複製される場合は、そのつど事前に、出版者著作権管理機構（電話 03-5244-5088、FAX03-5244-5089、e-mail: info@jcopy.or.jp）の許諾を得てください。

フェミニズムズ グローバル・ヒストリー
ルーシー・デラップ著 幾島幸子訳
井野瀬久美惠解題 田中雅子翻訳協力 ◎3500円

ジェンダーと政治理論 インターセクショナルなフェミニズムの地平
メアリー・ホークスワース著
新井美佐子、左高慎也、島袋海理、見崎恵子訳 ◎3200円

同意 女性解放の思想の系譜をたどって
ジュヌヴィエーヴ・フレス著 石田久仁子訳 ◎2000円

女性非正規雇用者の生活の質評価
ケイパビリティ・アプローチによる実証研究
山本咲子著 ◎3600円

ジェンダー研究が拓く知の地平
東海ジェンダー研究所記念論集編集委員会編 ◎4000円

女性研究者支援政策の国際比較
日本の現状と課題
河野銀子、小川眞里子編著 ◎3400円

本気で女性を応援する女子大学の探求
甲南女子大学の女性教育
野崎志帆、ウォント盛香織、米田明美編著 ◎1800円

女性の世界地図 女たちの経験・現在地・これから
ジョニー・シーガー著
中澤高志、大城直樹、荒又美陽、中川秀一、三浦尚子訳 ◎3200円

国際セクシュアリティ教育ガイダンス【改訂版】
科学的根拠に基づいたアプローチ
ユネスコ編 浅井春夫、艮香織、田代美江子、福田和子、渡辺大輔訳 ◎2600円

「国際セクシュアリティ教育ガイダンス」活用ガイド
包括的性教育を教育・福祉・医療・保健の現場で実践するために
浅井春夫、谷村久美子、村末勇介、渡邉安衣子編著 ◎2600円

男子という闇 少年をいかに性暴力から守るか
エマ・ブラウン著 山岡希美訳 ◎2700円

社会関係資本 現代社会の人脈・信頼・コミュニティ
ジョン・フィールド著
佐藤智子、西塚孝平、松本奈々子訳 矢野裕俊解説 ◎2400円

日本の寄付を科学する 利他のアカデミア入門
坂本治也編著 ◎2500円

メディアとサバルタニティ
東日本大震災における言説的弱者と〈あわい〉
坂田邦子著 ◎3200円

テレビジョンの文化史
日米は「魔法の箱」にどんな夢を見たのか
小代有希子著 ◎6300円

ユネスコ フェイクニュース対応ハンドブック
SNS時代のジャーナリズム教育
ユネスコ編 加納寛子翻訳監修 ◎2600円

〈価格は本体価格です〉